FORMAS URBANAS

Philippe PANERAI, arquiteto, urbanista e professor da Escola de Arquitetura de Paris-Villemin e do DEA Escolas de Arquitetura/Instituto Francês de Urbanismo. Ele também ensina no Departamento de Planejamento Urbano do Instituto de Estudos Políticos.

Jean CASTEX, arquiteto, doutor em urbanismo, é professor da Escola de Arquitetura de Versalhes e do DEA Escolas de Arquitetura/Instituto Francês de Urbanismo.

Jean-Charles DEPAULE, doutor em sociologia urbana e diretor de pesquisa do CNRS.

P191f   Panerai, Philippe.
        Formas urbanas : a dissolução da quadra / Philippe Panerai, Jean Castex, Jean-Charles Depaule ; tradução: Alexandre Salvaterra. – Porto Alegre : Bookman, 2013.
        xii, 226 p. ; 23 cm.

        ISBN 978-85-8260-046-7

        1. Arquitetura. I. Castex, Jean. II. Depaule, Jean-Charles. III. Título.

        CDU 72

Catalogação na publicação: Ana Paula M. Magnus – CRB 10/2052

philippe **PANERAI**
jean **CASTEX**
jean-charles **DEPAULE**

FORMAS URBANAS

A DISSOLUÇÃO DA QUADRA

Tradução
Alexandre Salvaterra
Arquiteto e Urbanista pela Universidade Federal do Rio Grande do Sul

Obra originalmente publicada sob o título
Formes urbaines: de l'îlot à la barre
ISBN 2-86364-602-8/9782863646021

copyright © 2009 Éditions Parenthèses. Marseille. All rights reserved.

Gerente editorial: *Arysinha Jacques Affonso*

Colaboraram nesta edição:

Coordenadora editorial: *Denise Weber Nowaczyk*

Capa: *Márcio Monticelli*

Imagem da capa: ©*dreamstime.com / Keung1616, 2010: Abstract background*

Leitura final: *Isabela Beraldi Esperandio*

Editoração: *Techbooks*

Reservados todos os direitos de publicação, em língua portuguesa, à
BOOKMAN EDITORA LTDA., uma empresa do GRUPO A EDUCAÇÃO S.A.
Av. Jerônimo de Ornelas, 670 – Santana
90040-340 – Porto Alegre – RS
Fone: (51) 3027-7000   Fax: (51) 3027-7070

É proibida a duplicação ou reprodução deste volume, no todo ou em parte, sob quaisquer formas ou por quaisquer meios (eletrônico, mecânico, gravação, fotocópia, distribuição na Web e outros), sem permissão expressa da Editora.

Unidade São Paulo
Av. Embaixador Macedo Soares, 10.735 – Pavilhão 5 – Cond. Espace Center Vila Anastácio – 05095-035 – São Paulo – SP
Fone: (11) 3665-1100   Fax: (11) 3667-1333

SAC 0800 703-3444 – www.grupoa.com.br

IMPRESSO NO BRASIL
PRINTED IN BRAZIL
Impresso sob demanda na Meta Brasil a pedido de Grupo A Educação.

Prefácio

Apresentar este livro vários anos após a sua primeira redação permite abordá-lo com a tranquilidade que evita ao crítico o risco do erro, pois a passagem do tempo decidiu, em grande parte, os valores e as possibilidades contidos nas suas páginas.

Durante esses anos, o estudo renovado e insistente da forma construída das cidades permitiu a comprovação da eficácia do método morfológico. Este se conecta com a apresentação das partes de uma cidade como peças de um quebra-cabeça multifacetado de sentidos parciais e, ao mesmo tempo, de referências quase universais. Os trabalhos das escolas de Veneza e de Milão, de Genebra e de Bruxelas, ou aqueles do Laboratório de Urbanismo de Barcelona, difundiram uma maneira de abordar a cidade que estabelece relações cada vez mais sólidas entre a forma da cidade e a arquitetura. A visão arquitetônica e geográfica é nova pela sua magnitude, mas suas origens profundas fazem referência tanto a A. Rossi e C. Aymonino como também a M. Halbwachs e S. Muratori, bem como aos alemães do começo do século, verdadeiros pais espirituais dos estudos urbanos.

Felizmente, ao mesmo tempo que a discussão evoluía, uma forte corrente veio sacudir a arquitetura francesa. A meio caminho entre o estruturalismo ciclópico de seus sociólogos e a reflexão humanista de uma história e de uma geografia sempre muito bem assimilada, nasce em Versalhes, na escola de arquitetura, uma linha de pesquisa sobre o cadastro urbano, ao mesmo tempo enciclopédico quanto à sua abordagem e minucioso e variado quanto à temática.

Até então, o urbanismo francês moderno era associado, por todo espectador exterior, a rascunhos grosseiros dos planos diretores, do plano de massas e dos eixos de crescimento, sempre desviando o tratamento de todo e qualquer projeto de espaço, direcionado a uma dimensão abstrata e imprecisa onde a pretensão de síntese era frequentemente traduzida de maneira simplista com canetas coloridas e grandes gestos, executados mais com o braço do que com a mão, mais sobre os quadros de reuniões municipais do que sobre mesas de desenho profissionais.

Era muito importante que, dentro desse contexto, surgisse uma paixão pelo busca da medida e do rigor, a cidade articulada e fragmentada. Seu conteúdo polêmico é evidente e é o que talvez faça com que ela tenha surgido com tamanha intensidade que incluía a persuasão e o orgulho como elementos dinâmicos.

Os trabalhos de Antoine Grumbach e de Jean-Louis Cohen sobre Paris, aqueles de Jean Castex sobre a cidade de Versalhes, o trabalho de Bernard Huet em *L'Architecture d'Aujourd'hui* durante os anos heroicos e as análises de Philippe Boudon sobre a sintaxe espacial da cidade de Richelieu, as teses de Bruno Fortier sobre a cartografia ou aquelas de Alain Borie sobre o parcelamento do solo como forma criativa, os trabalhos de David Mangin e Philippe Panerai sobre as técnicas de *découpage* são excelentes exemplos da nova imagem do urbanismo francês. Até então, este aparecia apenas mediante os excessos dos grandes conjuntos de edificações e das novas cidades, ou esclerosado nas abordagens burocráticas que publicava a revista *Urbanisme*.

O trabalho de Philippe Panerai talvez apareça aqui como a chave da abóboda dessa tentativa. Em *Éléments d'analyse urbaine*[1], ele adiantava as questões metodológicas adotadas na visão do tecido urbano como objeto de estudo, centro teórico do novo debate. Mas é, acima de tudo, *Formas Urbanas: a dissolução da quadra*, a obra principal que desenvolve toda a mensagem de uma "arquitetura da cidade" defendida como arquitetura de cada uma de suas partes.

Panerai escreveu seu texto para que a visão da arquitetura não se limitasse à cidade nos seus momentos excepcionais, aos monumentos ou às obras singulares, mas levasse plenamente em consideração o tratamento dos valores estéticos, teóricos e culturais dos tecidos construídos em sua totalidade, onde a vida das cidades teve uma expressão das mais completas, bem como onde as arquiteturas ordinárias se materializaram em toda a sua riqueza, constituindo a forma permanente, mas sempre variável, de uma cidade histórica.

Os estudos de morfologia urbana supuseram, particularmente, uma ruptura definitiva com a orientação funcionalista que remetia sempre aos sistemas de transporte ou ao zoneamento das atividades, aquela do projeto e do conhecimento da forma urbana. Frente a isso, a apreciação da construção arquitetônica da cidade, da ordem fragmentada, das constantes tipológicas da configuração urbana e do interesse destas como elementos de composição do agregado urbano total oferece outras bases para uma ideia de urbanismo radicalmente alternativo.

---

[1] *Éléments d'analyse urbaine*, Bruxelas, Arquivos de Arquitetura Moderna, 1980; nova edição inteiramente revisada: *Analyse urbaine*, Marselha, Parenthèses, coleção "Eupalinos", 1997.

Nesse sentido, o texto de Panerai constitui um resumo extremamente claro no qual essa visão da cidade desde a arquitetura é apresentada com limpidez. Sua grande força reside, majoritariamente, no sucesso do exposto, que consiste na revisão de um século de intervenção urbanística, examinando-o através de cinco exemplos paradigmáticos.

Decompondo-os de maneira brilhante, tal como em uma história encadeada, mas também uma demonstração didática, os cinco exemplos revelam e explicam os modelos "arquitetônicos" e "de uso" com os quais foram projetadas as operações de cidade há um século. Da quadra haussmanniana fechada aos agrupamentos unifamiliares das cidades-jardins britânicas e aos agrupamentos residenciais holandeses nos anos das administrações municipais socialistas (1913–1934) como provas de uma ordem de edificação estreitamente interligada à forma urbana através do parcelamento do solo, da rua, dos pátios internos, das formas do uso. Em seguida, os bairros de Frankfurt e a Cidade Radiante, como início dos grandes blocos horizontalizados e da explosão do tecido urbano em direção à autonomia do objeto construído, quebram toda e qualquer referência ao substrato planimétrico da cidade, destruindo a continuidade com os seus espaços elementares, sejam públicos (ruas, planificações...) ou privados (pátios, jardins, pavimentos térreos comerciais, esquinas com usos mistos...).

O livro se torna, assim, por uma feliz coincidência, uma verdadeira história do urbanismo do século XX, percorrendo a escala das intervenções mais significativas e, talvez, mais singulares em suas cidades: Paris, Londres, Amsterdã, Frankfurt. Trata-se de um excelente panorama que, pelas suas escolhas, constitui em si mesmo uma lição teórica e uma opção polêmica.

Essa dimensão polêmica do livro, que é sem dúvida um valor que se agrega ao seu grande interesse enquanto estudo analítico, é, contudo, o que permanece circunstancial 10 anos depois. Panerai escreve um texto no momento da denúncia mais dura dos desastres do urbanismo neocapitalista na Europa, no momento em que a degradação dos princípios teóricos da cidade funcional (os modelos do CIAM e da Carta de Atenas, as leis do urbanismo de zoneamento) se concretizava nas periferias mais inóspitas, feias e indiferenciadas de todos os tempos.

O reconhecimento arquitetônico dos tecidos urbanos e dos valores de urbanidade testemunhados quando a relação entre parcelamento do solo e edificação se desenha segundo espaços comuns bem-definidos (por alinhamento de fachadas, tipologias homogêneas, hierarquias simbólicas) são armas teóricas que o texto utiliza contra o esquematismo do urbanismo funcional e, mais diretamente, contra as propostas de Le Corbusier. A batalha ideológica se organiza em uma caricatura dos dois extremos da cadeia: a quadra tradicional se dissolve, e o bloco horizontalizado, independente do solo, objeto que só se combina consigo mesmo, servirá de antítese à boa cidade contínua formada de ruas e praças.

Esses argumentos devem ser considerados, não somente no contexto temporal da polêmica justa na qual aparecem, mas também, além de tudo, no contexto da dimensão de escala própria do livro. A forma da cidade se define, em grande parte – certamente na escala dos seus projetos coerentes – como fragmentos unitários. Porém, isso não exclui outras relações formais que, baseadas na repetição quantitativa própria do espaço moderno, identificam os objetos urbanos, os edifícios como matéria de invenção necessária. As grandes continuidades metropolitanas pressentidas por Ludwig Hilberseimer e Le Corbusier, teorizadas por Bruno Taut e por Martin Wagner tentavam precisamente solucionar a impossibilidade da repetição de tramas convencionais como princípio de composição da grande cidade. A necessidade de elementos próprios da metrópole era, assim, buscada tanto na ordem dos grandes elementos da infraestrutura e dos sistemas de transporte, como também na ordem da reinvenção do objeto construído na sua unidade elementar enquanto componente expressivo da natureza metropolitana do espaço urbano contemporâneo.

O livro de Panerai é pertinente na sua orientação de censura da miséria urbanística presumidamente ocasionada por seus postulados ideológicos. Nem a grande escala da infraestrutura nem, menos ainda, o valor arquitetônico do edifício individual souberam corresponder a essas pretensões. E a ilusão cultural dessa forma sonhada da metrópole encontrou-se reduzida ao sarcasmo.

A escala, a escala! A passagem gradual da quadra tradicional ao bloco horizontal e descontextualizado é exemplar da importância do fragmento como terreno de jogo privilegiado da experiência teórica, prática e política do urbanismo moderno. As consequências desse argumento são tão poderosas e sugestivas que, em grande parte, evita-se extrapolar ideologicamente o que o autor soube demonstrar de modo tão elegante sem deixar o seu próprio terreno. Inventar e criar seu terreno próprio, ajustando-o mais de perto, é, de certa forma, o objeto e o maior mérito deste livro. Os anos assim o confirmam.

Em 1985, escrevi essas linhas como prefácio à edição espanhola de *Formas Urbanas: a dissolução da quadra*[2]. Hoje, na ocasião da nova edição francesa desta obra, nada tenho de importante a agregar. Há 10 anos, já via neste livro uma redação exemplar sobre a forma urbana construída, bem mais pedagógica e menos polêmica do que o autor e seus detratores quiseram ver nela. Atualmente, o vigor crítico da obra é muito menos importante que o imenso valor (e sucesso) da atenção dada à justa escala da compreensão da cidade. Toda a atividade urbanística parece, hoje, se posicionar sobre esse terreno intermediário onde jogam ao mesmo tempo a construção das partes da cidade e a concepção global.

Contudo, me dou conta de que, para alguns, persiste ainda o debate semântico entre arquitetura e urbanismo, entre projeto livre e forma coletiva. Quanto a isso, a discussão já está desatualizada. Alguns deduzem da complexidade de nossas cidades que o urbanismo desapareceu. Azar o deles: ainda confundem todo o urbanismo com aquele de Haussmann ou de Howard. Outros utilizam a complexidade atual para denunciar o egoísmo dos objetos arquitetônicos introvertidos. Um moralismo em vão, tão míope quanto inútil.

Seria necessário ser realmente míope para utilizar este livro para atacar ou defender – ainda! – Le Corbusier, o Movimento Moderno, os "grandes conjuntos" ou o urbanismo "aberto", como se estes não se defendessem por si só.

Ao contrário do que se diz, e talvez ainda ao encontro do que é preconizado pelo autor, acredito que este livro não aborde esse tema. Ele fala de medidas e de distâncias, de peças e de elementos arquitetônicos, de rigor entre o projeto e o resultado, de voluntarismo progressista e de humildade urbana, de inteligência dos arquitetos e de ironia da história.

Esta nova edição – 20 anos após a primeira aparição do título – servirá pouco às polêmicas de grupos. Vinte anos depois, ela presta um imenso serviço, permitindo a difusão de um texto que o sucesso transformou em clássico. Constitui, ao mesmo tempo, uma espécie de homenagem aos autores, homenagem na qual me incluo.

Manuel de Solà-Morales
Laboratório de Urbanismo de Barcelona
Dezembro de 1996

---

[2] *Formas urbanas: de la manzana al bloque*, Barcelona, Gustavo Gili, "Arquitectura/Perspectivas", 1986.

Sumário

Introdução   1

Capítulo 1
A Paris de Haussmann: 1853-1882   5

Capítulo 2
Londres, as cidades-jardins: 1905-1925   43

Capítulo 3
As ampliações de Amsterdã: 1913-1934   75

Capítulo 4
A nova Frankfurt e Ernst May: 1925–1930   115

Capítulo 5
Le Corbusier e a cidade radiante   143

Capítulo 6
A metamorfose da quadra e o uso do espaço   157

Capítulo 7
Elaboração e transmissão de modelos de arquitetura   171

Capítulo 8
Construir a cidade: 1975-1995   199

Biografias, bibliografias e documentos   213

Introdução

Se precisássemos de uma palavra para definir este estudo, ela seria agonia. A agonia de uma organização espacial determinada: a quadra, característica da cidade europeia clássica que o século XIX transformou e que o século XX aboliu. Por trás da quadra está, então, uma concepção de cidade cuja evolução procuramos identificar.

Dessa forma, começamos a apresentação deste trabalho em 1975.

A questão então poderia parecer original e até mesmo absurda. Interessar-se pela forma da cidade ainda não havia se tornado a panaceia. Na França, os arquitetos em sua totalidade dedicavam-se a jogos metodológicos e estruturais (não deixávamos nada escapar), os urbanistas ainda acreditavam no poder mágico do planejamento em grande escala. Alguns grupos politizados, nos quais entravam os sociólogos, iam ao encontro dos habitantes e denunciavam com razão os danos das renovações que punham tudo abaixo e as exclusões que provêm destas. Renovação = deportação!

Os grandes conjuntos já estavam desacreditados, mas julgávamos que "torcer" os edifícios horizontalizados ou incluir neles alguns equipamentos no nível térreo poderia corrigir o seu rigor excessivo. Toulouse Le Mirail ou o Arlequim de Grenoble representavam toda a esperança. A crítica da urbanização recente ainda não ousava atacar os dogmas do urbanismo moderno ou então o fazia somente do ponto de vista político: a análise da realidade construída continuava sendo uma exceção.

No entanto, a questão de "aproveitar as propriedades formais do espaço" já havia sido levantada com ardor por Henri Lefebvre, mesmo que nem todos concordem com o que ele queria dizer. Em todo caso, nosso trabalho valeu-se de suas propostas, pela legitimidade: aqui espaço e propriedades formais foram levados ao pé da letra, enquanto ele tomava, sem muitas precauções ideológicas, parte dos seus instrumentos dos italianos.

Se o interesse pela "dimensão física da cidade" e a tentativa de desvendar os mistérios do "tecido urbano" nos parecem, em retrospecto, um objetivo sempre atual, tentar compreender como a edificação foi pouco a pouco sendo dissociada da cidade e medir, passando por alguns exemplos significativos, a história dolorosa da qual somos os herdeiros podem constituir, de acordo com a elegante formulação de Frédéric Edelman,

"um indicador discreto e útil dos modos desconcertantes da arquitetura[1]".
Ainda é preciso, ao apresentar esta nova edição, acabar com certos mal-entendidos.

A autonomia relativa da forma urbana que tentamos evidenciar aqui não é uma autonomia absoluta. Ela não exclui as determinações econômicas e culturais que pesam na produção da cidade e da arquitetura nem o peso das condições sociológicas no cotidiano dos habitantes. Por meio desta noção, gostaríamos de afirmar a legitimidade de uma abordagem fundamentada dos modelos ou das referências sobre as quais se apoia o trabalho dos teóricos (a ideia de elaboração e de transmissão dos modelos de arquitetura).

Hoje, estaríamos tentados a ir mais além, seguindo Henri Raymond na reversão da perspectiva que sugere,[2] ou seja, afirmar que a compreensão das formas arquitetônicas e urbanas é um meio tão legítimo e eficaz para compreender a sociedade quanto qualquer outro. A realidade do ambiente construído nos informa sobre as ideologias que ela traz consigo, sobre as condições econômicas e as relações sociais com uma brutalidade que às vezes não transparece no discurso. A realidade do ambiente construído também permite captar a mudança entre discurso e prática. Que texto de arquiteto, urbanista, planejador ou responsável político não afirma em alto e bom tom que ele está zelando pela felicidade dos habitantes? Mas, na realidade...

A questão da quadra também tem sido fonte de confusão. Ao falarmos sobre ela, indicamos, em primeiro lugar, uma escala da organização social dos tecidos urbanos. Não estamos pensando na cidade de grandes traçados e grandes monumentos ou nos detalhes da organização doméstica, uma dualidade há muito tempo ignorada. Ao mesmo tempo, como não se sensibilizar com o caráter emblemático da quadra e com a sua lenta desintegração? É isso que o esquema de Ernst May resume de forma muito clara.

A visibilidade da quadra tem tido efeitos perversos. Ela tem levado o leitor negligente ou o professor apressado a transformar de maneira caricaturesca a resposta: cidade = quadra ou modernidade = edifício horizontalizado. Os bairros novos das cidades novas ou as renovações urbanas moderadas estão cheios de pseudo quadras alegadamente urbanas que são apenas a tradução urbanística de um formalismo pós-moderno sem

---

[1] *Le Monde*, 1977.
[2] Homenagem a Friedman.

nenhuma exigência. Isso nos leva a aprofundar a conclusão inicial para insistir na importância do parcelamento do solo e dos estatutos dos espaços e para desenvolver algumas reflexões sobre os projetos.

Finalmente, a escolha dos exemplos (a delimitação do escopo) requer alguns comentários. O período analisado – de Haussmann a Le Corbusier – marca certamente uma sucessão de mudanças sem precedentes na história da cidade. O itinerário proposto para aproveitar essas mudanças é, por outro lado, arbitrário, consequência de nossos interesses e dos materiais que dispúnhamos na época. Outros caminhos seriam possíveis para, em suma, falar sobre a mesma coisa: a decomposição do tecido urbano. No entanto, devemos ter exemplos construídos para não refletir somente sobre os projetos ou as intenções, mas para confrontar esses projetos e até mesmo as teorias que acompanham a realidade construída e habitada.

Esta obra, ainda que lida com dados históricos – e como fazê-lo se nos interessamos pela cidade justamente para não brincar com a história? – não é o trabalho de um historiador. Não possui nem as exigências, nem os métodos para isso. Ela mistura conhecimentos de arquitetura, considerando o contexto e a observação direta para suscitar reflexões (que, por sua vez, nos remetem à história) ao mesmo tempo em que levanta questões sobre nossa atual capacidade de projetar a cidade. Essas questões continuam sendo absolutamente atuais, mesmo que o contexto tenha mudado em 20 anos.

Ph. P.

Capítulo **1**

A Paris de Haussmann: 1853-1882

A transformação de Paris feita por Haussmann é interessante não apenas pelo fato de conferir à cidade o aspecto que ainda tem nos dias de hoje. Paris se tornou uma cidade haussmanniana (com a ajuda da Terceira República), mas, sobretudo, despontou como "a cidade burguesa" por excelência. Com Haussmann, "a cidade se torna o lugar institucional da sociedade burguesa moderna"[3] e, evidentemente, é aqui que reside o interesse essencial que temos por suas intervenções. Elas criaram um tipo de cidade, um espaço configurado segundo a lógica da burguesia, que então se tornara a classe dominante; elas impuseram um modelo espacial específico que perdurou após Haussmann e condicionou o urbanismo no início da Terceira República.

A cidade burguesa: as grandes obras de Paris

Haussmann prestou juramento como prefeito do Sena no dia 29 de junho de 1853. Sua nomeação para Paris[4] tinha o objetivo explícito de pôr em

---

[3] M. Tafuri, "Lo spazio e le cose", in *Lo spazio visivo della città*, Capelli, 1969.
[4] Georges Eugène Haussmann nasceu no dia 27 de março de 1809 em uma família luterana oriunda da área de Cologne que se estabeleceu em 1703 na Alsácia e depois se mudou para Versalhes e Paris. Estudou na escola Henri IV, onde teve como colega o Duque de Chartres, o primogênito do futuro Rei Luís Felipe. Na primavera de 1831, defendeu sua tese de doutorado em Direito e, em 22 de maio do mesmo ano, se tornou secretário-geral da prefeitura de Vienne. Depois se tornou vice-prefeito de Yssingeaux (em 15 de junho de 1832) e, então, vice-prefeito de Nérac (outubro de 1832), onde contou com a colaboração do engenheiro de pontes Alphand e construiu a rede viária do distrito; vice-prefeito de Saint-Girons (1º de março de 1840), onde se envolveu com o asilo para doentes mentais de Saint-Lizier; e vice-prefeito de Blaye (23 de novembro de 1840), onde se ocupou das estradas e escolas e teve contatos constantes com a burguesia de Bordeaux. Em 1848, Haussmann se tornou conselheiro da prefeitura de Bordeaux e, no outono de 1848, apoiou a candidatura de Bonaparte à presidência da República. Em janeiro de 1849, foi nomeado prefeito de Var, com uma missão política: "refazer" as eleições; lá organiza o loteamento de Cannes. A partir de maio de 1850, como prefeito de Yonne, "refez" as câmaras de vereadores e patrocinou a campanha a favor do restabelecimento do Império; obteve a colaboração do engenheiro de pontes Belgrand para as obras de distribuição de água de Auxerre. Como prefeito de Gironde (26 de novembro de 1851), assumiu a função de conseguir a "adesão de Bordeaux" ao golpe de Estado de 2 de dezembro de 1851; colaborou com Alphand na organização das recepções oficiais, como a de 7 de outubro de 1852, na qual Luís Napoleão fez o discurso do programa do Império. No dia 23 de junho de 1853, finalmente se tornou o prefeito do Sena.

prática a política de grandes obras desejada por Napoleão III: as discussões que se seguiram ao juramento foram sobre o tema e os recursos necessários. Ele imediatamente teve de mudar os vereadores, considerados indóceis, ainda que tivessem sido nomeados pelo governo, e criou um comitê não-oficial, que teria autoridade sobre os projetos de obras e funcionaria com "uma espécie de câmara de vereadores privada".[5] Este comitê, que Haussmann julgava inútil, não se reuniu mais do que uma vez. Mesmo assim, é merecedor de atenção, pois mostra o tipo de relações que se instauraram entre as diversas instâncias, o governo, a prefeitura e as agências públicas e define claramente o regime político bonapartista. A função principal do prefeito era uma função de exceção; era executada com o mínimo de publicidade e por meio de canais extraordinários para ter o máximo de eficácia.

Desde sua nomeação, Haussmann adotou uma postura contrária à da administração de seu antecessor, o prefeito Berger, cuja hesitação com respeito aos planos de intervenção lembrava a de Rambuteau, o prefeito de Luís Felipe. Já não era o caso de administrar a cidade como "um bom pai de família", respeitando as regras de prudência e com o cuidado que merecem os assuntos privados. Os métodos de Haussmann, assim como os de seus antecessores, tinham a mesma relação que existe entre o novo capitalismo agressivo do banco mercantil e o capitalismo já estabelecido da primeira metade do século XIX, do grande banco parisiense. Eles já não correspondiam a "um período de crescimento moderado, mas constante, da produção e da renda, 1815–1852", sustentado por uma estrutura ainda arcaica, na qual a riqueza se apoiava nas concepções agrárias e comerciais, mas ainda não industriais. Ao contrário, no coração do "regime de prosperidade" do Império, os métodos de Haussmann serviam como estímulo, se identificavam com o novo espírito empresarial que prometia "uma perspectiva de lucros rápidos e futuro ilimitado para os bancos".[6] Este espírito coincide com um acúmulo de capital sem precedentes (especialmente entre 1852 e 1857, mas com alguns períodos excepcionais até 1866).

---

[5] Devemos muitos esclarecimentos à obra de H. Malet, *Le Baron Haussmann et la rénovation de Paris*, Éditions municipales, Paris, 1973. Haussmann posteriormente chegou a propor que o imperador o nomeasse "ministro de Paris" e escreveu uma carta a Napoleão III que incluía o texto do decreto de nomeação (em dezembro de 1860). Napoleão III, contudo, se limita a lhe conferir o direito de fazer parte de um conselho de ministros e então deu o nome de Haussmann a um dos principais eixos da nova Paris (por meio do decreto de 2 de março de 1864), que cruzava a rua da casa onde o soberano havia nascido, no bairro Roule.

[6] R. Cameron, *La France et le développement économique de l'Europe 1800–1914*, Paris, Le Seuil, 1971.

Haussmann desenvolveu, como método de gestão, a teoria das despesas produtivas. O ponto de partida é o tradicional excedente do orçamento parisiense, que é difícil de estimar, mas que, com receitas de 55 milhões de francos, se reduzia a 10 milhões, uma vez descontadas as dívidas – se acreditarmos na análise de Haussmann apresentada a uma câmara de vereadores contrariada ou mesmo hostil. Esta estimativa foi elevada para 18 milhões no orçamento de 1853, mas, quando feito o balanço anual, se aproximou de 24 milhões.[7] A teoria das despesas produtivas consiste em preconizar o uso dos excedentes em todo ou em parte, não em intervenções de curto prazo, mas para empréstimos de médio e longo prazo.[8] No entanto, as finanças municipais não podem enfrentar este crescimento rápido e constante de recursos sem contar com o respectivo progresso da atividade econômica, dos negócios e da população. A riqueza dos contribuintes é a riqueza da cidade: a melhor maneira de aumentar o orçamento é estimular o enriquecimento dos contribuintes, e as grandes obras foram ao mesmo tempo o instrumento e o produto desta estratégia. A cidade era administrada como um empreendimento capitalista. Em 15 anos, os excedentes investidos em "gastos produtivos" aumentaram de 20 para 200 milhões de francos.[9]

Contudo, não é exagero insistir na função estimulante das grandes obras de Paris frente ao desenvolvimento e à melhoria do sistema capitalista após 1852. Sabemos que as obras da primeira rede (1854–1858) foram em parte executadas pela própria administração pública, que assume a função de empreiteira, ainda que não tivesse conhecimentos técnicos e controles suficientes e estivesse sujeita a atrasos consideráveis nos cronogramas. Isso aconteceu pelo fato de os empreiteiros não serem capazes, pela falta de capital e recursos financeiros, de lidar com a organização de canteiros de obras muito grandes. Era preciso oferecer à cidade algumas grandes vias arteriais completamente acabadas, com pavimentação e vegetação. O programa de Haussmann era, portanto, um apelo para a intervenção de grandes grupos financeiros que, seguindo o princípio são-simoniano do casamento entre os bancos e as indústrias, promoveram ou reorganizaram grandes empreendimentos.

---

[7] H. Malet, *op. cit.*
[8] Em 1867, a cidade devia, em certificados de poupança (que na verdade são empréstimos disfarçados), cerca de 400 milhões ao Crédit Foncier, reembolsáveis em 10 anos; o projeto de liquidação da dívida previa um crédito para 60 anos, com juros de 5,41% (veja Malet, *op. cit.*).
[9] H. Malet, *op. cit.*

Figura 1 Paris e Haussmann.
     a. A Rue des Moineaux em 1860 (clichê Marville) antes da abertura da Avenue de l'Opéra.

b. A Avenue de l'Opéra na atualidade.
Ao fazer com que os limites administrativos da cidade coincidissem com as defesas militares construídas em 1843, Haussmann definiu a estrutura na qual se inscreveria a evolução de Paris até os dias de hoje. Simultaneamente, as intervenções feitas no centro histórico levaram à eliminação de alguns bairros pobres, a fim de conferir à cidade uma imagem "moderna" que correspondesse a uma cidade cosmopolita e comercial.

O instrumento que Haussmann escolheu para financiar o planejamento urbano de Paris foi o Crédit Foncier, dos Irmãos Péreire (fundado em 1852), dos quais quatro quintos dos fundos foram destinados à construção imobiliária. O Crédit Mobilier (Péreire, Morny et Fould, 1852), ainda que fosse o banco da indústria, também financiou algumas grandes sociedades imobiliárias, como a Societé de l'Hotel et des Immeubles de la rue de Rivoli (1854), que, em 1858, se tornou a Compagnie Immobilière de Paris, antes de ser a Société Immobilière de France e ir à bancarrota, pouco depois, em 1863, com uma especulação de Marselha, que esperava demais da abertura do Canal de Suez (que não aconteceu até 1869).

A identidade de métodos e objetivos entre os grandes grupos bancários e os gastos produtivos de Haussmann era surpreendente: ele queria ativar o crédito e atrair enormes mercados por meio de organizações de grandes dimensões capazes de emprestar dinheiro no longo prazo (uma novidade em 1852); o objetivo era orientar e controlar a economia com a promoção de grandes empreendimentos (uma ideia também são-simoniana). Haussmann pôde tomar para si estes objetivos, uma vez que entendia perfeitamente os métodos e as possibilidades dos bancos de investimento, e foram estes métodos que ele aplicou na gestão de Paris.

Evidentemente, o projeto de "embelezamento" de Paris não foi apresentado desta maneira a Napoleão III. Haussmann promovia o "culto do Belo, do Bem, das grandes coisas, da bela natureza inspirada na grande arte".[10]

O mecanismo econômico desaparece sob os argumentos técnicos que, por sua vez, eram ocultados por pretextos estéticos. A cultura clássica foi tomada como referência, ao menos superficialmente, e sem o constrangimento das contaminações ecléticas. Na cidade, uma retórica de eixos, de praças marcadas por monumentos, de monumentos distribuídos em uma rede cujos retornos seriam a partir de então visíveis, pretendia reproduzir as figuras codificadas do sistema clássico. Somos obrigados a reconhecer que, sejam quais forem nossos julgamentos estéticos, a imagem que Haussmann deu à capital satisfez totalmente a nova burguesia. A paixão era absoluta. Zola dizia, dos personagens principais de sua novela *La Curée*, que "os amantes sentiam o amor da nova Paris". Atraídos pelas exposições, turistas estrangeiros e do interior do país voltavam a seus lares conquistados e maravilhados.

---

[10] Barão Haussmann, "Confession d' un lion devenu vieux", citado por Walter Benjamin, "Paris, capitale du XIXe siècle", em *L'Homme, le langage et la culture*, Paris, Denöel, 1971.

Se existe uma crítica mordaz contra a obra de Haussmann, ela é, acima de tudo, política: Haussmann é visto como "típico funcionário bonapartista",[11] e ela ataca direta ou indiretamente o vínculo entre Napoleão III e o sistema político-financeiro do Império. Os republicanos "burgueses" não precisaram de mais do que a mudança do regime, em 1870, para direcionar suas críticas e deixar à Terceira República o cuidado de concluir o que haviam começado. A crítica dos "orleanistas" se confunde com a dos bancos antigos, irritados com a audácia não ortodoxa dos novos bancos de investimentos. Seu porta-voz, Thiers, é recebido de braços abertos para fazer suas críticas de seu apartamento na praça Saint-Georges, no centro do loteamento Dosne, de 1824 (Thiers era genro de Dosne), ou seja, no centro de um dos empreendimentos especulativos da Restauração realizados com os métodos adotados por Haussmann. Quanto à crítica dos Radicais, foi a Comuna que administrou o projeto e não falou tanto, mas interviu.

O argumento técnico era a modernização e salubridade e, acima de tudo, a melhoria das condições de moradia, transporte e infraestrutura. A cidade de Haussmann experimentou a mais profunda mudança estrutural para se tornar uma cidade "equipada". A ideia de via se transforma e permite a diversificação e multiplicação das funções distributivas de um complexo substrato de funções de distribuição: distribuição rápida de pessoas, alimentos, água e gás e remoção do lixo. Porém, foram sobretudo os "equipamentos públicos", como hoje são conhecidos, que surgiram em todos os lugares: prefeitura, centros administrativos, ministérios, escolas, liceus, mercados abatedouros, hospitais, prisões, quartéis, câmaras de comércio, estações ferroviárias e assim por diante. O desafio era distribuir esses equipamentos públicos dentro da estrutura urbana e acomodar esta distribuição.[12] À especialização funcional, que por si só envolve a própria noção de equipamento, se relaciona o objetivo de sistematização e controle, que se transformam em instrumentos da especialização na estrutura urbana. A identificação de uma hierarquia foi feita pela rede viária e pelos equipamentos nela distribuídos. A implantação desses dispositivos complexos enfatizou as diferenças que eram sustentadas por uma ideolo-

---

[11] A. Dansette, *Du 2 décembre au 4 septembre*, Paris, Hachette, 1972.

[12] Pode-se considerar que o problema dos equipamentos públicos foi resolvido em grande parte após a Revolução e durante o Império, por meio da desapropriação de imóveis da nobreza e da Igreja. De qualquer maneira, Paris, em 1848, era uma cidade mal-equipada e muito congestionada: a questão dos equipamentos públicos e da abertura de vias estava intimamente vinculada com as ideias de Haussmann.

gia da separação, que anuncia e, em muitos aspectos, inicia a prática do zoneamento.

Esta estratégia de controle e separação, que é o resultado final da política de Haussmann, se torna mais clara quando descobrimos que, entre 1835 e 1848, "Paris havia se tornado a maior cidade industrial do mundo",[13] com mais de 400 mil operários empregados na indústria, para uma população total de 1 milhão de habitantes em 1846. Os "embelezamentos" da Paris de Napoleão III são, antes de tudo, resposta ao problema da quantidade: em termos absolutos, a cidade já havia ultrapassado 1 milhão de habitantes em 1846; depois, em termos de crescimento, por que, mantendo os mesmos limites territoriais (os de Thiers), a população praticamente dobrara, passando de 1,2 milhão em 1846 para 1,97 milhão em 1870, de acordo com a última estimativa de Haussmann.[14] Mas, além da quantidade – a partir de então Paris era considerada uma cidade muito grande – havia o problema do relacionamento dos atores sociais que compunham estes números. Considerando uma massa tão grande de trabalhadores e após as muitas peripécias da Segunda República, exageradas de modo complacente com "grandes temores" pela burguesia, a relação entre as classes dominantes e as classes dominadas estava definida de modo muito claro em termos territoriais. E a burguesia, que tomou a iniciativa e estava no clímax de sua força, lançou mão de todos os instrumentos que estavam ao seu alcance. Aparece um novo tipo de espaço, não totalmente dissociado do espaço antigo, mas capaz de reinterpretar, reproduzir ou desviar os mecanismos formadores, de desenvolvê-los em um projeto cada vez mais amplo e coerente. O objetivo de nosso estudo é, inicialmente, descrever os modelos espaciais de Haussmann, não a partir de uma análise exaustiva da forma urbana, mas a partir de um elemento do conjunto urbano que é ao mesmo tempo característico e essencial: a quadra. A quadra domina nossa perspectiva; mas é necessário nos perguntarmos como ela é produzida e se organiza dentro da estrutura da cidade hausmanniana.

---

[13] R. Cameron, op. cit.
[14] D. H. Pinkney, Napoleón III and the Rebuilding of Paris, Princeton, Princeton University Press, 1958.

Os modos de intervenção na cidade

A rede de vias que foram abertas

A existência de um plano, elaborado pelas próprias mãos de Napoleão III, como atestam inúmeros testemunhos,[15] nos faria esperar uma intervenção global e coerente em Paris. Vários críticos[16] têm insistido na capacidade de Haussmann de controlar toda a cidade, algo que contrasta radicalmente com a prática anterior, pobre em ações de grande envergadura e incapaz de fazer por si só reflexões no nível do conjunto urbano.[17] A implantação de um instrumento administrativo e técnico elaborado pela Direção dos Trabalhos do Sena seria a prova mais clara da dimensão global das preocupações de Haussmann.

Contudo, não imaginaríamos que o controle da cidade por parte de Haussmann era total nem que era sentido em todos os níveis ou que afetasse todas as instâncias. Haussmann estava longe de conseguir criar uma cidade com todas as suas peças: trabalhou dentro de um espaço em grande parte já estruturado. Ele não interveio em toda a estrutura, e sim somente em alguns de seus elementos, de maneira seletiva e por meio de modos de intervenção específicos. Deste modo, como mostra o plano elaborado por Napoleão III, sua intervenção primeiramente ocorreu em um nível que ele preferia, ao ponto de às vezes se tornar exclusivo: o nível global. A este nível, pertence a rede de *percées* [aberturas] que ao mesmo

---

[15] D. H. Pinkney, *op. cit.*, nos conta as peripécias deste famoso plano "em cores", um exemplar do qual chegou às mãos de Guilherme da Prússia, mas cujo original foi perdido no Incêndio das Tulherias. Dizem que Napoleão III redesenhou uma cópia após a queda do Império, para ajudar nas memórias de Merruau, o antigo secretário da Prefeitura. O conteúdo deste plano ainda é muito controverso; a astúcia inegável de Haussmann sempre ajudou a relacionar o plano a todo tipo de novidade e transformações.

[16] Especialmente P. Lavedan, *L'oeuvre du Baron Haussmann*, Paris, PUF, 1954 e L. Hautecoeur, *Historie de l'architecture classique en France*, Paris, Picard, 1957.

[17] A dissociação entre Paris e Versalhes explica em grande parte a inadequação da estrutura urbana de Paris: o novo traçado, que privilegiava a dimensão territorial, sobretudo no oeste, com o apoio dos parques e jardins do século XVII. O plano dos artistas, feito pela Convenção, além da ideia de um eixo leste-oeste que seria adotado por todos os regimes posteriores, ainda era uma coletânea de intervenções fragmentadas que oscilavam curiosamente entre o Barroco Tardio e o Iluminismo. O Primeiro Império não possuía os meios nem a capacidade de fazer uma intervenção global: ele se contentava em manifestar, por meio de uma contradição arquitetônica complexa, um valor semântico alheio à estrutura da cidade antiga, que então era condenada como um todo. O palácio do rei de Roma, de Percier e Fontaine, em seu isolamento antiurbano, na colina de Chaillot, desempenha este papel, de maneira mais coerente, mas um pouco parecida com um projeto de Milão, o Foro de Antolini de 1807 (veja M. Tafuri, *op. cit.*). Favorecia-se o "fragmento urbano", e esta preferência continuou ao longo de toda a Restauração da Monarquia de Julho.

tempo corta a cidade e conecta as grandes intervenções monumentais, como praças, estações de trem, edifícios públicos importantes, etc. Por exemplo, os bulevares Strasbourg e Sébastopol, que foram criados de 1852 a 1858, estabeleceram uma perspectiva de 2,3 km entre a Gare de l'Est e a cúpula da Câmera de Comércio e distribuíram este complexo de espaços abertos nos quais a "encruzilhada" de Paris foi a praça de Saint-Jacques e a du Châtelet, com seus dois teatros simetricamente alinhados.

Esta dupla rede de aberturas e edificações monumentais tinha um objetivo tríplice:[18] revalorizar os monumentos, isolando-os e criando conexões visuais entre eles; acabar com a insalubridade e a degradação; e criar uma imagem de modernidade – amplidão e luz, circulação entre estações de trem e entre bairros.

Na verdade, Haussmann fez uma correção estrutural ao deixar visível o nível global da estrutura urbana, um nível representativo da nova totalidade (a cidade muito grande, a capital) que garante as conexões no nível do conjunto, o nível que entende as instituições características desta ordem global. Por seu conteúdo e pelos modos de operação, a criação de Paris ao nível global é estabelecida em continuidade com a cultura clássica e justifica as relações com ela. Na verdade, as manifestações de um nível global da cidade são características da cidade barroca:[19] ela coincide com uma etapa do crescimento urbano que torna necessário um reajuste estrutural e pede novos elementos estruturais, os bulevares e as avenidas. Esses elementos são elaborados dentro de uma cultura ancorada nos aspectos visuais e amplamente dependente dos problemas da formalidade, em um momento delicado da história no qual se produz um vaivém entre a cidade e o território regional (da cidade para a aldeia, da aldeia ao parque e à região, do parque à cidade). Tais elementos se expressam nos aspectos visuais, que são mais legíveis nas áreas amplas, em oposição a uma cidade concentrada em termos de fechamentos e sobreposições.[20] São estes elementos, estas avenidas arborizadas, cuja origem é ambígua, a base do vocabulário formal de Haussmann. Com ele, apenas certos valores

---

[18] Veja Morini, *Atlante storica dell'urbanistica*, Milão, Hoepli, 1963. A elaboração do plano por parte de Haussmann agregava um quarto objetivo, a segurança (militar), sobre a qual não queremos polemizar.

[19] O termo "cultura clássica" nos remete, além do classicismo francês dos séculos XVII e XVIII, à linguagem formal e ao *modus operandi*, tanto na arquitetura como no urbanismo, que foram formados na época do Renascimento. O Barroco é um reajuste crítico desta cultura após o século XVII. Veja M. Tafuri, *Architecture et humanisme* [1969], Paris, Dunot, 1980. Veja também C. J. Argan, *L'Europe des Capitales*, Paris, Skira, 1964.

[20] Veja Tafuri, "Lo spazio e le cose", *op. cit.*

preestabelecidos se tornam visíveis. Eles funcionavam como máscaras, escondendo as diferenças entre bairros, *status* sociais, atividades. As aberturas haussmannianas apresentam uma conformidade formal rigorosa, quase monótona: elas ocultam a identidade dos bairros (o centro, o leste operário, o oeste residencial) em prol do significado global da Paris capital. Aqui podemos observar as implicações sociais de um mecanismo que não pode ser entendido em termos de estrutura formal: a máscara uniforme projetada sobre a cidade e sua história, o qual chamaremos de espaço da burguesia do século XIX.

Na prática, as aberturas haussmannianas se dividem em três redes, não hierárquicas, mas baseadas em considerações financeiras.

A primeira rede (1854–1858) compreende as operações realmente essenciais, que o Estado financia pagando metade ou dois terços da despesa (para a recuperação do Louvre, por exemplo). O cruzamento de Paris foi um importante componente desta rede: a Rue de Rivoli foi prolongada do oeste para o leste, enquanto o eixo norte-sul foi formado pelos bulevares Sébastopol e Saint-Michel, com a grande promoção da sequência de espaços centrais do Châtelet à prefeitura e uma expansão para os futuros Halles e o centro da cidade (*la Cité*); a Avenue de l'Impératrice constitui uma via de acesso para desfiles, com 140 m de largura no Bois de Boulogne, que foi replanejado.

A segunda rede (1858–1868 e mais tarde) foi definida por um acordo entre o Município e o Estado nacional, aprovado (apesar das dificuldades) em abril de 1858 e conhecido pelo nome de "tratado dos 180 milhões". O Estado e o Município dividiriam os gastos (um terço para o primeiro, dois terços para o segundo – se bem que na realidade foram gastos 50 e 130 milhões, respectivamente). Com esta rede, se concretizou a cisão de Paris por vias que irradiam em estrela, a partir de grandes nós estratégicos, como a praça do Château d'Eau (Place de la République), a Estrela do Arco do Triunfo e a praça do Trocadero. Assim, também são criadas algumas conexões retilíneas, as quais catalisaram a remodelação de vários bairros: o bulevar Malesherbes entre os bairros da Gare de l'Ouest (Estação Saint-Lazare) e Monceau; os bulevares Saint-Marcel e des Gobelins, que levavam aos fundos da colina Sainte-Geneviève; a avenida Daumesnil na direção do Bois de Vincennes. O desafogo da cidade também fazia parte deste programa.

A terceira rede, cuja decisão foi apressada devido à anexação das comunas periféricas em 1º de janeiro de 1860, é, na realidade, a "sobra" das operações que restaram da segunda rede, mas essas intervenções foram realizadas somente pela prefeitura, cujo tesouro recebeu algumas facilidades creditícias, como o direito de criar em 1858 a Caisse des Travaux (com 100 milhões de francos em um crédito de curto prazo concedido aos empreendedores), ou a autorização para tomar emprestados 270 milhões de francos em 1860. Apesar de tudo, esses financiamentos não seriam suficientes, e Haussmann recorreu a expedientes mais ou menos ortodoxos, como pagar as empresas com letras de câmbio, uma verdadeira moeda privada com base legal. A terceira rede permitiu a conclusão das praças em forma de estrela – Place du Château d'Eau e Place du Trône. Sua influência chegou a les Halles e à Opéra, com suas conexões com as estações através da Rue Lafayette, na margem esquerda do Boulevard Saint-Germain e na Rue de Rennes, além do parque Montsouris e Buttes-Chaumont, mais isolados.

A unidade de intervenção

A distribuição das ruas nesta rede de eixos estruturadores modificou o crescimento da cidade. A intervenção de Haussmann pressupõe um modo de crescimento particular, cujas consequências no nível do tecido urbano tentaremos desvendar na organização de bairros e quadras. Na planta de Paris, é fácil identificar, além das novas vias abertas ou retificadas, alguns bairros que trazem a marca de Haussmann: o Plaine Monceau, Chaillot, os fundos de La Montagne Sainte-Geneviève, Buttes-Chaumont, ainda que tivessem sido apenas esboçados, e Clignancourt, também bastante inacabado. Devemos nos perguntar a que tipo de processos de crescimento estes bairros devem suas aparências e, para isso, passaremos à sua comparação com outros modos de crescimento, anteriores ou mesmo estrangeiros.

    A Paris da Restauração – na verdade, a ausência de redes globais além dos bulevares incompletos e da barreira dos Fermiers Généraux, que se transformaria, por substituição, também em um bulevar – gera um crescimento fragmentado. Cada período tende a produzir um setor limitado, capaz de crescimento, mas para reconstituir, a princípio, outro setor maior. A conexão dos setores era por simples justaposição. A cidade é uma coleção de fragmentos dispersos ou contíguos. Esta é a ideia do século XVIII, representada pelas teorias de Laugier sobre a cidade ou pelas gravuras de Piranèsi, que reduziam o espaço urbano a "uma montagem de obras de arquitetura dentro de um jogo de configurações estranhas e articulações sem sentido". Bath, Edimburgo e Londres, na época georgiana, são, por excelência, cidades de fragmentos.

Em Paris, os fragmentos se misturam com os crescimentos espontâneos que seguem os eixos de circulação, mas são reconhecíveis como tantas outras formas racionalizadas. O reino de Charles X é marcado por um verdadeiro conjunto de empreendimentos especulativos, como:

— Em 1824, a formação da aldeia de Beaugrenelle, um tabuleiro de xadrez articulado por praças; os loteamentos da seção posterior da Madeleine, da antiga extravagância Beaujon e do bairro Saint-Georges, acima da Notre-Dame-de-Lorette.
— Em 1825, o loteamento da Plaine de Passy, por meio da criação de grandes traçados apoiados em praças circulares existentes (Étoile, Maillot) ou novas; o loteamento regular, em uma grelha retangular, de Batignolles, que posteriormente, em 1845, se estenderia sobre as propriedades Cardinet;
— Em 1826, o loteamento do bairro Europe, um projeto muito ambicioso, com 26 ruas traçadas, muitas das quais em estrela;
— Em 1827, o loteamento de Saint-Lazare, compreendendo 13 ruas com uma planta bastante apertada, que se desenvolvia ao redor da igreja de Saint-Vincent-de-Paul.

Ainda que alguns destes loteamentos constituam um "fragmento" legível por meio de sua planta, a construção continuava sendo feita por "elementos" em geral autônomos e dispersos, sem outro controle além do da construção ordinária de empreendimentos espontâneos, ou seja, sem mais regularidade que a definida, em termos gerais e em uma época determinada, por um tipo de edificação. Certa relação pode ser encontrada entre o tipo de edificação e a forma total do conjunto, mas esta relação se mantém implícita, não há uma unidade de intervenção intermediária como a quadra ou o grupo de edificações. Já na Inglaterra georgiana, a situação era completamente diferente. Em primeiro lugar, uma variedade de tipos era padronizada por meio de um código de edificações "que regulava, nos mínimos detalhes, a descrição das dimensões e da qualidade dos materiais de cada parte da edificação". Além disso, lá existiam as "unidades de intervenção" articuladas entre si, que eram entidades possíveis de projeto, financiamento ou construção: a casa isolada (por classe), a casa em fita, o grupo de casas em fita, o conjunto habitacional.[21]

O método empregado por Haussmann era bastante diferente e de maneira alguma buscava formar setores autônomos, como nos períodos precedentes ou na casa inglesa. O objetivo do reajuste estrutural imposto pela rede global ia totalmente contra a ideia de cidade concebida por setores; e, mesmo nas zonas livres onde uma urbanização contínua e lógica ainda era possível, não vemos a implantação de aberturas coordenadas e coerentes na malha viária, mas uma divisão feita por ondas sucessivas. O bairro de Wagram, por exemplo, foi construído em setores, em 1858, 1862, 1866 e entre 1884 e 1899, e é, em última análise, o resultado de uma sucessão de planos concebidos no nível global, que atravessam a área. A cidade de Haussmann não tentava somar fragmentos, como Londres; ela sobrepunha as malhas hierárquicas nas quais cada elemento pertencia a uma rede em forma de estrela; ela redividia hierarquicamente. Esta prática não nos deixou um leque de unidades de intervenção diferentes, como aquele que encontramos na Inglaterra. Em um extremo, havia a autoridade central, a qual apelava, como vimos, a grandes grupos financeiros, que executavam "grandes artérias completas". Mas este processo não estabelece qualquer unidade de intervenção, a não ser as obras viárias. No outro extremo, o lote continuava sendo reconhecido como

---

[21] Summerson, "Georgian London", Londres, 1945 e 1962. Havia quatro tipos de tributação que eram aplicadas à área do terreno e ao preço da construção. Dentro destes limites, um pequeno número de soluções era possível, e era fácil de determiná-las na forma de modelos para alguns arquitetos, como George Dance, que estabeleceu, com Robert Taylor, a Lei da Edificação de 1774. Cada edificação, identificada por meio de sua classe, era definida em função de suas propriedades associativas para constituir uma fileira ou fita de casas. O agrupamento de prédios em fileira também possuía suas próprias regras, que eram um pouco mais livres. As operações de pontuação e bloqueio (nas extremidades) são perfeitamente conhecidas e compreendiam as sutis retificações do eixo público-privado nas extremidades das quadras, quando o espaço privado deixava de ficar totalmente oculto. O agrupamento em fileira é um fragmento finito e regular de nível inferior e era possível passar do agrupamento a um nível superior, o parcelamento, o conjunto habitacional, por meio de certo número de formas, também codificadas: o crescente, a praça, as casas geminadas lado a lado ou criando uma esquina com a união de dois ou mais agrupamentos, formando uma espécie de quadra mais ou menos aberta. O método era da adição estrita, de uma extremidade a outra. As pessoas que se envolviam nessas operações variavam "do modesto pedreiro ou carpinteiro que oferece, com seu chapéu nas mãos, 5 xelins por pé de alguns lotes, aos ricos cavalheiros, que estavam dispostos a pagar de 15 centavos a 1 libra esterlina por um lado ou dois de uma praça". E, apesar dos esforços das autoridades públicas de controle para impedir que "cada especulador [assumisse] mais do que uma proporção moderada do terreno", enormes monopólios são constituídos, formando uma única unidade global, com todas as unidades de intervenção hierarquizadas.

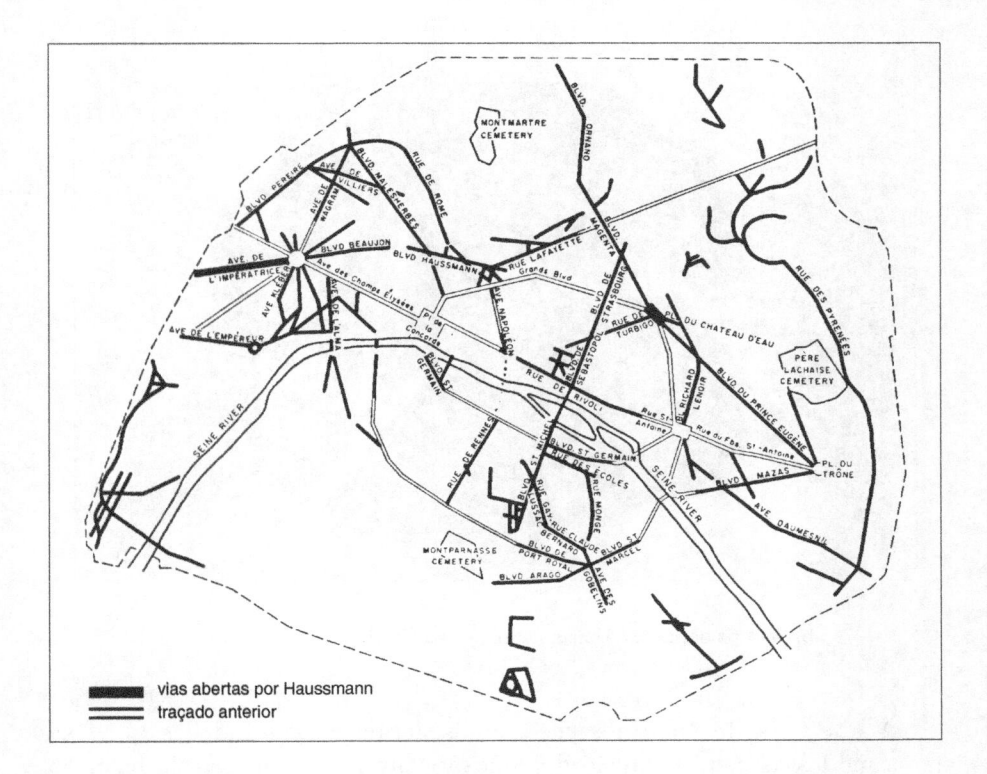

Figura 2 As transformações de Paris.
   a. Planta das novas vias abertas em Paris entre 1850 e 1870.

unidade de intervenção válida para a construção de imóveis. Um único proprietário podia ter certo número de apartamentos, mas eles eram dispersos, não faziam parte de um todo, uma unidade física de intervenção. Em *La Curée*, Saccard "tinha oito casas nos bulevares. Quatro estavam acabadas, duas na Rue de Marignan e duas no Boulevard Haussmann; as outras quatro, situadas no Boulevard Malesherbes, ainda estavam sendo construídas".

A relação entre estes dois níveis de intervenção nas extremidades da hierarquia não fica clara, de maneira alguma, por um processo de operações que funcionariam corretamente e de maneira regular como unidades de projeto, financiamento e execução.

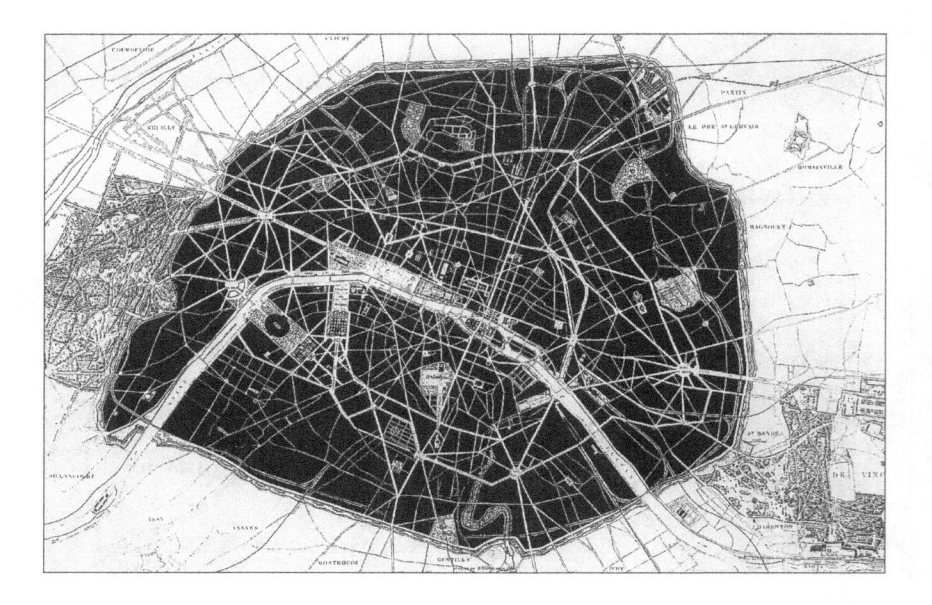

b. A Paris depois de Haussmann, por Alphand.

A abertura de vias, nos casos mais gerais e excluindo as quadras mais modestas com a função de conexão, produzia quadras de formato irregular (em cunha); a lei de desapropriação, modificada pela Segunda República, autorizou a aquisição de todos os lotes criados pela abertura das grandes vias assim que estas eram implantadas; uma vez definido o traçado das ruas, restava uma franja em ambos os lados que era repartida com um novo parcelamento do solo. O relacionamento neste caso era direto entre a intervenção no nível global, a abertura de vias e a intervenção nos lotes. A quadra não era levada em consideração para a definição de uma unidade de concepção ou implementação intermediária, e, ainda que a relação fosse mediada pelo tipo de edificação, nos encontramos perante um tipo subordinado, que frequentemente era adaptado de maneira bastante improvisada. A organização das aberturas de vias dominava a planta: cada fachada de prédio não era mais do que um resultado deste corte, uma unidade pouco distinta e bastante dependente da organização global que garante uma convenção e um regulamento. Quanto às operações que podemos chamar de pontuais, como esquinas e praças circulares, elas se inseriam no eixo monumental e pouco contribuíam para definir

Capítulo 1 A Paris de Haussmann: 1853-1882 21

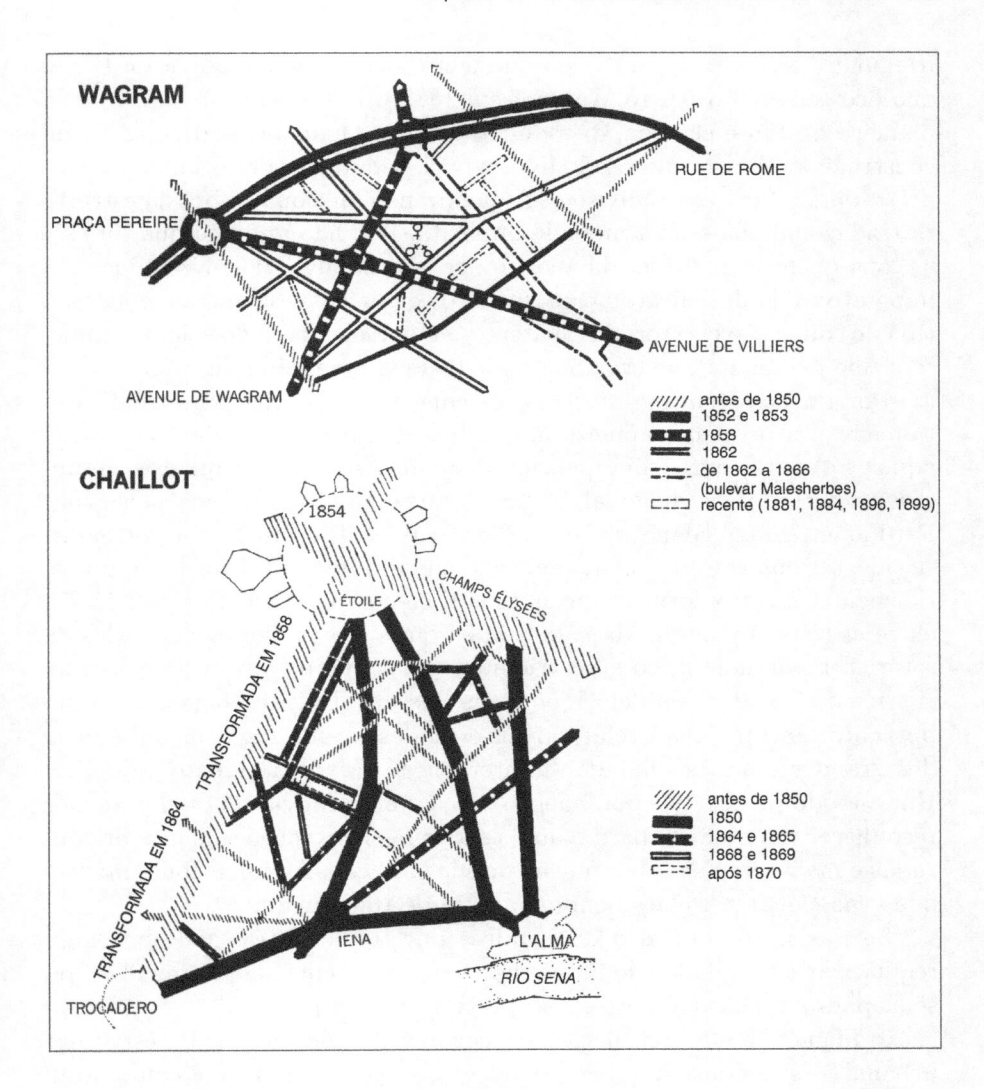

Figura 3 A abertura das vias no bairro Wagram.

uma "fachada da quadra", que tampouco evocaria a unidade da fileira de edificações.

As intervenções urbanas mais extensivas produziram ao mesmo tempo bordas e quadras. A construção destas quadras era muito laboriosa e irregular – não é raro ver, ainda que muito depois, sua subdivisão. É isso que ocorreu com o bairro Wagram em 1882 e 1899. Sem dúvida, de uma maneira bastante clássica, as esquinas e quinas mais bem situadas foram construídas primeiro, deixando livre o núcleo da quadra e os fundos que se prestariam a futuras subdivisões. A quadra não funcionava fora da estrutura tradicional: ela é uma unidade implícita. Isso não impediu que sofresse as consequências indiretas da abertura de vias no nível global, seguidas dos imperativos de densificação capitalista, os quais cristalizam, aos poucos, o tipo de edificação e se tornam aparentes no parcelamento do solo. Contudo, este tipo de quadra não era uma unidade de intervenção imutável.

Por fim, existem as intervenções concentradas, que produzem diretamente um pequeno número de quadras de forma mais rigorosa, como aquelas quadras em forma de cruz de Santo André ou as quadras retangulares cortadas na diagonal, como acontece na cruz formada pelas ruas Perdonnet, Louis-Blanc e Cail (1866), entre a Rue du Faubourg Saint-Denis, o Boulevard de la Chapelle e a Rue Philippe de Girard; ou, posteriormente, na cruz formada pelas ruas Eugène-Sue e Simart (1882-1885), entre as ruas Ordener e Marcadet. Mais raras são as figuras derivadas da retórica monumental, como o tridente que ocupa o convento de Sainte-Périne de Chaillot, feito em 1865 (ruas Bassans, Euler e Magellan). Aqui, portanto, em um nível relativamente modesto, que fugia da influência das grandes redes, a unidade de intervenção é explicitamente a quadra. Um método preciso de coordenação é posto em prática, no qual podemos reconhecer um modelo, para o qual tendem as intervenções menos organizadas e mais complexas em função de sua situação. Assim, é como modelo que vemos aparecer claramente a quadra de Haussmann.

Se Paris, ao contrário de Londres um século antes, não conseguiu regularizar as unidades de intervenção em uma sequência ordenada – ou seja, para explicitar uma relação precisa entre a propriedade, a organização financeira e a articulação dos cortes feitos no interior da estrutura urbana – isso se deve a dois motivos. O primeiro se relaciona com o grau de desenvolvimento dos bancos e empresas, o *status* das propriedades e o papel da burguesia, apesar do paralelismo que nos sentimos tentados a fazer entre os dois períodos de construção do capitalismo industrial. Na França, ainda não existia uma organização duradoura, uma concentração estável. O segundo motivo deriva da cidade em si, ou seja, do relacionamento entre as novas intervenções e a cidade existente. Por um lado, há uma associação livre entre setores e, de outro, um projeto de reinterpretação global, que tenta ser orgânico.

O relacionamento com a cidade existente: inserção e exclusão

A quadra é um antecedente implícito, herdado da cidade tradicional, mas a rede de grandes aberturas tinha como objetivo corrigir a estrutura de um conjunto imperfeito, dotando-o de um novo tipo de espaço. Como já mencionamos, por trás destas intervenções, está a estratégia da burguesia. A relação entre as intervenções de Haussmann e a cidade antiga é ao mesmo tempo de conformidade e correção, continuação e destruição, adaptação e violência.

Já mostramos como o projeto de dotar Paris de uma rede global pode ser lido por meio de sua referência à cultura clássica; é esta referência que gostaríamos de analisar e esclarecer, pois, para nós, o relacionamento com a cidade existente é completamente mediado pelo relacionamento com a cultura clássica. É fácil identificar no plano de Haussmann alguns elementos ou formas da linguagem clássica. Das redes do plano de Roma de Sixto Quinto, Haussmann toma emprestada a justificação funcional: os nós estratégicos antes estabelecidos pelas basílicas romanas agora são definidos pelas estações ferroviárias. A extensão das vias é a mesma, e cada uma delas foca uma edificação ou um sítio monumental que é percebido mais como um marco urbano, sem estabelecer qualquer relação com a arquitetura e o espaço urbano. O vocabulário dos tridentes e das estrelas se origina de Roma e Versalhes e dos traçados de Le Nôtre; podemos até mesmo reconhecer um parentesco entre Saint-Augustin, abraçado por dois bulevares (um dos quais não saiu do papel), e a maneira pela qual Christopher Wren resolveu implantar a Catedral de São Paulo em seu plano de reconstrução total de Londres.

Parece-nos, contudo, que devemos ir além destas referências instrumentais. Na verdade, a maior parte dos planos que se prestam a comparações são os planos de criação *ex nihilo*, ou de expansão de cidades, enquanto Haussmann interveio no interior de um espaço urbano muito estruturado, abrindo grandes vias e obtendo um resultado totalmente diverso. Sua ação, de fato, lembra mais diretamente os modos de intervenção sobre a cidade da fase inicial do Renascimento, em particular aquelas maneiras cujo objetivo era "a revisão da planta da cidade antiga, graças à abertura de novas ruas e praças espaçosas e regulares".[22] Esta revisão não consiste em explorar os mecanismos de crescimento existentes nem em

---

[22] C. J. Argan, *The Renaissance City*, New York, Braziller, 1969.

Figura 4 O tecido urbano de Haussmann.

a. A Cruz de Santo André formada pelas ruas Perdonnet e Louis-Blanc, no 10º distrito. Quatro quadras homogêneas resultam do corte feito em 1866 nas diagonais de uma malha quadrangular mais antiga formada pela Rue du Faubourg Saint-Denis, Rue Philippe de Girard e o Boulevard de la Chapelle.

b. Abertura do bulevar Voltaire, que sai da Place de la République. A diagonal do bulevar perturba o tecido do parcelamento anterior. O corte cria em ambos os lados da rua formas arbitrárias que, quando comparadas ao parcelamento do solo anterior, parecem ainda mais irracionais. Contudo, a junção entre o velho e o novo é perfeita: a continuidade das edificações é escrupulosamente restituída.

desenvolver os elementos espaciais cujas qualidades intrínsecas basta ampliar; tratava-se, como se a história tivesse sido interrompida, de instaurar ao interior da cidade um sistema inteiramente novo, desconsiderando o tecido existente, "enunciar um novo código de comportamento, uma nova racionalidade, ao mesmo tempo complexa e dialética, na configuração do espaço das atividades humanas".[23] Portanto, a revisão era sustentada por um princípio de exclusão: a exclusão da história dos conteúdos sociais, do uso e de seus traços e, ao menos no início, foi "inaceitável em essência por seus contemporâneos".[24] O processo visava ao confisco de certo número de terrenos da cidade em proveito da nova "aristocracia no poder" [a burguesia], para estabelecer sua residência e manifestar os valores ideológicos nos quais baseava seu poder. O confisco desses terrenos (o centro, em geral) significou o confronto entre o espaço da autoridade que projeta e o espaço das classes às quais é conferida a tarefa de executá-lo (a periferia). A seguir, esta noção de corte da cidade para a exclusão encontraria aplicações maiores, à medida que eram desenvolvidos os modos de intervenção em uma cultura clássica mais bem constituída. Alguns bairros da periferia nos quais tudo era novo, a orientação, a abertura exacerbada da cidade para uma paisagem organizada que estava começando a se estabelecer e a estrutura da propriedade imobiliária e dos tipos de edificações haviam se tornado nos séculos XVII e XVIII locais exclusivos das classes dominantes: em Roma, os montes Quirino e da Trinitá dei Monti; em Amsterdã, os três canais; e, em Paris, o Faubourg Saint-Germain, que estava voltado para as Tuileries e as grandes áreas paisagísticas que se abrem para o oeste, ao longo do rio Sena (Cours la Reine, Champs-Élysées, etc.).

Haussmann realizou muito bem este processo de exclusão ao resgatar da cultura clássica esses tipos de intervenção, sobretudo no desenvolvimento de um sistema apropriado ao controle eficaz: não somente confiscou o centro (a Cité, a sequência Châtelet-Hôtel de Ville) e abriu as periferias burguesas (a Plaine Monceau, Chaillot e inclusive as Buttes-Chaumont), como também inseriu no tecido urbano antigo uma rede contínua cuja malha permite uma estrutura regular. A relação de exclusão, em vez de se restringir ao centro e a algumas outras áreas, é finalmente dispersa a todas

---

[23] M. Tafuri, *Architecture et humanisme*, op. cit.
[24] M. Tafuri, *ibid.*, qualifica desta maneira as primeiras manifestações da nova ordem urbana imaginada por Brunelleschi. A ideia de um espaço inorgânico, isomorfo, sem considerar qualquer possibilidade de crescimento, no qual as edificações já não tinham as propriedades de associação e seriam propositalmente isoladas em praças, era inicialmente inaplicável. O Renascimento é rico em exemplos de tecidos urbanos que resistem a esta nova morfologia.

aquelas áreas nas quais o novo espaço burguês contrastava com o interior dos bairros que ele tentava ocultar. O resultado é uma continuidade, um confronto entre esses dois tipos de espaço que não param de colidir. Esta exclusão, apesar de ser feita de modo violento pela demolição[25] e as transferências de população, não prevalece sobre o tecido urbano antigo, que ela tende conservar, dentro de uma relação de domínio.

Em termos concretos, este confronto se traduz por meio da sobreposição: os novos limites de quadras de Haussmann são perfeitamente sobrepostos ao tecido existente, de modo que nada pudesse ser visto, provocando o risco de males entendidos sobre o parcelamento do solo em termos das relações que ele acarreta. O parcelamento materializa a compatibilidade entre os novos limites de quadra e as quadras antigas, por meio de suturas que são muito habilidosas. Haussmann é tolerante com relação aos elementos arcaicos e deixa, ao contrário, que o novo se insinue sobre o antigo. Basta seguir o bulevar Haussmann de ponta a ponta para reconhecer esta hábil inserção, uma qualidade que não se vê até mesmo por meio de uma análise mais profunda da parte antiga do Grand Boulevard (da Rue de Richelieu à Porte Saint-Denis, por exemplo). Como neste caso não havia o problema de inclusão a ser resolvido, o tecido do entorno é perfeitamente homogêneo e as regras de parcelamento são sempre as mesmas, tanto no bulevar como nas quadras vizinhas. Ao longo da abertura de uma via haussmanniana, a habilíssima inclusão tem um sentido: ser a outra face do relacionamento de exclusão/conservação que acabamos de descrever. Ela também apresenta as marcas da violência.

É no próprio interior desta relação de exclusão/inserção que deve ser compreendido o papel estruturador da quadra de Haussmann. A maioria das quadras foi afetada por Haussmann; elas foram cortadas pela metade e pertenciam a um conjunto em que a estratégia subjacente de divisão do espaço se mostra ameaçada em sua unidade funcional, estrutural e – no longo prazo – fisicamente. O essencial é fazer uma reinterpretação redutiva da quadra que começou assim, mas que vemos completa nas quadras típicas de Haussmann, que, como já dissemos, devem ser consideradas como modelos para toda uma série de operações. A quadra de Haussmann evidencia uma conformidade total com a composição urbana, mas passou por várias alterações em cadeia que terminaram alterando e deformando a natureza dessa conformidade. No fim, o que mudou foi a própria ideia de cidade.

---

[25] L. Hautecoeur, *op. cit.*, relata que 27.488 casas foram demolidas entre 1852 e 1870, a fim de construir outras 102.487 moradias.

A quadra de Haussmann

Sua morfologia

A quadra produzida pelo corte das malhas em estrela das redes de Haussmann é obrigatoriamente triangular e divide a quadra tradicional de Paris, que era quase sempre um quadrilátero. Mas também há quadras de Haussmann retangulares, e faremos referência a algumas delas.

As dimensões da quadra triangular, que é a mais comum, variam consideravelmente e parecem excluir a definição de um fechamento ideal que pudesse ser aplicado em geral. Não obstante, tem-se a impressão de que as quadras muito grandes são excluídas, como aquelas que as épocas anteriores favoreciam (o convento dos Filles-Dieu, entre o bairro Saint-Denis e o Poissonnière, havia sido dividido, entre 1772 e 1792 em quadras de 3 a 5 hectares), ou a quadra agora é compacta e tende a ser mais estreita, devido à sua forma triangular. Este é o caso em torno do colégio Chaptal e na porção norte do distrito Europe retificado por Haussmann entre 1867 e 1881, onde as maiores larguras de quadra são 60 ou 65 m ou, em casos raros, 90 m, para uma área total de 3.400, 6.300 e 20.000 m^2.

A quadra retangular frequentemente era uma quadra residual conectada a uma nova via que não alterava o traçado viário inicial. Devido à sua condição, ela costumava ser mais profunda do que larga, como ocorre no bulevar Sébastopol, com uma relação de 1 para 7 (largura/profundidade), e 1 para 4 no bulevar Péreire, com larguras de 16 m e 36 m, respectivamente. As quadras retangulares muito compactas eram praticamente blocos circundados por vias.

O parcelamento da quadra

A divisão da quadra em lotes obedece a alguns princípios muito claros:

1) Cada lote é traçado rigorosamente perpendicular à rua.
2) A linha de divisão interna da quadra é a bissetriz do ângulo formado pelas ruas (nas quadras triangulares e nas esquinas) e uma linha mediana que acomoda as irregularidades geométricas.
3) Todos os lotes têm proporções similares, se excluirmos os lotes muito profundos, bem como aqueles com uma grande testada.

Parece que a quadra de Haussmann nasce de uma organização do conjunto, depois de uma clara racionalidade e inclusive certa regularidade.

Contudo, essas primeiras conclusões devem, antes de tudo, ser bastante relativizadas. Quando a gestão do todo é conferida a uma empreiteira, a execução, que depende dos proprietários privados e de pequenas subempreiteiras, quase nunca é feita de uma só vez: a quadra é edificada com um lote de cada vez, embora, às vezes, alguns lotes sejam reunidos e ocupados ao mesmo tempo. Quando as operações são compactas – uma modalidade já comentada – raramente há apenas uma empreiteira, e a regularidade da quadra é ilustrativa: a quadra entre a Rue de Moscou e a Rue de Berne é simétrica, sendo formada por duas metades que podem ser sobrepostas se tomarmos a bissetriz como eixo; voltada para a Rue de Berne, há uma faixa de 250 m de comprimento formada por 19 prédios duplos, sem recuos laterais, contíguos à ferrovia oeste.[26] Porém, em geral, o empreendimento progressivo das edificações favorece a adaptação das regras: a divisão dos lotes nem sempre pode ser feita segundo a bissetriz, uma vez que algumas modificações são inevitáveis e o perímetro de alguns lotes era anormal.[27]

Já a racionalização e seu corolário, a regularidade, devem ser interpretados corretamente. Um perímetro triangular, evidentemente, resulta em desigualdades. Havia alguns ângulos agudos difíceis de resolver, sobretudo no que concerne ao leiaute dos apartamentos. Não importa a solução tomada, todos os lotes serão diferentes. A ideia não era, portanto, alcançar uma bela uniformidade "à inglesa". Em muitos casos (mas de modo algum em todos), podemos encontrar alguns terrenos grandes nas esquinas e no centro da quadra. Também encontramos lotes de lado a lado da quadra nas partes mais estreitas e outros lotes com apenas uma orientação com profundidade um pouco excessiva (cerca de 30 m). Esses lotes têm formas variadas e até mesmo insólitas, variando de triângulos, às vezes com ângulos muito agudos, a formas em V ou trapezoidais, incluindo combinações possíveis que podiam resultar em polígonos complicados.

Mais do que a forma, é a área dos lotes que variava muito. Na quadra Moscou-Clapeyron, no bairro Europe, os lotes têm entre 200 e 1.100 m^2; na Moscou-Berne, de 135 (uma área particularmente exígua) a 360 m^2. A profundidade dos lotes varia devido à forma triangular da quadra, bem

---

[26] A Rue de Berne, listada em 1881, foi aberta por um proprietário chamado Mosnier, em uma zona do bairro Europe que havia sido prejudicada pela abertura da ferrovia do oeste em 1837. A quadra localizada entre a Rue de Berne e a Rue de Moscou não foi totalmente trabalhada de uma vez só, pois a fachada para a Rue de Leningrad já existia.

[27] Os vestígios conservados no terreno eram às vezes levados em consideração, mas este caso é uma exceção dentro das pequenas quadras homogêneas que são objeto de nossa atenção.

como varia a testada: na quadra Moscou-Berne, encontramos fachadas de 9, 11, 12, 19, 21, 28 e 40 m (as últimas na esquina mais pontiaguda); em outro local (perto do colégio Chaptal), as testadas são de 8, 10, 11, 12, 15, 19, 20 e 23 m. As quadras retangulares não são mais homogêneas. Ao longo do bulevar Péreire, a quadra Laugier-Faraday-Bayen, unida ao Marché des Ternes, um mercado que foi inaugurado em fevereiro de 1867, inclui seis pequenos lotes de 115 m² cada um, e 11 lotes grandes, de 300, 400 e 460 m². A planta do conjunto é excepcionalmente rigorosa, apesar da ausência de paralelismo entre o bulevar Péreire e a Rue Faraday. Os lotes da extremidade, da esquina, têm 300 m² de área e 18 m de testada em cada rua, com uma faixa intercalada de apenas 12 m de largura, que permitiu que dois pequenos lotes pudessem ser acomodados um no fundo do outro. A parte central é escalonada, com 24 m de testada para cada lote, exceto no caso dos dois lotes residuais da rua dos fundos (Faraday). O conjunto é praticamente simétrico. Esta organização reflete a existência, ao mesmo tempo, de apenas uma autoridade, que faz o parcelamento do solo, e a variedade dos investidores, aos quais era oferecida uma diversidade de lotes, dos simples aos quádruplos.

A estrutura da edificação

A planta coordenada da quadra Péreire-Laugier-Faraday-Bayen, que acabamos de estudar, estava intimamente associada a uma cuidadosa implantação das edificações. Pode-se até mesmo afirmar que a divisão dos lotes é determinada pela configuração futura das edificações, e não o inverso. Para os 17 lotes, há apenas seis pátios internos principais, de tamanho idêntico e forma quadrada simples. Cada um desses pátios internos é compartilhado por três ou quatro lotes. Alguns poços de ventilação foram empregados nos prédios, conectados aos pares, se sobrepondo nos limites dos lotes. Neste sentido, poderíamos considerar que a quadra é formada por apenas um bloco, uma unidade na qual foram abertos os pátios internos. Porém, na realidade, o bloco resulta da associação de elementos idênticos (na medida do possível, devido à ausência de paralelismo perfeito entre as ruas). O elemento básico é uma edificação em L, que é utilizada até mesmo nos menores lotes. Dois Ls formam um U ou um T, o que era conveniente para os lotes maiores; nas esquinas, para obter uma fachada maior, bastou uma ligeira adaptação do L, devido à maior dimensão de um dos braços. Assim, tudo parte deste elemento em L – às vezes agrupado para formar um T ou um U – e os pátios internos sempre eram associa-

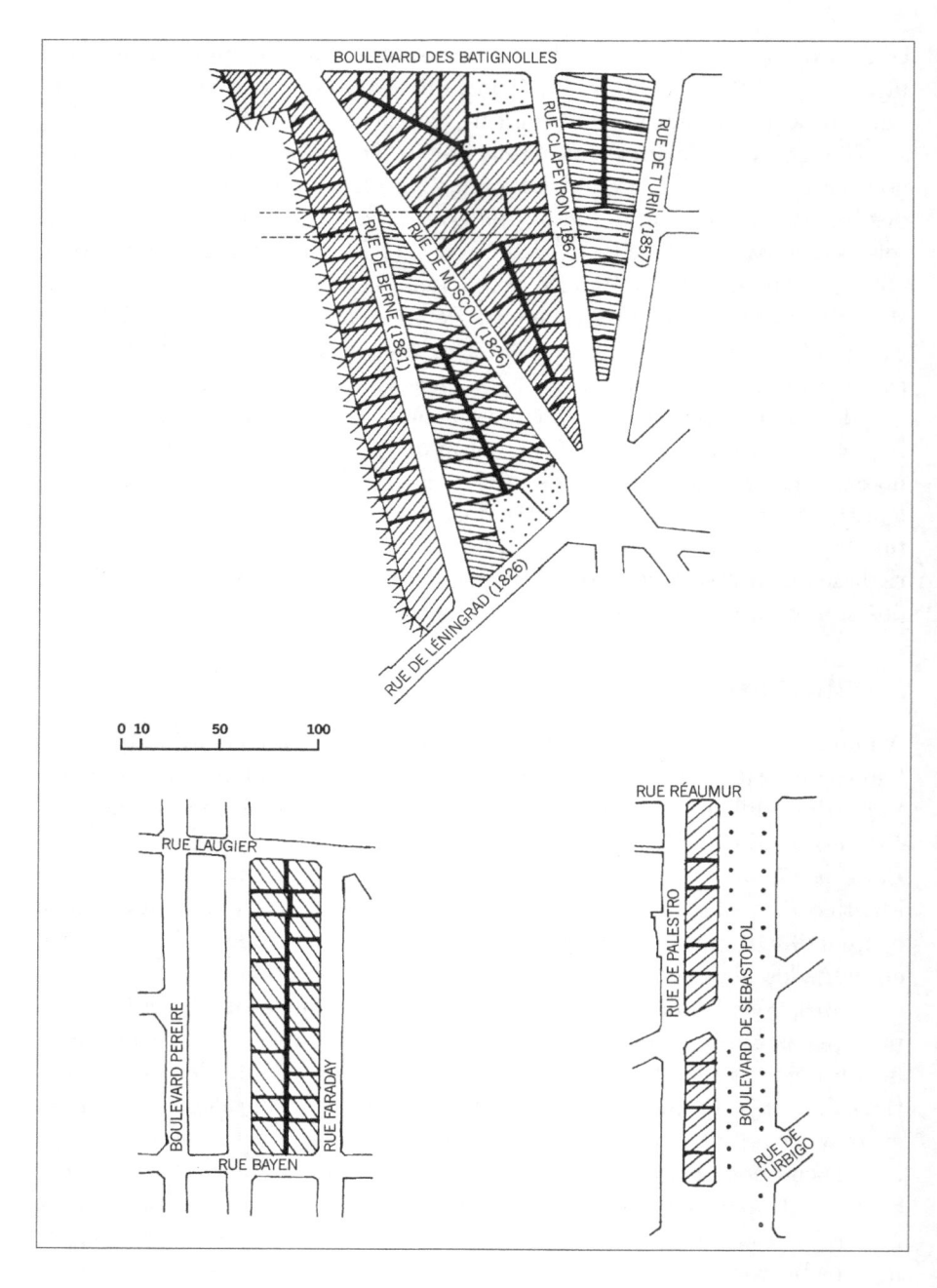

Figura 5 As quadras de Haussmann, com as aberturas de vias.

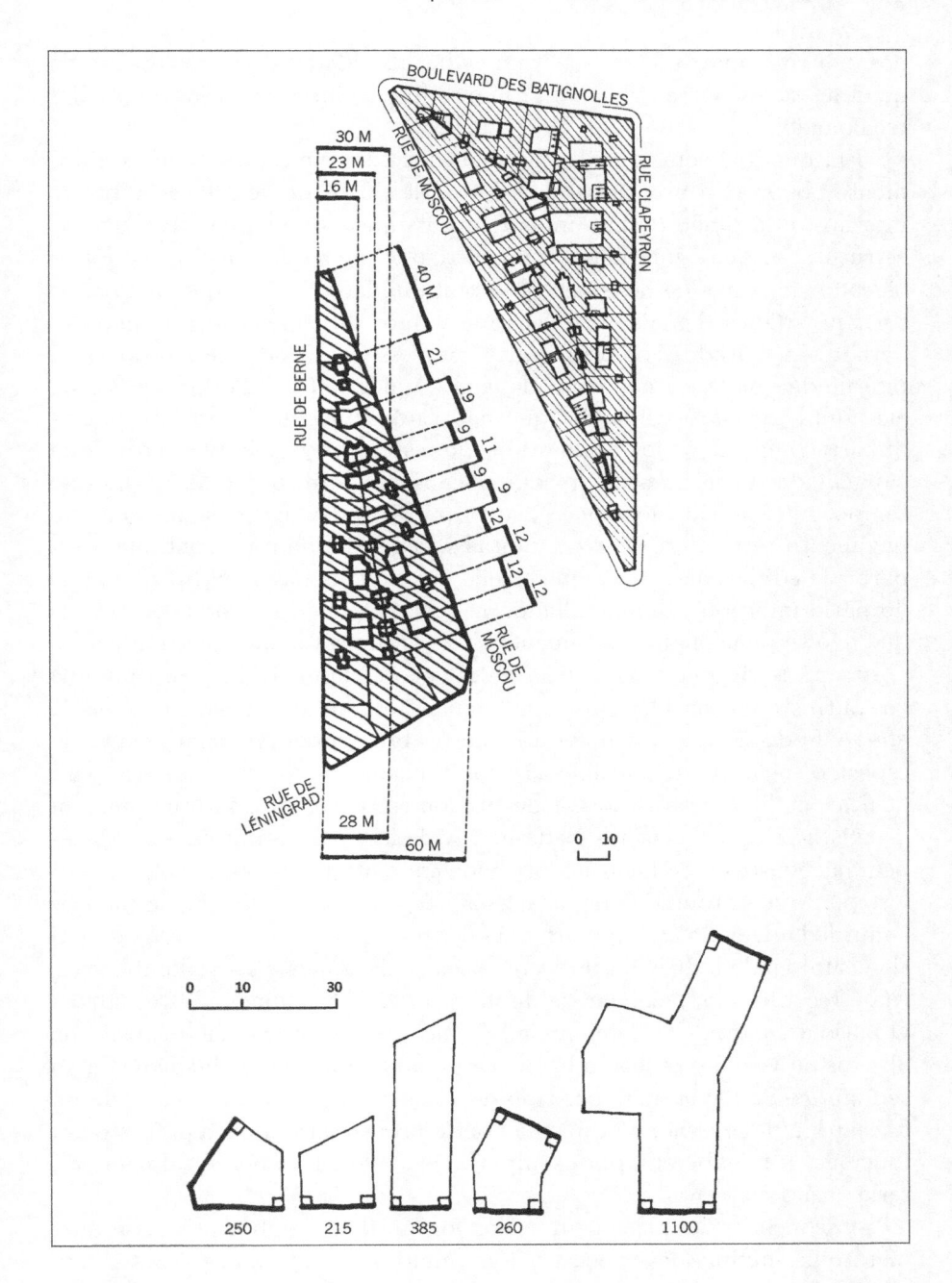

Figura 6 As quadras de Haussmann, com suas dimensões.

dos quatro a quatro. Disto derivam as peculiaridades do parcelamento da quadra – as estreitas faixas de 12 m e as fileiras intermediárias de prédios escalonados.

Em quadras com organização menos rígida que esta, podemos novamente observar o uso, entre dois lotes, de poços de ventilação e pátios internos: o lote não é uma unidade autossuficiente e surge um elemento estruturador que é um meio-termo entre o lote e a quadra. São tão fortes os condicionantes de densificação e rentabilidade do solo que os lotes se tornam exíguos demais em relação aos tipos de edificação e já não poderiam ser tratados como unidades simples. O espaço coletivo do pátio interno da quadra já não coincide com a unidade fechada do lote; assim, ele adota um *status* híbrido, que não está subordinado ao lote nem à quadra como um todo. Acima de tudo, este espaço coletivo perdeu sua capacidade de se identificar com apenas um lote, por que, ao mesmo tempo, seu valor como espaço oculto (para os demais) desapareceu. No pavimento térreo, um muro – muitas vezes intimidante – continua a separar as edificações, mas, em relação aos demais pavimentos, o volume do pátio interno é compartilhado, ou seja, é visível por todos os demais que não se relacionam diretamente com ele, uma vez que não têm acesso a esta parte do pátio. Este tipo de relação é suportável apenas quando "os outros" são considerados como "iguais" em uma confusão anônima de *status*. Pode-se observar que esta solução pressupõe um achatamento do espectro social, uma conveniência que funciona como uma máscara para ocultar as diferenças. A partir deste momento, no pátio interno, deixam de existir relações sociais privadas e atividades ocultas ou toleradas. Também não existe outro lugar no lote onde essas atividades eram toleradas: o lote perde sua profundidade, a sucessão de espaços em direção ao interior é mutilada. Devido ao imperativo da densificação, o espaço interno do pátio é subjugado a duas das características pelas quais o espaço público da rua é reconhecido, pela clareza de um código: o costume e a esterilidade. O pátio é "mantido", "bem-cuidado", não aceita servir como depósito de objetos ou veículos ou como lugar para qualquer atividade inadequada ao seu *status*. Se havia qualquer tipo de construção, como uma varanda ou um jardim de inverno, o problema era do proprietário, pois o pretexto era funcional (um gabinete, por exemplo). De qualquer maneira, tal melhoria seria aceita e aprovada.

A sequência dos espaços internos foi mutilada, embora restasse uma hierarquia mínima de espaços. Um segundo pátio interno às vezes seguia o primeiro e era acessível apenas pelos apartamentos térreos ou por uma

Capítulo 1 A Paris de Haussmann: 1853-1882 **33**

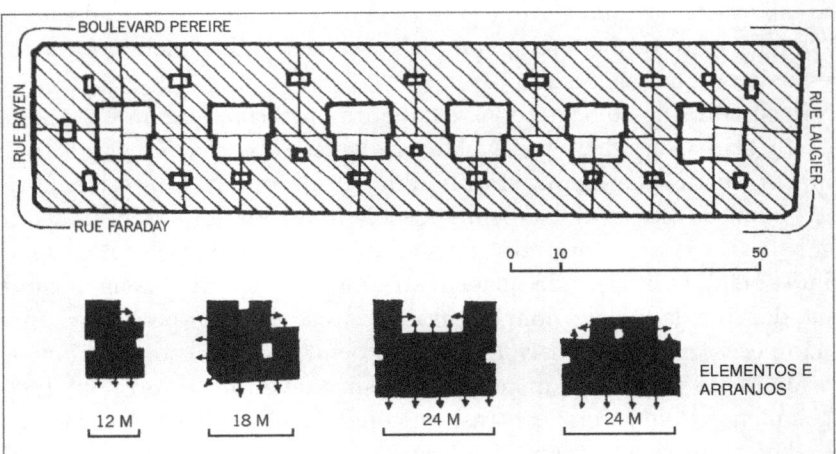

Figura 7 A estrutura da quadra retangular formada pelas ruas Bayen, Faraday e Laugier, ao longo do bulevar Péreire.

   a. Composição das fachadas ao longo do bulevar Péreire.

   b. Com base em um elemento em L, que encontramos nos quatro lotes menores, são feitas as combinações em U (no bulevar Péreire) e em T (na rua Faraday), bem como uma adaptação na esquina, conferindo à quadra sua configuração particularmente racional, devido ao agrupamento dos pátios internos em grupos de três ou quatro.

porta de serviço – de qualquer modo, como ficava longe do passeio, era um lugar condenado ao silêncio. A morfologia da quadra mostrava um perímetro contínuo, com espessura constante, e um interior que, à primeira vista, parece menos ordenado. O rigor e a perfeição pertencem ao perímetro: os apartamentos de configuração mais regular ou as partes planejadas dos apartamentos estavam voltados para a rua, acessíveis diretamente do vestíbulo sem a necessidade de atravessar o pátio interno, que era um lugar ambíguo compartilhado por vários prédios e de modo excessivamente visível. O fundo do lote, sacrificado pela geometria do triângulo e do trapézio, gera apartamentos com leiaute prejudicado, muitas vezes com apenas uma orientação solar. É possível ler as evidências de uma hierarquia social por baixo de uma fina máscara de uniformidade exigida pelas convenções sociais.

Multifuncionalidade e propriedades substitutivas internas

O parcelamento da quadra que observamos deve ser comparado ao da quadra parisiense tradicional, para que possamos avaliar melhor os efeitos da redução do qual ele resulta.

Não se trata de colocar todas as quadras pré-Haussmann em apenas uma categoria. Contudo, é possível fazer diversas observações gerais sobre o tema. A quadra, em geral, era dividida em perímetro e interior. O perímetro, denso, estava diretamente vinculado à rua, era entendido como o lugar de trocas e o espaço de apresentação controlado pelos códigos de conduta social. O interior da quadra, ao contrário, era uma zona afastada da rua, desvinculada dela, com as características de um espaço não visível (ou não necessariamente visível), ou seja, oculto. Ele não tem as funções de formalidade pública, é maleável, transformável, marcado por alguns códigos menos rígidos, que contrastam com os códigos típicos da face pública; ele está disponível para apropriação.

Este antagonismo entre o perímetro e o interior da quadra deve ser compreendido como um sistema de diferenças que permite a organização de certa complexidade: a do tecido urbano. Era um modelo de integração das atividades que estabelecia a possibilidade de distribuir funções múltiplas de reciprocidade. Ele funcionava como um sistema eficiente, que não precisava atribuir funções – mutáveis e relativas –, mas proporcionar relações de associação e exclusão entre funções e lugares. Trata-se, portanto, de regras de integração, concebidas de tal maneira que as funções eram definidas em termos de substituição (ou seja, aquela função pode ser substituída por tal), em uma perspectiva que leva em conta a transformação histórica, a modificação, a bricolagem (ou seja, a recuperação de uma estrutura abandonada e disponível) e até mesmo o uso impróprio.

Frequentemente, o perímetro da quadra, em contato direto com o lugar de trocas – a rua –, tinha seu solo dividido de maneira mais cuidadosa, de modo que ocorria uma densificação, permitindo que o interior da quadra fosse ocupado por empreendimentos maiores e um parcelamento do solo menos rígido. No coração de uma quadra, muitas vezes havia um espaço no qual podíamos encontrar grandes oficinas ou estabelecimentos industriais, garagens, galpões, depósitos, jardins, o pátio privativo de um prédio ou mesmo um equipamento público de grandes dimensões (que no passado fora um convento com claustro ou um colégio, mas hoje era uma escola, um instituto ou um prédio administrativo). Todos esses elementos não estavam juntos, mas ocupavam a mesma posição dentro da estrutura da quadra. Assim, dentro da quadra (de apenas uma quadra, neste caso) eram encontrados misturados locais de moradia, trabalho, trocas sociais e, com bastante frequência, equipamentos públicos.

A quadra podia então ter uma complexidade interna que, sem precisar ser codificada de maneira explícita, poderia ser estudada[28] e testada, sobretudo por meio de mecanismos de adaptação e correção que estavam sujeitos a condicionantes particulares. A hierarquia em direção ao interior da quadra muitas vezes se desenvolvia em sequência (primeiro pátio, interrupção, segundo pátio, interrupção, etc.), e a interconexão de lugares justificava implantações complexas. Uma hierarquia vertical, mais ou menos constante por toda a quadra, se somava à horizontal. Por fim, esse conjunto complexo dependia do *status* das ruas que o circundavam, de sua posição na hierarquia da cidade ou do bairro, o que conferia um significado particular a cada lado da quadra. A quadra "reagia" com vigor a qualquer desequilíbrio hierárquico. Em um bairro no qual a classe média era pouco representada ou mesmo inexistente, a quadra compensava por essa anormalidade aumentando sua hierarquia interna: ela era subdividida por passagens, "ruas" internas e vários pátios internos.

---

[28] Veja nossos estudos anteriores, especialmente *Analyse du tissu du Nord-Est parisien*, um estudo feito pelo APUR, 1971; "Marcillac, autopsie d'un village", em *L'Architecture d'Aujourd'hui*, Paris, outubro/novembro de 1972.

Na cidade de Haussmann, a quadra não tinha mais do que uma multifuncionalidade limitada. De maneira muito característica, César Daly,[29] que descreve a habitação "privativa", indica que "o comércio e a indústria são exigências que igualmente devem ser levadas em conta: naquela parte da cidade onde predomina o comércio de alto padrão, o comércio do luxo, com suas enormes e exuberantes lojas, as necessidades necessariamente serão distintas daquelas das pequenas lojas [...] que precisam [...] vender os artigos de primeira necessidade". Por meio desta citação, podemos observar como a integração funcional entra no espaço do arquiteto. Apesar de serem repetitivas, as palavras de Daly mostram que a adaptação do espaço não é nada mais do que o aproveitamento de tipos de edificação extremamente restritivos e da escassez de recursos, uma situação que o arquiteto resolve fazendo concessões caso a caso, com sua criatividade. Poderíamos calcular quantos desses arranjos se mostraram impossíveis de classificar e até que ponto é negada a lógica do tipo; seria então interessante questionar o quanto da essência do tipo é preservada nesses casos complexos, para enfim identificar o momento em que o tipo se empobrece por já não permitir operações espaciais onde se veria uma sintaxe de tipo orgânico. Neste espaço, estufas, cercas de aço, colunas de ferro fundido, vigas de aço e revestimentos cerâmicos representam a intrusão de certo positivismo no conjunto de convenções sociais seguidas pelo prédio de Haussmann.

A multifuncionalidade praticamente não é mencionada (o comércio e a indústria), e seu conteúdo é reduzido a uma convenção social: a "indústria", reaproximada do comércio e imediatamente orientada para a esfera do "luxo". A indústria não era utilizada para evocar o mundo do trabalho e da produção, mas a seguinte convenção: não se "combinava" (no sentido da arquitetura), em uma mesma edificação, o lugar de moradia privada da burguesia – ainda que sua riqueza derivasse da indústria – com o lugar da manufatura. Esta regra é absoluta para os "melhores ambientes"; afinal, as minas e os grandes estabelecimentos de construção tinham seus espaços próprios, que ficavam fora da cidade desde os primórdios da Revolução Industrial. Apenas existiam algumas oficinas modestas e escritórios que os arquitetos disponibilizavam; todo o pavimento térreo era utilizado e iluminado por meio de vidraças localizadas no fundo dos

---

[29] C. Daly, *L'architecture privée au XIXᵉ siècle sous Napoléon III: Nouvelles maisons de Paris et de ses environs*, Paris, A. Morel et Cie, 1864.

Figura 8 Quadras no bairro Europe.
 a. Fachadas.

b. Pátios internos.

pátios internos. Contudo, ainda assim a convenção dominava: a função real permanecia a mais mascarada possível.

A multifuncionalidade não pode ser considerada no nível da quadra, que não é uma unidade de intervenção reconhecível: ela apenas ocorre no nível do tipo da edificação e é rejeitada no nível da cidade. Na cidade de Haussmann, o lugar de trabalho era excluído da quadra habitacional "privada". Por outro lado, aparece a especialização de certos bairros: os bairros residenciais se desenvolvem livres de qualquer centro de produção, contrastando com os bairros que geralmente podem ser chamados de bairros operários, e onde o princípio de separação da moradia e do trabalho ainda não era aplicado (Paris continuou sendo a cidade onde a indústria é distribuída em pequenas oficinas, o que manteve viva a velha estrutura do tecido urbano nos locais em que este não foi afetado por Haussmann). O espaço antigo (o espaço demarcado da substituição) se opõe ao espaço novo (o espaço funcionalmente separado). Neste espaço, as possibilidades de combinação funcional eram aquelas válidas apenas na periferia da quadra antiga, aquela que era a mais pública (moradia, comércio, escritórios, profissões liberais). Podemos dizer que a quadra de Haussmann, quando comparada à quadra antiga, já não funciona como um perímetro engrossado. Sua forma não poderia nos fazer esperar algo diferente: o que o triângulo poderia oferecer, de maneira mais geral, era um perímetro aberto para as ruas, em detrimento da superfície interna protegida e oculta, que tinha menos importância. Com a quadra de Haussmann, começa a desaparecer o interior da quadra, com suas propriedades funcionais e sua riqueza de articulação.

A combinação de quadras

A quadra de Haussmann continuou a funcionar como um elemento indispensável à estruturação da cidade. Como a quadra antiga, ela era uma unidade que podia ser combinada com outras, e a cidade era vista como uma combinação de quadras. A quadra de Haussmann e as quadras pré--Haussmann eram compatíveis, apesar de suas diferenças, e o primeiro efeito dessa compatibilidade é uma manutenção rigorosa da paisagem urbana. Se a imagem da cidade é identificada com esta continuidade, seguindo as fileiras ininterruptas de ambos os lados das vias, então pode--se dizer que a quadra de Haussmann contribuiu para uma imagem eminentemente urbana. Essa imagem, levada ao caricaturesco, simplista, não costuma ser mais do que a redução da imagem ricamente polissêmica típica da antiga paisagem urbana. Pouco importa: não há hiatos ou vazios. As quadras subdivididas foram rapidamente fechadas, sem deixar que os cortes subsistissem. O espaço público é rigorosamente fechado pela linha de fachadas, e o conteúdo das caixas de muros foi definido com precisão. Com Haussmann, houve inclusive uma tendência a supervalorizar o "público" em detrimento do "privado" (estamos falando de espaços externos, não das habitações privadas), uma situação extrema da qual já temos indícios. Todo o espaço público se tornou monumental, inclusive as ruas mais simples. Muitas dessas ruas residenciais tinham uma aparência um tanto indiscreta, uma respeitabilidade opressora que confere às fachadas um acúmulo de referências cultas. Porém, sobretudo, essa monumentalidade advém em sua impassibilidade: as lojas foram descartadas (com a exceção ocasional das duas extremidades da quadra); a rua fica livre de qualquer acidente, de toda intrusão provocada pela desordem cotidiana; seu espaço é surpreendentemente abstrato, isomorfo, divorciado do tempo e da luz (universal?), definitiva em sua forma e uso – já não se conhece a variação. Seria uma metamorfose caricaturesca – de recuperação em recuperação – do espaço clássico? A consequência é bastante séria: em termos internos, a quadra de Haussmann já não é capaz de articular as diferenças, e, da mesma maneira, a quadra se relacionava com as ruas de modo a eliminar todas as diferenças. Todo o espaço urbano é homogeneizado por um projeto de longo prazo – além, sem dúvida, do monumentalismo aparente ao qual foi sujeitado por Haussmann. O espaço que é instituído como espaço dominante – nas cisões da cidade que significam a rejeição de todo o resto – era, de fato, esse espaço mal-articulado ou, ao menos, na época de sua implementação, mínimo em termos de articulações herdadas (e obrigatórias, para garantir sua inserção na cidade).

Como a quadra de Haussmann já não é capaz de articular em seu interior a variedade de funções, podemos observar o surgimento aparente de quadras com função única, sobretudo para equipamentos e monumentos. A regra é a quadra-monumento, que não está distante da quadra com apenas um prédio que a sucederá após a desvalorização definitiva do monumento. Não é preciso ir além da política de limpeza preconizada por Haussmann e cuja materialização é a Île de la Cité, com suas quadras-monumento – o Tribunal do Comércio, a delegacia, o Hôtel-Dieu e Notre-Dame, praticamente todas lançadas sobre o mesmo nível, por seu isolamento e pela neutralidade vazia de seu relacionamento com o sistema espacial de vias e praças (a de Notre-Dame e do Mercado das Flores). O sistema monumental, desprovido de uma relação de ordem, perde todo seu sentido. Da mesma maneira que são segregadas as igrejas, primeiro o colégio Chaptal (1867) e depois as lojas Bon Marché (Boileau, 1879) tendem a se transformar em quadras; a loja de departamentos Printemps, de Sédille (1882), constituiu duas quadras; o Hôtel des Postes, de Guadet (1880), é separado, por uma viela de serviço, dos prédios limítrofes ao sul e deixa de ter qualquer conexão com eles. A quadra dos equipamentos públicos tende a se converter em um prédio isolado.

Não é em Paris, onde o tecido urbano oferece uma resistência enorme, que se observará a busca e a conclusão deste processo de classificação, de separação e especialização que afetou simultaneamente a quadra e sua combinação como unidade física mínima de subdivisão urbana. A quadra entra em uma fase crítica – talvez se possa dizer uma crise –, mas a situação econômica do Império, que afeta a construção em Paris nos 40 anos seguintes, disfarçaria os aspectos mais graves dessa crise, a qual surgiria, agravada, com o fracasso urbano que se exprimiria pela incapacidade de planejar os subúrbios da cidade.

Capítulo 2
Londres, as cidades-jardins: 1905-1925

"O dia em que eu for rei, minha ambição será possuir uma casa de campo."
Por que Welwyn e Hampstead?
A cidade-jardim satélite, como um processo de urbanização, foi inventada e testada na Inglaterra no início do século XX. Independentemente de sua gênese e do contexto de seu surgimento, este processo de urbanização "teoricamente" surge em 1898, com a publicação da obra de Ebenezer Howard, *Tomorrow: A Peaceful Path to Real Reform*. A partir desta data, é fácil acompanhar a história da evolução deste processo, marcado por datas precisas:
1904: Letchworth, a primeira cidade-jardim construída de acordo com o modelo econômico de Howard e a primeira realização importante de Raymond Unwin e Barry Parker;
1909: Hampstead, o primeiro subúrbio-jardim construído de acordo com os instrumentos de implementação de Unwin;
1919: Welwyn, a primeira cidade-jardim que combinou as teorias de E. Howard e os métodos práticos de Unwin.
O fato de deixarmos de discutir Letchworth se deve ao fato de Welwyn ter apresentado os mesmos meios de produção e também aproveitar as experiências de sua irmã mais velha.
Hampstead é a cidade experimental, a tentativa de codificação de um conceito de forma urbana. Ela foi um experimento que beneficiaria Welwyn, onde as ferramentas já utilizadas passaram a ser aplicadas sistematicamente.

As condições do urbanismo em Londres no final do século XIX

Entre 1840 e 1901, a população de Londres dobrou, enquanto a da Grande Londres triplicou.[30] Esse crescimento demonstra a vitalidade de alguns dos setores econômicos da capital, especialmente a indústria do vestuário e do couro. Na mesma época, a cidade se tornou o centro financeiro do capitalismo do século XIX, e seu tráfego portuário cresceu muito. Tudo isso a tornou um imã para a população rural, de modo que o crescimento de Londres até 1870 foi essencialmente o resultado da migração doméstica ou imigração estrangeira de uma população que não conseguia encontrar trabalho no campo ou abandonava seu país devido à fome, como a que assolou os irlandeses entre 1820 e 1850. A partir de 1870, a imigração continuou, mas, além disso, o número de nascimentos na cidade se tornou superior ao número de falecimentos.

Durante o mesmo período, o crescimento das atividades financeiras e comerciais fez com que a população residente na capital se transferisse para sua periferia. Assim, os subúrbios se tornaram o local de residência forçada para um enorme número de pessoas (em 1901, havia 6.581.000 habitantes na Grande Londres, dos quais 2.045.000 viviam nos subúrbios). A partir da metade do século, o estabelecimento de redes de transporte suburbano de alta capacidade facilitou a expansão desses subúrbios: o desenvolvimento das ferrovias e o surgimento do metrô que deixaram de ser meros serviços interurbanos e se tornariam a origem do rápido crescimento de Hampstead e de Golders Green.

Assim, entre 1820 e 1914, o raio do espaço urbanizado londrino passou de 5 a 15 km. Em parte, esse crescimento foi possível devido à construção de *housing estates* (conjuntos habitacionais), grupos de casas construídas de uma vez só por empreiteiros ou empreendedores, segundo um

---

[30] A Grande Londres, até 1963, era apenas um termo utilizado para os censos da administração. No período sob estudo, podemos observar as seguintes populações:

	LONDRES	SUBÚRBIOS	GRANDE LONDRES
1840	2.250.000		
1891	4.227.000	1.405.000	5.632.000
1901	4.536.000	2.045.000	6.581.000
1939	4.000.000		8.650.000

Capítulo 2 Londres, as cidades-jardins: 1905-1925   **45**

a

b

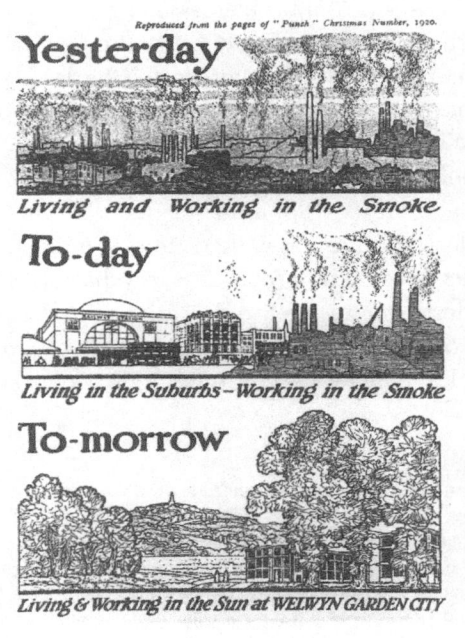

Figura 9   A cidade como um jardim: a Cidade-Jardim Welwyn.
   a. O eixo monumental.
   Nota-se a referência ao jardim francês nas teorias da cidade-jardim.
   b. Publicidade que apareceu em *Punch* em 1920.

processo que havia sido estabelecido durante o período georgiano.[31] Essa construção era sistemática, com casas em fita de tipologia bem-definida e codificada, o que facilitou a urbanização de grandes áreas. Os amplos e bem-ventilados conjuntos habitacionais dos subúrbios abastados contrastavam com os conjuntos sombrios dos bairros populares. Os subúrbios de Londres cresceram em um ritmo implacável, sistemático e desastroso.

Foi apenas em 1888, com a criação do "London County Council" (Câmara de Vereadores do Condado de Londres – LCC), que Londres passou a ter uma estrutura que permitisse intervenções mais eficazes neste processo,[32] permitindo a ação do município sobre as iniciativas privadas, especulativas ou filantrópicas.

Esta administração, de cunho majoritariamente socialista, passou a se dedicar à construção de enormes conjuntos habitacionais. Todavia, apesar de seus esforços, o LCC não conseguiu controlar a urbanização dos subúrbios.

No início do século XIX, havia iniciado um debate inflamado nos círculos de intelectuais e artistas sobre os problemas das grandes cidades e, em especial, de Londres e seus subúrbios. Esta questão também ficou evidente na literatura popular e nas descrições dramáticas de Charles Dickens, o que levou à exaltação das características e da beleza da cidade medieval e resultou nos esforços feitos por William Morris e pelo movimento Artes e Ofícios sobre o artesanato e o trabalho industrial. Esse movimento rural se apoiou em uma cultura arquitetônica de um século, uma vez que a arquitetura rural e especialmente sua manifestação nas casas de campo já eram fonte de inspiração para os arquitetos desde cerca de 1780.[33] As moradias da classe trabalhadora se "aproveitaram" deste enaltecimento da casa de campo, que já havia sido tipificada e, junto com a moradia dos patrões, sido objeto de experiências isoladas. Somente faltava incluí-las em um grande projeto de urbanização.

---

[31] "O protótipo [dos conjuntos habitacionais] data de 1661, com o *housing estate* Bloomsbury, do lorde Southampton." C. Chaline, *Londres*, Paris, Armand Colin, 1968.

[32] Após 1851, uma série de leis facilitou a intervenção municipal. Inicialmente, devido à "Lei das Moradias Comuns", havia a possibilidade de a municipalidade controlar as condições sanitárias de habitações novas ou velhas. Depois, a "Lei das Moradias para a Classe Trabalhadora" facilitou o financiamento de habitações para as parcelas populacionais desfavorecidas. Em 1859, foi criado o Comitê Metropolitano de Obras, que iniciou melhorias nas favelas e a construção de casas populares. Assim, até 1890, 30 mil pessoas foram desalojadas e reinstaladas, e 30 mil novas habitações foram construídas. Uma agência paralela, a Associação Metropolitana, construiu durante o mesmo período 70 mil moradias, e diversas instituições de caridade e associações privadas construíram outras 150 mil moradias.

[33] Veja o artigo de G. Teyssot, "Cottages et pittoresque: les origines du logement ouvrier en Angleterre 1781–1818", em *Architecture Mouvement Continuité* (Paris), n°. 34, 1970.

Deste modo, a ideia da cidade-jardim como solução para o problema londrino se assentava sobre bases sólidas. Este contexto permitiu a Howard publicar em 1898 *Tomorrow*,[34] uma obra teórica e pessoal que propõe um tipo singular de crescimento urbano: a cidade-satélite. As propostas de Howard são essencialmente econômicas, examinando o problema da administração municipal e do financiamento para a construção das cidades, e apresentaram a cidade-jardim como a solução mais econômica e equilibrada para o crescimento de uma cidade grande.

Howard, convencido do valor de suas teorias, se lançou à concretização de uma cidade-jardim. Como não tinha a pretensão de ser um urbanista, se voltou a dois jovens arquitetos, Raymond Unwin e Barry Parker. Em 1904, começaram as obras de Letchworth, financiadas por uma sociedade anônima. O desejo de Howard de ver este exemplo difundido não se realizou, mas o jovem arquiteto Unwin tirou partido desta experiência para desenvolver uma teoria para o planejamento das cidades que posteriormente aplicou a Hampstead e que daria as ferramentas para o planejamento urbano inglês até a Segunda Guerra Mundial.

Em 1906, foi promulgada a Lei do Planejamento Urbano,[35] que codificou a densidade dos loteamentos e a construção das habitações. Essa lei foi revisada em 1909, a fim de atribuir aos municípios mais poder em termos de planejamento urbano. Por este motivo, Unwin publicou *Town Planning in Practice*.[36]

Assim, a cidade-jardim e a ideia das cidades-satélites se tornam o núcleo dos debates travados pelos urbanistas ingleses no início do século XX. Além disso, havia uma atmosfera propícia para pesquisas e experimentações. Em 1910, houve uma exposição internacional sobre planejamento urbano em Londres e ao mesmo tempo em Berlim e Düsseldorf. Essa exposição, com todos os encontros associados a ela, mostra a pertinência das teorias de Unwin e a atualidade dos problemas por ele abordados. A exposição também explica a rapidez da difusão de suas ideias.

---

[34] Em 1898 foi publicada a primeira edição da obra de E. Howard, *Tomorrow: A Peaceful Path to Real Reform* [Amanhã: um caminho pacífico para uma verdadeira reforma], livro editado em 1902 com o título de *Garden Cities of Tomorrow* [As cidades-jardins de amanhã], Paris, Dunod, 1969.

[35] "A 'Lei do Planejamento Urbano' tornou obrigatório o controle de todos os projetos de parcelamento urbano propostos, seja por um município ou pela iniciativa privada, após terem obtido a aprovação da administração municipal". G. Benoît-Levy, *La cité jardin*, tomo 2, Paris, Éditions des cités-jardins de France, 1911.

[36] Editado na França sob o título, R. Unwin, *L'étude pratique des plans de villes, introduction à l'art de dessiner les plans d'aménagement et d'extension* [1922], Paris, L'Équerre, 1981.

Deste modo, o urbanismo dispunha dos instrumentos legais e teóricos para um melhor controle do crescimento de Londres. Todavia, seria necessário aguardar até o término da Primeira Guerra Mundial para que isso entrasse em prática de maneira sistemática.

O período entre guerras foi a época determinante para o crescimento dos subúrbios. Os enormes subúrbios londrinos, que tiveram de acomodar a emigração em massa provocada pela crise econômica, tinham uma estrutura suficientemente boa para se tornarem áreas habitacionais bastante requisitadas, e isso também provocou a formação de seus próprios polos de atração. Durante este período, o centro financeiro e comercial de Londres continuou evoluindo, e os planos urbanos desta cidade também tiveram de levar este fato em consideração.

Mais uma vez, o sistema de transporte público teve um papel determinante. Em primeiro lugar, o metrô teve algumas de suas linhas ampliadas em direção a subúrbios longínquos, o que fez com que em torno de cada estação surgissem polos de crescimento. Em alguns casos esses polos foram impulsionados pela própria companhia concessionária do metrô, que chegou a promover parcelamentos do solo e a vender terrenos reduzidos para os futuros moradores (*metroland*).

Também houve um processo de abertura de grandes vias arteriais, que estabeleceram um padrão linear de crescimento urbano, conectando pequenas cidades antigas e conferindo à periferia seu perfil característico de sucessão de centros separados por zonas habitacionais menos densas.

Esse crescimento se baseou em dois tipos de financiamento: por um lado, o do capital privado, por meio de especuladores, e, por outro, o investimento público feito nos conjuntos habitacionais municipais.[37] A existência de regras precisas para construção e a extrema codificação das casas unifamiliares (a tipificação) conferiram a estes subúrbios uma unidade tranquilizante. Contudo, além desses subúrbios, a ideia de cidade-satélite e de cidade-jardim não foi abandonada.

A partir de 1919, Howard se dedicou intensamente à realização de uma segunda cidade-jardim, que seria o projeto e a execução de Welwyn.

Welwyn fazia parte de um grupo de cidades que deveria circundar Londres e sustentar seu crescimento. Apesar de essas cidades novas esta-

---

[37] Os conjuntos habitacionais eram de dois tipos: a cidade-jardim de casas unifamiliares dos subúrbios e os blocos habitacionais multifamiliares das renovações dos bairros centrais de Londres (no lugar de favelas).

rem bem conectadas com a capital por ferrovias, foram pensadas para ter certa autonomia econômica.

O interesse em Welwyn reside no fato dela sobrepor a ideia da cidade-satélite aos princípios da cidade-jardim de Howard (administração autônoma, relação com o campo) e a materialização das ideias de Unwin sobre planejamento urbano. De acordo com as propostas de Unwin, esse plano deveria ser sistematicamente adotado por outros arquitetos, mas, na verdade, suas ideias foram apenas parcialmente postas em prática: nem o espírito da época nem as técnicas então dominantes estavam prontas para adotá-las totalmente. De fato, todas as 25 cidades-jardins construídas ao redor de Londres por empreendedores privados ou pelos municípios da região apresentam certas concessões. Ainda assim, essas experiências desembocariam, após 1945, nas políticas para as cidades novas e os cinturões verdes da Inglaterra.

Hampstead, um subúrbio-jardim

Hoje, totalmente circundado pelo crescimento dos subúrbios vizinhos, Hampstead se tornou parte integral de Londres, e é difícil distinguir o núcleo experimental do tecido urbano proposto por Unwin e Parker. Ainda assim, se saímos do centro de Londres – de Marble Arch – e seguimos pela Finchley Road (após passar por uma série de densos centros comerciais e áreas residenciais), uma rota que é um prolongamento da Wellington Park Avenue, facilmente reconhecemos o portal que marca a entrada de Hampstead: dois edifícios simétricos, como uma reconstituição pitoresca das edificações medievais, fazem referência tanto à imagem da prefeitura como à da porta fortificada.[38]

As origens do subúrbio-jardim Hampstead podem ser encontradas na obra de Henrietta Barnett, que foi a rica herdeira de uma empresa de produtos de beleza. Após se casar com o pastor Canon Barnett, Henrietta passou 30 anos de sua vida entre os pobres de Whitechapel, onde seu esposo fundou várias instituições de caridade.

Em 1896, Henrietta e Canon Barnett ficaram sabendo do projeto de ampliação do metrô até Golders Green e da implantação de uma estação

---

[38] "Não podemos esquecer os acessos de nossas cidades nem a importância de marcar de alguma maneira as entradas de nossos subúrbios e nossos bairros [...]. Seria conveniente ressaltar os pontos onde as vias principais atravessam os limites para penetrar na cidade ou nos novos bairros." R. Unwin, *op. cit.*

logo ao norte de Hampstead Heath, nas imediações da propriedade rural do casal. No início de 1905, Henrietta Barnett comprou do colégio Eton um terreno (32 hectares) a fim de fazer uma doação ao London County Council (Câmara de Vereadores do Condado de Londres – LCC), que deveria torná-lo um espaço verde de uso público.

Seus anos de filantropia haviam incutido em Henrietta a ideia de que toda comunidade deveria se basear na boa vizinhança e na mescla de classes sociais. Ela sonhava com uma comunidade ideal.

Após ler vários artigos de Raymond Unwin, visitou-o em Letchworth para discutir seu projeto de comunidade e lhe solicitou alguns esboços (a planta de fevereiro de 1905). Ela então comprou mais dois terrenos do colégio Eton, para possibilitar a construção do subúrbio-jardim. Em 6 de março de 1906, Henrietta Barnett instituiu a fundação Hampstead Garden Suburb Trust, com as seguintes normas:

1) que pessoas de todas as classes da sociedade e de todos os níveis de renda pudessem conviver, e que tanto as pessoas sadias quanto as deficientes fossem bem-vindas;
2) que as casas de campo (*cottages*) e demais casas fossem construídas com uma densidade média de 20 moradias por hectare;
3) que a largura das ruas fosse de 13,2 m, e as fachadas das casas opostas entre si ficassem a uma distância de ao menos 16,5 m, com jardins entre elas;
4) que as divisas dos terrenos não fossem marcadas por muros, mas por cercas-vivas, árvores ou cercas de arame;
5) que todas as ruas tivessem fileiras de árvores, cujas cores harmonizariam com as cores das cercas-vivas;
6) que os parques arborizados e jardins públicos fossem gratuitos para todos os moradores, independentemente do valor de seus aluguéis;
7) que se evitassem os ruídos, inclusive dos sinos das igrejas ou capelas;
8) que fossem previstos aluguéis baixos, para que os trabalhadores braçais também pudessem morar no subúrbio;
9) que as casas fossem projetadas de tal maneira que nenhuma prejudicasse a vista ou a beleza da outra.

Henrietta Barnett nomeou Raymond Unwin e Barry Parker arquitetos responsáveis e Edwin Lutyens, arquiteto consultor.

Hampstead ficava a apenas 8 km do centro de Londres, sua concretização como subúrbio-jardim ficou profundamente comprometida pela legislação sobre os subúrbios que estava então em vigor. Os projetos ur-

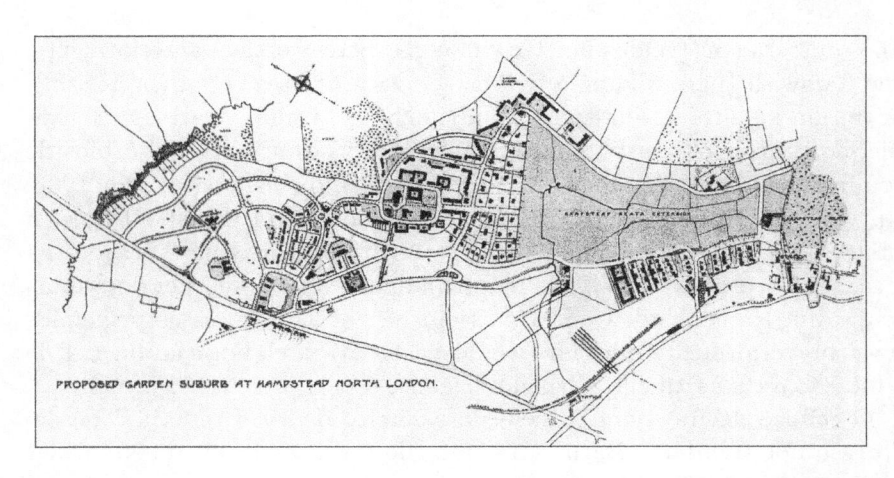

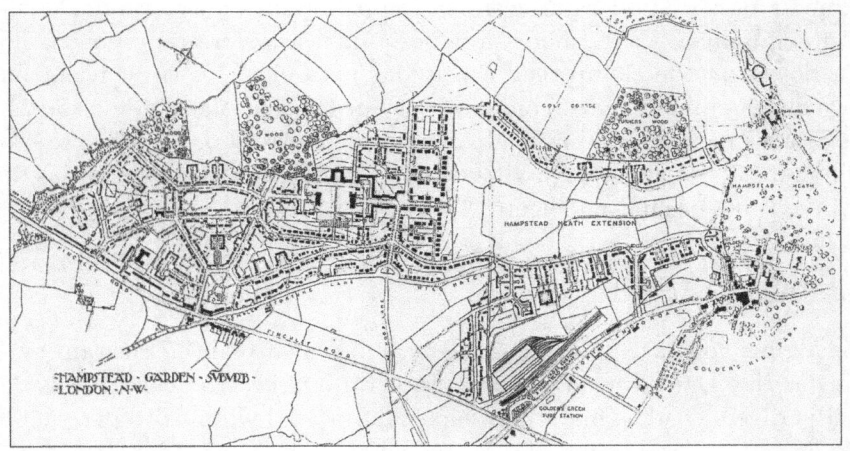

Figura 10 R. Unwin, B. Parker, o subúrbio-jardim Hampstead.
   a. Planta de 1905.
   b. Planta de 1911.
   A intervenção de Lutyens nas igrejas reorganizou a praça principal e sua relação com o parque.

banos outrora construídos por Unwin, como Letchworth e, anteriormente, New Earswick (para a família Rowntree, em uma área totalmente rural), não foram sujeitos a quaisquer condicionantes administrativos. Bournville, ao contrário, construído para a família Cadbury nos subúrbios de Birmingham, havia encontrado enormes dificuldades. Assim, em 1906, Henry Vivian apresentou ao Parlamento, em nome do Hampstead Garden Suburb Trust, um projeto de lei que permitiria algumas modificações na legislação. O projeto foi votado e aprovado sob o nome de Lei do Subúrbio-Jardim Hampstead. Com a participação de Unwin, esses princípios foram posteriormente adotados como base para a elaboração da Lei de Habitação e Planejamento Urbano de 1909.

O esboço de Raymond Unwin de fevereiro de 1905 refletia o desejo expresso por Henrietta Barnett de que "de todos os locais do subúrbio-jardim as pessoas poderiam desfrutar de panoramas ou vistas dos campos circundantes". Deste modo, a maioria das casas foram agrupadas ao redor do parque de Hampstead e voltadas para ele.[39] Unwin concentrou os principais equipamentos comunitários em um denso centro e criou alguns centros menores com os equipamentos de bairro. Porém, este projeto preliminar não foi avante, em virtude das contradições entre as teorias de Unwin e os desejos de sua cliente.

A planta de 1909

Após alguns contratempos, chegou-se a uma nova planta. Ficaram evidentes as teorias de Unwin: a estrutura geral, um centro denso, locais de moradia diversificados, hierarquia espacial, noção de limites (o parque de Hampstead, o muro entre o parque e a cidade, a marcação das entradas). Além da estrutura geral, o tratamento dos detalhes fez mais concessões ao pitoresco – Hampstead lembra um catálogo de tratamentos pitorescos. Porém, a diversidade desses tratamentos e dos arquitetos que os projeta-

---

[39] Em Letchworth e, mais precisamente, no conjunto habitacional Bird's Hill, o agrupamento (em estado embrionário) soluciona dois problemas: a oferta de vistas para o número máximo de casas e uma planta econômica, ou seja, sem muita área de vias para serem mantidas. O projeto preliminar de 1905 reutiliza, sem sombra de dúvida, a mesma solução para atender às demandas de Henrietta Barnett. Contudo, mesmo que reencontremos na planta de 1909 uma preocupação similar, especialmente ao longo do parque, é difícil considerar o agrupamento em seu projeto definitivo como uma evolução do agrupamento de Bird's Hill. Ainda que sem dúvida o argumento econômico (o baixo custo de manutenção das ruas) tenha afetado bastante a solução, não podemos nos esquecer da contribuição sociológica da ideia de "vizinhança" e a influência da tradição da arquitetura rural então em voga.

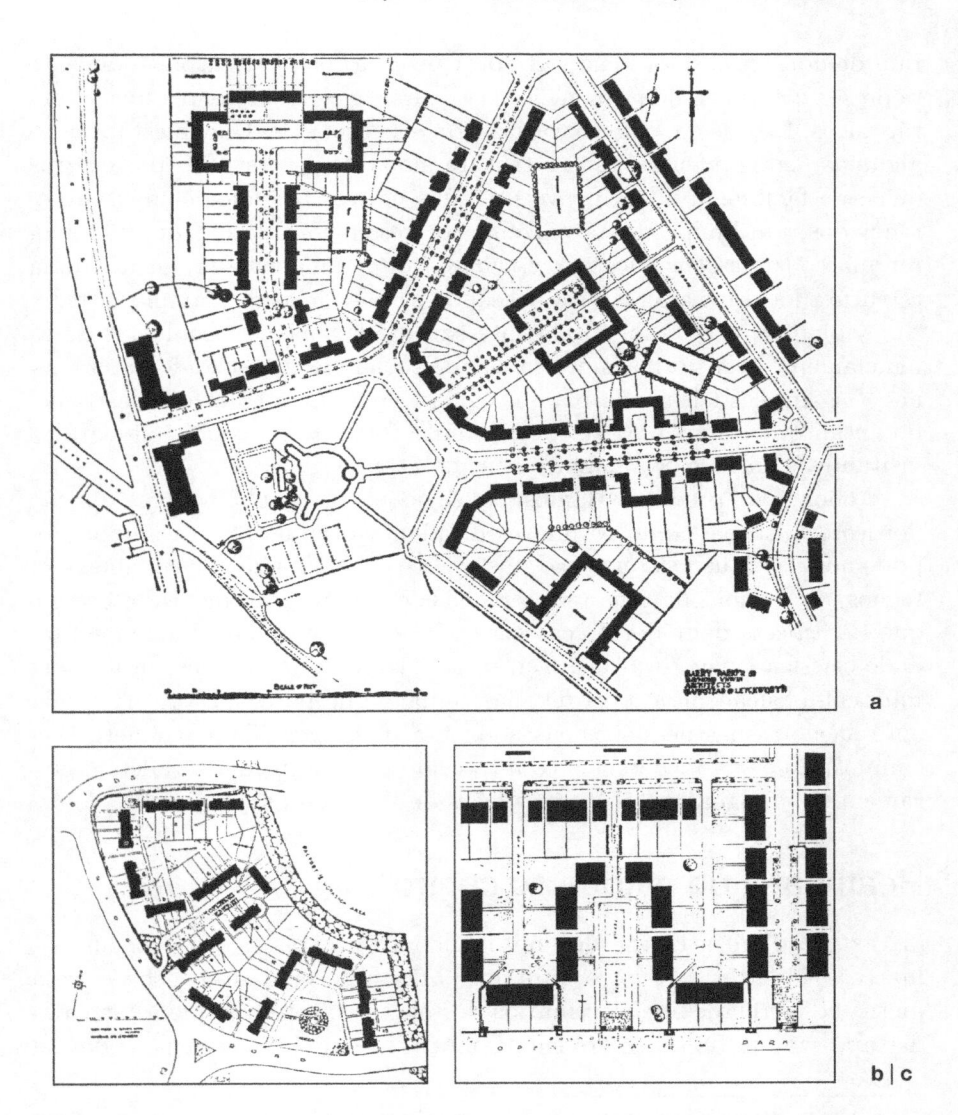

Figura 11 R. Unwin: o papel das vistas na formação do agrupamento (extraído de *Town-Planning in Practice*).
  a. Hampstead: praça de acesso na Finchley Road.
  b. Letchworth: terreno de Bird's Hill.
  c. "Planta teórica que demonstra como é possível, mediante determinada disposição, garantir que um grande número de casas tenha vistas para um espaço livre ou um parque".

ram demonstrava uma ideia forte de Unwin: a realidade urbana somente pode ser compreendida por meio da leitura de seus diferentes níveis hierárquicos. Depois de analisar várias cidades europeias, Unwin estabeleceu algumas regras precisas: uma estrutura global clara, formada por centros densos e facilmente identificáveis, alguns bairros morfologicamente diferenciados, um limite e uma barreira ao crescimento da cidade, um eixo, um marco (uma construção excepcional, como uma entrada) e então uma estrutura local mais pitoresca, baseando-se nas ideias de Camillo Sitte.

A planta de 1909 foi totalmente executada, mas os problemas de financiamento transformaram esta cidade social em uma cidade habitacional.[40] A simples leitura da planta não evidencia uma transformação que, no entanto, desempenha um papel muito forte na percepção global dos visitantes e na vida cotidiana de seus habitantes.

Ao longo do processo, Hampstead se desenvolveu sobretudo na direção nordeste, ultrapassando os limites da planta original. Nesta ampliação, podemos ver o uso sistemático dos recursos de Unwin – agrupamentos, recuos, etc. –, mas há uma redução considerável no tratamento pitoresco, que é o aspecto definidor do caráter do local. Além disso, a monumentalidade clássica típica da Praça Central, projetada por Lutyens, resulta em uma composição majestosa de ruas radiais, que parecem fora de escala em relação a suas pequenas casas em fita. Esta axialidade e simetria na composição e sua incoerência com o tecido urbano imediato refletem claramente o antagonismo das concepções de Unwin e Lutyens.

Heathgate: do parque ao centro

"A extraordinária beleza de muitas cidades antigas se deve a seus baluartes ou muros; o espaço limitado obrigou ao cuidadoso uso de cada metro de terreno edificável; muitos dos efeitos pitorescos que estas cidades apresentam têm esta origem. Também a esta circunstância se deve a

---

[40] O terreno pertence à empresa Garden Suburb Hampstead Limited, que o arrenda, tendo em vista a construção. A maioria das casas é construída por sociedades de arrendatários que se põem a serviço de todos os concessionários de terrenos que o desejam e às quais em alguns casos, se associam aos arquitetos, como na construção de casas com plantas padronizadas. De um total de 13.750.000 francos investidos nas construções, estas sociedades edificaram 9.250.000, a Garden Suburb Development Limited, 3.500.000, e a sociedade Improved Industrial Dwelling Limited (dedicada a moradias populares), 1.000.000 de francos (ou seja, menos de 10%). O renome de Unwin e Parker, o caráter experimental do empreendimento e sua implantação em um bairro abonado facilitaram para que a classe dominante se apropriasse de quase todas as moradias. (Valores segundo B. Levy, *op. cit.*).

Capítulo 2   Londres, as cidades-jardins: 1905-1925   **55**

a

b

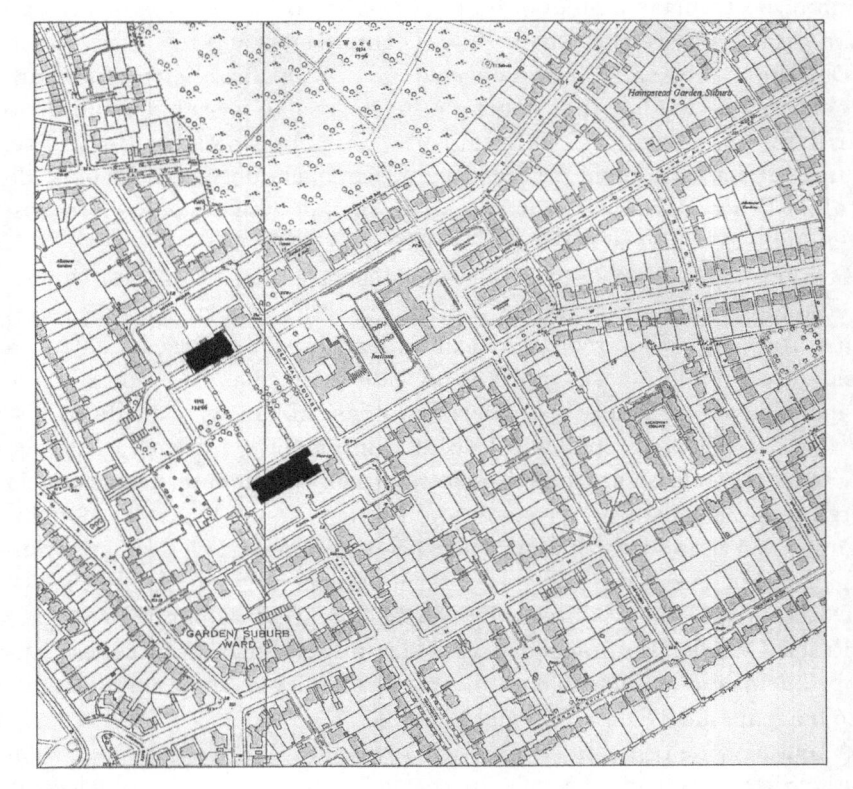

Figura 12   Hampstead: a praça central.
   a. Desenho de E. Luytens.
   b. Planta cadastral de 1975 que mostra, além dos limites da planta original, o traçado em *patte d'oie* que prolonga a composição clássica da praça.

falta daquela zona irregular de bairros periféricos urbanizados apenas em parte que conferem um aspecto medonho e deprimente ao entorno das cidades modernas em vias de desenvolvimento." Raymond Unwin continua: "Deveríamos criar por qualquer meio eficaz uma linha definidora dos limites de expansão tanto para a cidade como para o campo". Em Hampstead, existe um longo muro entre a cidade e o parque. Ali começa e acaba a cidade. Esta réplica simbólica de uma fortificação é uma alegoria em pedra da necessidade de um limite. Aqui a diferença entre a cidade e o campo é formalizada com clareza. E, ainda que não seja mais que uma alegoria – o muro não detém a cidade, e sim o *status* do parque –, o lugar nos remete aos bulevares ou às fortificações. A mensagem é clara e precisa. Ao longo do muro, há uma alameda, a última invasão da cidade sobre o campo; neste lugar ambíguo, onde não sabemos se estamos dentro ou fora, a cidade oferece sua estrutura, e o campo, suas árvores.

Do parque rebaixado, somos obrigados a cruzar uma abertura no muro para entrar na cidade. Após subir alguns degraus e passar por um átrio ao ar livre, um recuo e um estreitamento, desembocamos em Heathgate. Há uma preocupação com o percurso e a sequência de vistas. Depois, do portal da Praça Principal, vemos um jogo sutil de alinhamentos e recuos, com a igreja de Lutyens marcando o eixo.

Portanto, Heathgate é uma bela demonstração das teorias de Unwin: um cuidado geral com a cidade (limites, barreiras, portais, eixos, etc.) e um tratamento pitoresco dos detalhes. Em direção à Praça Central, a densidade aumenta – casas em fita, fachadas contínuas –, a centralidade tem suas leis morfológicas – a valorização das diferenças, a tradição histórica –, o aspecto excepcional do centro influenciou Lutyens e a praça é notadamente clássica. Todavia, ele não foge totalmente da influência pitoresca medievalista no tratamento da igreja, no estilo Artes e Ofícios românico. Há uma hierarquia na aplicação das regras: as leis de intervenção global não são as mesmas que determinam as intervenções locais.

Deixando de lado esta bravata pedagógica representada por Heathgate e a Praça Central, Hampstead parece ser um catálogo de soluções para dois problemas: a circulação e a unidade de vizinhança, cuja resposta formal é o agrupamento de casas.

A tentativa de resposta sistemática à primeira questão é inspirada em Camillo Sitte: o traçado das ruas, praças e interseções sempre obedece às leis do urbanismo pitoresco medieval, ou seja, uma rua sempre termina em uma barreira significativa.

O agrupamento é um aglomerado de casas em torno de um *cul de sac* que geralmente desemboca em apenas uma rua, e podemos considerar as casas que na rua anunciam ou definem o *cul de sac* como elementos constituintes do agrupamento. Uma vez definido o sistema, há um número infinito de possibilidades de agrupamentos, e Hampstead é um ensaio de uma tipologia concreta deste sistema, ou ao menos de uma tentativa de implementação.

O espaço particular ou as particularidades de um agrupamento

A experimentação sistemática de Unwin em Hampstead nos permite dispor de um grande número de variações sobre este componente particular da criação da cidade-jardim: o agrupamento. Passemos então do tipo de agrupamento extremamente fechado e unificado, como Waterloo Court, para o agrupamento mais complexo, um meio-termo entre a rua e o *cul de sac*, como Asmuns Place.

Waterloo Court, a única contribuição relevante do arquiteto Baillie Scott em Hampstead, se apresenta como um pátio quadrado composto de casas conectadas, de modo a formar apenas um bloco. Este conjunto, na periferia do pátio, mostra edificações mais inspiradas na tradição da arquitetura rural do que uma nova proposta para a configuração de um conjunto de casas.

O agrupamento de Hampstead Way se apresenta como um retângulo fechado por edificações em três de seus lados. As duas casas nas extremidades junto à rua foram giradas 90°, a fim de abrir o conjunto e bloquear as laterais. No outro lado da rua, há um agrupamento especial de 10 casas (três casas em fita, depois uma casa isolada, mais duas casas no eixo do agrupamento levemente avançando em relação ao alinhamento das outras, uma casa isolada e então mais três casas em fita), empregando a tipologia do pátio. Este agrupamento parece um pátio aberto para a rua, uma variação do tema da casa de campo empregado em Waterloo Court.

A variedade de soluções continuou com outro tipo de agrupamento que jamais foi construído, também retangular e fechado em três lados, mas no qual o casario não seria contínuo, e sim distribuído em grupos de casas geminadas. Outros dois exemplos de agrupamentos, de Morland e de Romney, mostram uma ruptura cada vez maior, embora um muro entre as casas preserve a continuidade das fachadas do pátio, conservando

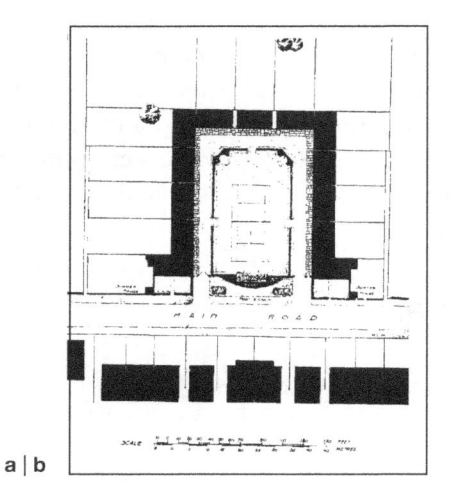

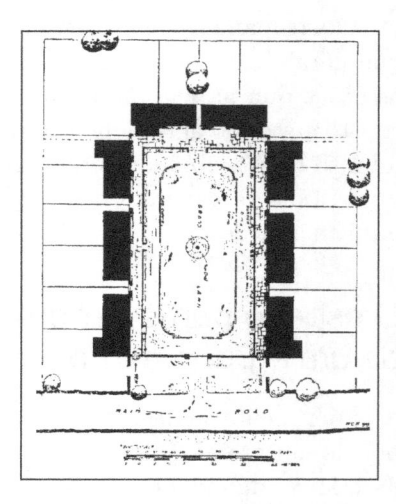

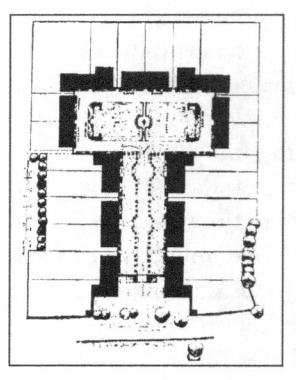

Figura 13 R. Unwin: variações tipológicas sobre o tema do agrupamento apresentadas em *Town-Planning in Practice*.

    a. Agrupamento em Hampstead Way.
    b. Agrupamento na Main Road.
    c. Associação de agrupamentos na Main Road.
    d. Agrupamento em T que não foi executado, mas cujo princípio será retomado em Asmun Place.

a distinção entre espaços frontais e posteriores e talvez preservando também, por meio da imagem do pátio, a referência arquitetônica original.[41]

Encontramos outra variação do tipo: abandona-se o retângulo a favor da forma em T. Houve um projeto não executado onde, partindo da rua, encontravam-se duas casas em L recuadas em relação ao alinhamento para configurar uma pequena praça de acesso. Seis grupos de duas casas geminadas formariam a rua, a qual levaria a um pátio retangular fechado em três lados pelas casas geminadas. Entre as casas, um muro garantiria a continuidade do agrupamento. Este tipo, bem mais longo que os anteriores, parecia aumentar o grau de privatização do espaço do pátio, pois seria muito mais recuado em relação à rua.

Asmuns Place parece ser uma variação deste tipo. Na rua (Hampstead Way), um recuo anuncia o agrupamento: o *cul de sac* faz uma suave curva e, após duas casas isoladas, forma o agrupamento propriamente dito. O lado direito do T é fechado por 10 casas em fita em dois grupos, o primeiro com seis unidades e o segundo com quatro. Uma interrupção anuncia o pátio, com dois grupos de quatro casas em fita. Então entramos na extremidade do agrupamento, que é um retângulo com três lados construídos e as casas opostas ao acesso recuadas. Neste local, um muro preserva a continuidade das fachadas, que diferenciam dois espaços: um espaço frontal, pertencente ao agrupamento do *cul de sac*, e outro espaço recuado, que não é visível aos transeuntes.

O *cul de sac*, também chamado de *impasse*, não é um lugar onde se entra por acaso, como sugere este nome, pois não leva a qualquer outro local além das casas particulares. Esta restrição, uma redução da rua a um acesso de serviço, determina claramente o espaço frontal: ele pertence aos moradores e não está conectado a um nível mais global na hierarquia viária. É tentador defini-lo como semipúblico, porque as pessoas que o utilizam são as mesmas que vivem ali. No entanto, dentro do espaço frontal há outra distinção a fazer: em um dos lados há a rua e a calçada; no outro, o espaço está em contato direto com a casa. Uma faixa de solo, da largura de um terreno, se torna a responsabilidade do morador. Mas é difícil ver onde cada lote inicia e termina, e isso pode ser atribuído a uma característica da cultura inglesa. Estabelece-se uma apropriação global do espaço, o que transforma esta zona dianteira em um jardim comunitário, no qual há algumas marcações sutis que permitem identificar o território

---

[41] J. D. Kornwolf, *M. H. Baillie Scott and the Arts and Crafts Movement, Pionner of Modern Design*, Londres, The Johns Hopkins Press, 1972.

de cada morador. Esta socialização do espaço não é geral e segue a evolução e as transformações da complexa história dos grupos sociais que constituem a sociedade inglesa. O espaço frontal é um cenário florido onde um olho atento consegue ler a história dos acordos e das desavenças destes grupos sociais.

Os jardins dos fundos são geralmente bastante isolados dos frontais. Ainda que alguns sejam acessíveis apenas através das casas, é possível acessar certos espaços posteriores por meio de pequenos caminhos, às vezes passando entre a casa e o jardim.

No primeiro caso, o acesso ao caminho é através de um pequeno portão no muro (uma privatização do lugar); este caminho é cercado por altas cercas-vivas, que às vezes são interrompidas por portinholas; cada jardim é separado do outro por uma cerca-viva. Aqui a diferenciação entre frente e fundos é muito notável: varais com roupas, um pequeno depósito, um espaço para guardar quinquilharias, um canto com gramado bem-cuidado e sobre o qual há uma mesa e algumas cadeiras. O espaço social da frente sugere que aqui se concentram todas as funções familiares do jardim. O esquema lembra o *pavillonaire* francês descrito por Raymond et al.,[42] com a diferença de que o jardim frontal é um espaço bem mais coletivo do que privado.

No segundo caso, a existência de uma passagem posterior que cruza os jardins confere a estes uma imagem de coletividade. A apropriação é mais discreta, obedecendo a certas regras comuns. Além disso, podemos dizer que os jardins frontais, de dimensões reduzidas, dão uma impressão de privacidade muito mais forte do que aqueles jardins das casas que têm jardins privativos nos fundos. Todas essas observações comprovam a relação entre espaços diferenciados, bem como uma distinção nas posturas perante tais lugares. O agrupamento, ainda que negue a rua com um espaço de uso público, pelo menos reproduz o contraste familiar entre frente e fundos do tecido urbano tradicional, embora esta frente não se relacione com toda a cidade, mas apenas com uma "comunidade de vizinhança". A este contraste espacial, simbolizado pelo muro que conecta as casas e o sutil jogo de entradas para os caminhos que levam aos jardins dos fundos, corresponde um contraste de usos. Se nos apoiarmos nesta hipótese, podemos ver como neste tipo de agrupamento a passagem para os fundos começa a criar uma inversão do esquema, e observamos que os

---

[42] Veja H. Raymond, N. Haumont, M. G. Raymond, A. Haumont, *L'habitat pavillonnaire*, Paris, ISU/CRU, 1966.

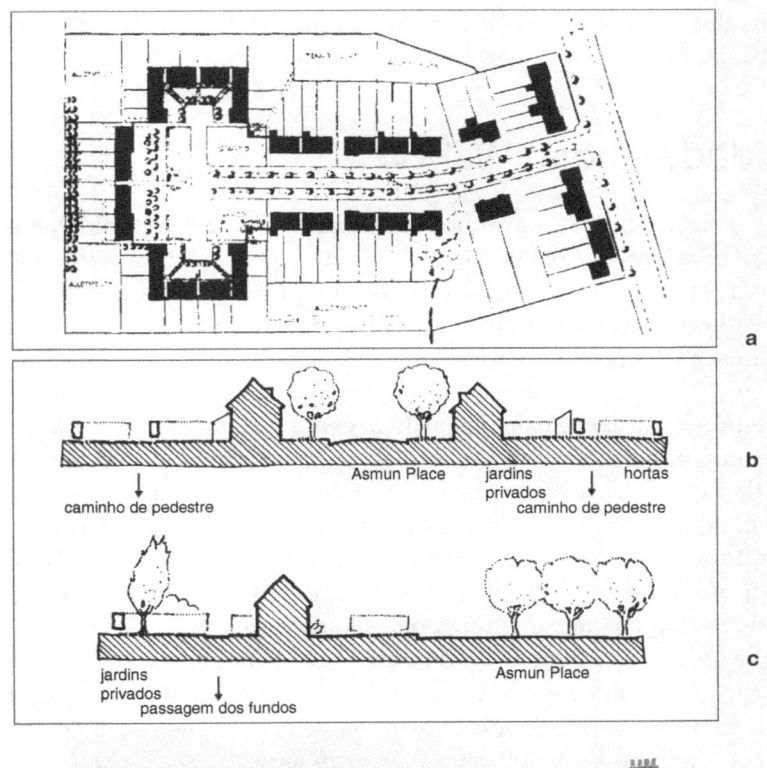

Capítulo 2 Londres, as cidades-jardins: 1905-1925 **61**

Figura 14 Hampstead: Asmun Place.
    a. Planta do agrupamento publicada por Unwin em *Town-Planning in Practice*.
    b. Corte esquemático perpendicular à via; a disposição favorece a clara oposição entre frente e fundos.
    c. Corte esquemático no eixo da via, mostrando a cisão criada por trás do caminho de pedestre entre as casas e os jardins.
    d. Interior do agrupamento, na época de sua construção.

jardins dos fundos se constituem como espaços de privacidade. Um espaço público neutro garante a identidade do conjunto.

A cidade-jardim Welwyn

Welwyn situa-se a 22 km de Londres, logo depois de Hatfield New Town, se seguirmos para o norte ao longo da auto-estrada A1. Servida por trens, Welwyn é parte do anel de cidades novas que, de acordo com o plano da Grande Londres, deveria garantir o crescimento da capital britânica.

Após a Primeira Guerra Mundial, Howard e seus amigos W. G. Osborn, C. B. Purdom e F. J. Taylor[43] iniciaram uma campanha destinada a estabelecer novas cidades-jardins, desta vez financiadas pelo governo. Esta campanha se baseava no sucesso de Letchworth (1904) e na necessidade de rapidamente construir habitações em volta de Londres. Em 1919, o Parlamento aprovou a destinação de fundos para reconstrução, o que possibilitou as novas cidades-jardins. Contudo, o Ministério da Habitação, convencido da necessidade de construir rapidamente o maior número possível de moradias, não se interessou pelo assunto.

Howard, porém, certo de que este era o momento para o início da construção de uma segunda cidade-jardim, não esperou pela ajuda do Estado e, no verão de 1919, com a ajuda de amigos, adquiriu 583 hectares de terra ao custo de 51.000 libras esterlinas. Como a gleba lhe pareceu insuficiente, fundou uma sociedade chamada Second Garden City Limited, a qual lhe permitiu a compra do resto da área necessária, Sherrards Woods. Em 29 de abril de 1920, foi fundada a Welwyn Garden City Limited, com um capital de 250.000 libras em ações vendidas principalmente a industrialistas.

A primeira planta foi desenhada por Crickmers, mas Howard preferiu criar um escritório dentro da companhia e nomeou como arquiteto

---

[43] A partir de 1917 foram fundadas várias associações e sociedades com o propósito de implementar as novas cidades-jardins. Durante este período e relacionada a estas associações, foi feita uma campanha "publicitária" com o respaldo de muitas publicações. Assim, em 1917 foi publicado *The Garden City after the War*, de C. B. Purdom; em 1918, *New Towns after the War*, de F. J. Osborn e W. G. Taylor; e, em 1919, *A National Housing*, de Purdom. Em 1925, Purdom também publicou *The Building of Satellite Towns, A Contribution to the Study of Town Development and Regional Planning*, Londres, Dent & Sons Ltd. (reeditado e ampliado em 1947). Esta última obra apresenta muitos documentos sobre Letchworth e Welwyn.

a | b

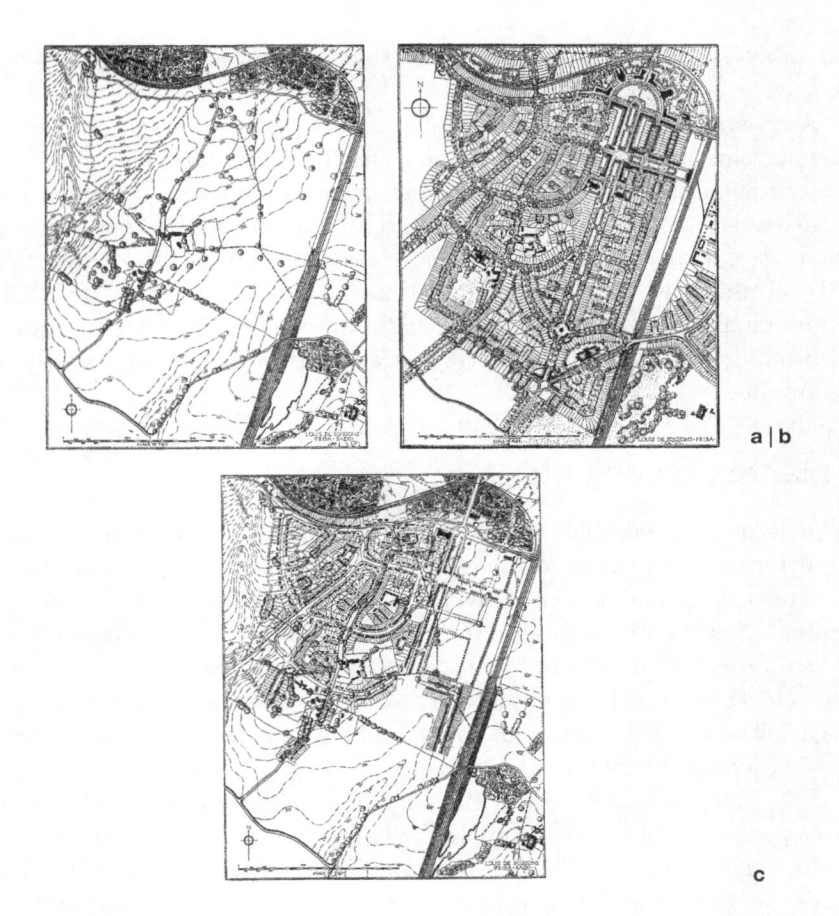

c

Figura 15 Cidade-Jardim Welwyn: a atenção dada à implantação na planta de Louis de Soissons.

    a. A gleba original se caracterizava pela cisão provocada pela ferrovia, o relevo acidentado a leste, os bosques e o arco circular formado pelas vias ao norte. Um caminho leva a duas fazendas.

    b. A planta de Louis de Soissons. A grande composição no estilo Beaux-Arts, marcada pela sequência portal da cidade/rotunda/avenida-parque/centro, levando à estação ao leste, combina, conforme os princípios de Unwin, com o leiaute de ruas secundárias e agrupamentos. O traçado dos trilhos, das linhas de árvores e edificações do sistema ferroviário é conservado e integrado à cidade-jardim.

    c. A planta que foi executada data de 1924. Desde o princípio da construção, fica manifesta a incapacidade de lidar com o centro e o deslocamento do eixo monumental, que deixa de ter o papel estruturador que inicialmente lhe fora atribuído.

responsável Louis de Soissons, o mais talentoso jovem arquiteto da nova geração.

A construção iniciou imediatamente. A rede viária foi construída com base nos caminhos já existentes. A avenida principal foi criada junto com outras ruas, e um distrito industrial foi previsto e dotado de equipamentos urbanos. As primeiras casas, construídas pelos próprios operários que fizeram a cidade, foram ocupadas no Natal de 1920, e então se seguiram mais 50 unidades em novembro de 1922, outras 95 em maio de 1924, e assim por diante.[44] As primeiras casas foram construídas com base na Lei Addison, de 1919, mas a Lei da Habitação de 1921 forneceu a maior parte dos fundos.[45]

A planta do conjunto

"Aquele que é incumbido de desenhar uma cidade deve, antes de tudo, percorrer o terreno em todas as direções [...]; durante estas caminhadas, ele esboça o que será o crescimento natural da cidade livre de impedimentos. Ele tentará imaginar a direção que tomarão as vias destinadas ao trânsito, qual seria uma implantação atraente para as casas e qual seria conveniente para as lojas e também para as indústrias [...]; em sua mente surgirá uma visão da comunidade futura com suas necessidades e tendências." (Raymond Unwin)

Esta ideia do terreno como um suporte que possui os elementos necessários para estruturar o crescimento urbano é bastante clara em Welwyn. Já no início, são aproveitados os caminhos existentes, como Handside Lande ou Bridge Road, que antes não passavam de estradas rurais de pedra, ao longo das quais as primeiras construções foram implantadas como uma ampliação do padrão de crescimento histórico. Também são aproveitadas algumas das árvores existentes, como as duas que finalizam o eixo de Guessen Walk, ou a magnífica castanheira em torno da qual se organiza o Quadrângulo (desenhado por Louis de Soissons). Além disso, é feito um levantamento geral do terreno, com base no qual se determina a localização das zonas habitacional e industrial, e, por fim, Louis de Soissons aproveita a curva da ferrovia para estabelecer uma brilhante composição axial.

---

[44] Veja as referências na p. 213.
[45] Para detalhes sobre o financiamento, veja C. B. Purdom, *op. cit.*

Quando analisamos a planta do centro de Welwyn, é difícil não pensar em algumas composições axiais típicas do estilo *Beaux-Arts* com as quais nos acostumamos, especialmente por meio dos Prêmios de Roma. Aqui também há um eixo monumental inacabado, que localiza e destaca o centro administrativo, no qual são agregadas algumas composições "finalizadas", determinando um ponto central que não é o centro de interesse, mas um lugar do qual podemos fazer a leitura de diversos pontos focais. Assim, o primeiro princípio da composição arquitetônica de Guadet é respeitado: "O primeiro princípio [que] devemos ter presente em nossa mente é que uma composição tem uma direção e que esta deve ser apenas uma. Seu eixo é apenas acabado em uma única direção [...]. Queremos entender uma planta no instante em que colocamos nossos olhos sobre ela, e o que mais valorizamos em uma obra é o espírito de clareza, franqueza e determinação."[46]

A ideia de bairro

Uma rápida análise da planta permite a distinção fácil dos bairros: o centro comercial, denso e com uma malha ortogonal; o centro administrativo, ponto-chave do eixo monumental; a estação, que permite uma profunda penetração na cidade; os bairros habitacionais, bairros com casas unifamiliares isoladas e compostos de acordo com as regras estabelecidas por Unwin, com os agrupamentos cuidadosamente distribuídos em sequências visuais. Esta leitura, feita no nível de cada uma das quatro zonas e definidas em Welwyn com o desenho da ferrovia, pode ser feita no nível global: uma zona parece ser o centro, além dela há uma zona industrial e duas outras zonas habitacionais periféricas. A noção de periferia é respeitada à custa de uma planta relativamente segregadora. A grande ideia de comunidade desapareceu em favor da eficácia da lógica urbana.

Barreira, limite, marco

Assim como em Hampstead, aqui a cidade é limitada. A passagem do campo à cidade se dá por meio de portais especiais, com tratamentos específicos, como uma fileira de árvores que assinala a aproximação das áreas habitadas, e depois a praça e as densas edificações anunciam a cidade.

---

[46] J. Guadet, *Éléments et théorie de l'architecture*, Paris, Librairie de la construction moderne [s. d.].

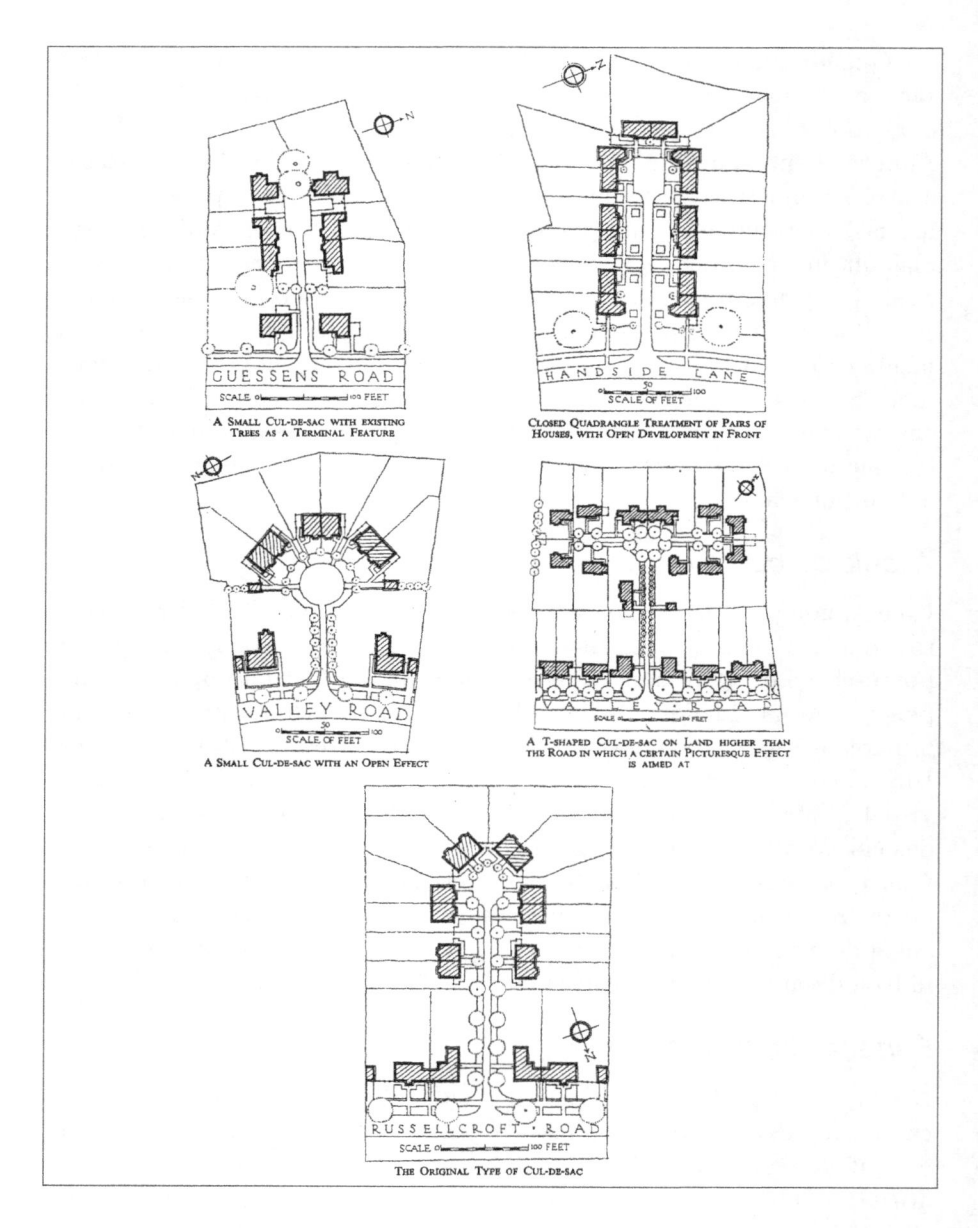

Figura 16 Cidade-Jardim Welwyn: Variações tipológicas do tema do agrupamento.

A comparação entre as variações apresentadas por Unwin revela a explosão do espaço central. O agrupamento deixa de ser uma releitura do pátio interno da casa de campo ou da fazenda e se torna uma estratégia de agrupamento de uma série de casas geminadas.

Assim, Louis de Soissons utiliza sistematicamente as ferramentas de composição urbana experimentadas por Unwin. Embora evite o exagero dos efeitos pitorescos e as variações de agrupamentos, ele consegue sobrepor duas ideias de cidade: a cidade "medieval", com sua heterogeneidade, e a cidade "clássica", com seu rigor e reconfortante unidade. Esta sobreposição estabelece a hierarquia necessária entre o centro e os bairros de moradias. O bairro sudoeste (junto à estação de trem) claramente formaliza este jogo entre dois discursos urbanos e os conflitos decorrentes; a avenida central (Parkway), uma ruptura verde entre os elementos que não apresentam o mesmo sistema de referência, é, portanto, uma transição entre dois "bairros".

Este sistema de contrastes teria sido mais eficaz se uma ampliação da escala não houvesse transformado a avenida em parque. Surgem então várias "cidades", ou melhor, uma cidade composta de elementos dispersos. A aplicação inflexível do esquema de zoneamento com a consequência da ausência de sobreposição entre as partes (trata-se de um zoneamento) faz com que os esforços para a criação de uma hierarquia pareçam inúteis.

A implementação do projeto também produziu uma redução importante: a expansão de Welwyn, superando os limites estabelecidos por Louis de Soissons e Howard, rapidamente feita por motivos econômicos e sem levar em consideração a lógica original, anula as noções de bairro de entrada. Porém, o mais lamentável é o desaparecimento, durante a implementação, do uso sistemático do agrupamento de casas como uma unidade de intervenção. Assim, o descuido no nível local reduz o agrupamento a um *cul de sac*, frequentemente sujeito a considerações geométricas globais e, na maior parte do tempo, destituído de sua característica principal: a existência de um espaço de uso coletivo fortemente marcado pela relação entre o espaço público e o privado. O agrupamento se torna, então, nada mais do que o desaparecimento da rua.

O agrupamento: busca e redução de um tipo

Os dois agrupamentos desenhados por Louis de Soissons – Handside Walk e o Quadrângulo –, junto com a pequena praça triangular do qual emergem, formam o conjunto de Welwyn que faz mais concessões ao pitoresco. Talvez isso se deva ao aproveitamento do caminho e das árvores existentes no local.

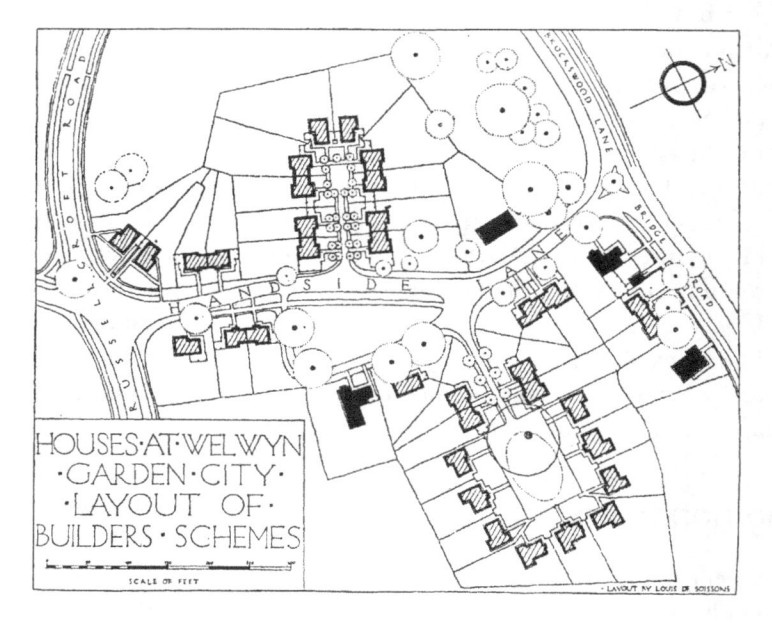

Figura 17 Cidade-Jardim Welwyn: o Quadrângulo e Handside Walk.
   a. O Quadrângulo: vista interna do agrupamento.
   b. Planta original.

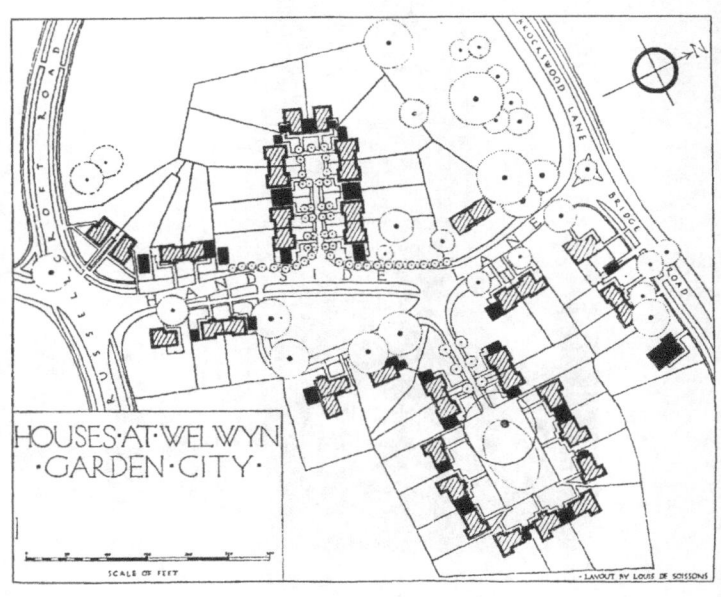

Capítulo 2　Londres, as cidades-jardins: 1905-1925　**69**

c. Situação do local no ano de 1975, destacando as ampliações. A construção de garagens, anexos ou paredes (em negro) reforça o fechamento do espaço central do agrupamento e dos jardins posteriores.

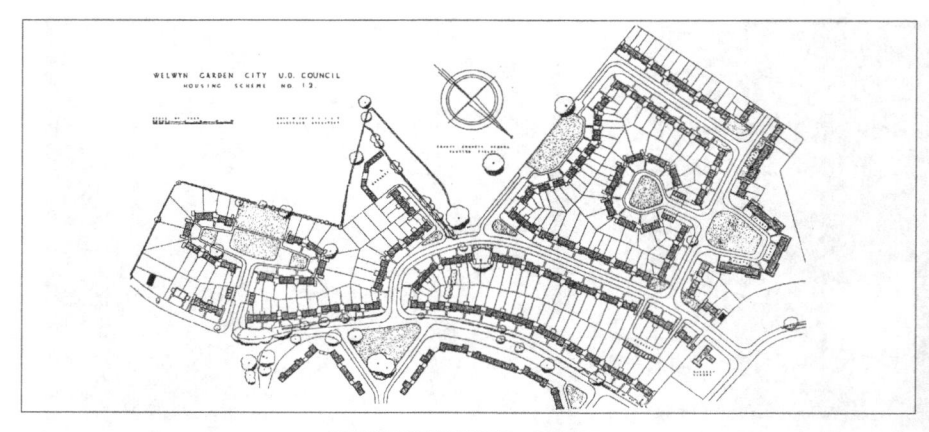

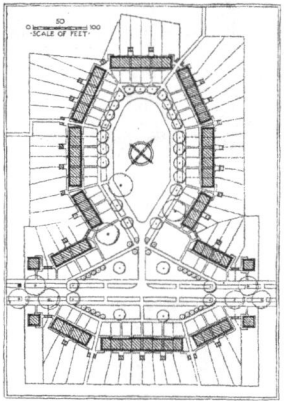

Figura 18 Cidade-Jardim Welwyn: o agrupamento – busca e redução do tipo.

O aumento das dimensões e a repetição de casas idênticas tanto nos agrupamentos como nas ruas vizinhas acarreta a perda do caráter específico do agrupamento. A cidade-jardim acaba se tornando um pitoresco loteamento de casas geminadas.

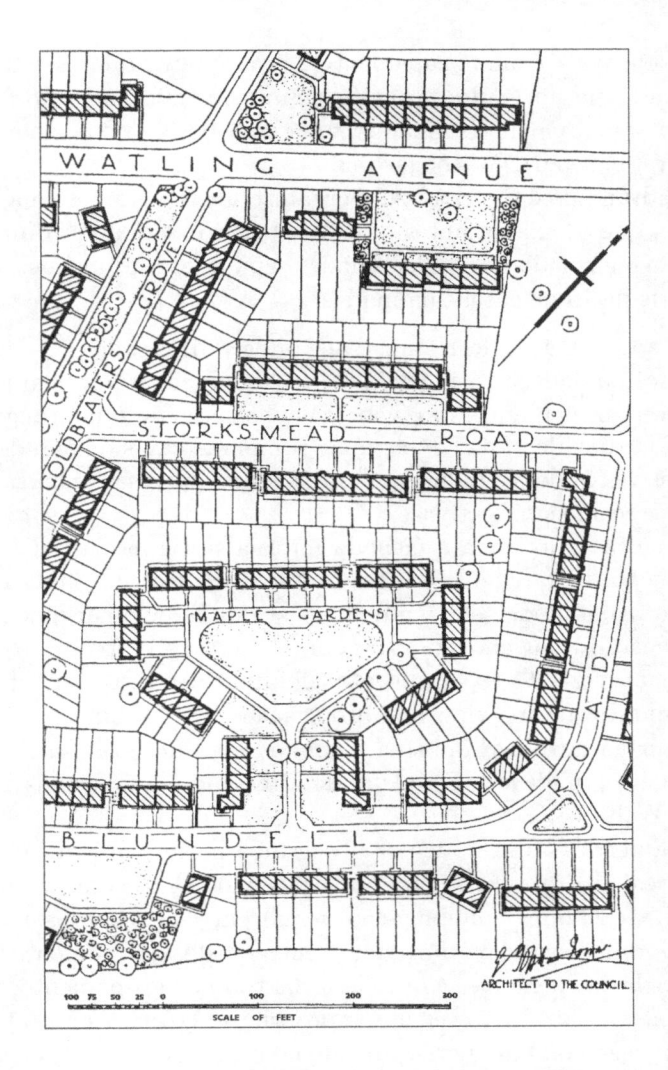

Figura 19 Conjunto habitacional do London County Council (Câmara de Vereadores do Condado de Londres – LCC).

A tipologia das edificações formais das cidades-jardins é aplicada na década de 1920 a todos os empreendimentos residenciais de baixa densidade construídos na periferia da cidade.

— Handside Walk é um agrupamento de casas retangular, bastante aberto para a rua, formado por casas geminadas e fechado, ao fundo, por duas casas, também geminadas, uma de cada lado do eixo central. As casas estão separadas por jardins.

— O Quadrângulo é um retângulo organizado em volta de uma belíssima árvore, que já existia antes da construção da cidade-jardim. Este retângulo é formado por casas isoladas separadas por jardins e é fechado por dois pares de casas geminadas.

Aqui, ao contrário de Hampstead, onde a diferenciação entre frente e fundos foi cuidadosa, originariamente houve certa permeabilidade do espaço. De fato, nenhum muro conectava as casas do Quadrângulo, e até mesmo os jardins dos fundos das duas primeiras casas de Handside Walk podiam ser vistos da avenida. As modificações que essas lacunas provocaram nos parecem significativas.

No Quadrângulo, toda a fachada interna se torna contínua por meio da construção de garagens, anexos e muros. Se por um lado a construção das garagens pode ser facilmente justificada pelo surgimento e pela popularização do automóvel, a origem dos anexos e dos muros não tem a mesma natureza. O espaço frontal definido desta maneira parece ser um exemplo do mesmo tipo de apropriação coletiva que já foi observado no subúrbio-jardim Hampstead, com as modificações provocadas por uma diferente população. Este tipo de alteração é ainda mais visível em Handside Walk.[47]

Em Handside Walk, podemos observar o mesmo fenômeno do fechamento do espaço que vemos no Quadrângulo. Uma cerca-viva curiosamente evita qualquer comunicação visual entre a rua e os jardins dos fundos das duas casas que formam a entrada do agrupamento. O efeito secundário desta cerca-viva é que ela fecha todo o agrupamento, tornando o espaço interno ideal parecer uma apropriação coletiva muito marcante. Esta observação combina perfeitamente com aquela feita sobre Dagenham por Willmot, enfatizando a existência de práticas coletivas no interior de

---

[47] A população de Welwyn sem dúvida era menos próspera que a de Hampstead. Isso pode ser explicado pelo desejo de construir uma cidade econômica, ideia apoiada por subsídios do Estado e pelo caráter repetitivo das construções (e de fato há menos tipos de casas, e os agrupamentos dos bairros foram construídos todos juntos e disponibilizados apenas quando terminados, o que não foi o caso em Hampstead). Outro motivo é a distância relativa até o centro de Londres. Tudo isso evitou a intensa especulação que ocorreu em Hampstead. Uma terceira razão é o caráter (ou a falta de caráter) da arquitetura de Welwyn: demasiada ou insuficientemente sistemática para atrair a classe intelectual dominante.

certos agrupamentos.[48] Assim, é tentador relacionar a morfologia particular do agrupamento com estes tipos de prática coletiva. O espaço fechado do agrupamento pelo menos cria um suporte muito adequado para quaisquer atividades de grupo latentes na cultura inglesa (veja os estudos de Willmot sobre o "matrilocalismo").

O que aqui fica bastante óbvio e que confirma as observações feitas sobre Hampstead é a necessária existência de uma diferenciação espacial que permita um uso diferenciado (de um espaço de uso semiprivado ou semipúblico). Quando o arranjo espacial não leva em consideração esta necessidade, os próprios moradores, como consequência, modificam seus espaços, sempre que for possível. Podemos dizer, então, que uma das qualidades dos espaços propostos em Welwyn é que ele permite essas modificações.

O agrupamento: do espaço público ao privado

Reduzir a quadra ao agrupamento de moradias poderia parecer arbitrário. De fato, tanto em Welwyn como em Hampstead, a quadra existe além do agrupamento. Mas o agrupamento introduz uma nova hierarquia em relação ao tecido urbano tradicional, e o espaço do *cul de sac* produz um tipo de relações e práticas incomuns. O recuo em relação à rua que cria os espaços frontais é fundamental: o agrupamento tem certa autonomia; assim, é tentador considerá-lo como uma unidade separada. Em Hampstead e em Welwyn, a quadra é formada pela combinação de lotes separados e agrupamentos. Esta combinação, em primeiro lugar, segue determinadas regras gerais quanto à densidade e aos passeios. Em segundo lugar, ela tenta respeitar a diferença entre o domínio público e o privado. É neste nível que o agrupamento faz sua divisão: funcionando como uma unidade, o espaço interno do agrupamento se opõe ao espaço especificamente público por toda uma série de estratégias particulares – o estreitamento do espaço entre as edificações, uma cerca-viva ou mesmo um portão. O contraste entre público e privado ressurge no interior do agrupamento, mas é reduzido em função da apropriação coletiva deste espaço. Assim, o agrupamento retira da rua uma série de atividades importantes, reduzindo-a ao papel técnico de uma rota que apenas permite a circulação. Se

---

[48] P. Willmot e M. Young, *The Evolution of a Community, A Study of Dagenham After Forty Years*, Routledge and Kegan Paul, 1963.

esta redução da rua não se deve totalmente ao agrupamento, pelo menos ela é um fator importante neste processo. Monopolizando certo número de práticas e as reduzindo e transformando, o agrupamento formaliza essa privatização do espaço, de modo adequado à privatização dos estilos de vida tanto da Inglaterra como da França. Além disso, o reagrupamento provocado, especialmente entre as classes menos privilegiadas, nas quais o grupo é em termos práticos e culturais uma extensão vital da família, não contradiz esta afirmação: os reagrupamentos, confinados aos agrupamentos de casas, antes de tudo refletem sua autonomia particular.

No entanto, deixando de lado os agrupamentos de casas – ou mesmo considerando-os – Hampstead e Welwyn respeitam os esquemas de oposição tradicionais: o espaço ainda é diferenciado e pode ser apropriado e modificado.

A cidade-jardim concretizou de maneira maravilhosa a transição entre um espaço no qual a vida pública é privilegiada, de modo que as atividades privadas precisam de estruturas fortes, e um espaço que, ao privilegiar as atividades privadas, exige que o espaço público seja cuidadosamente organizado.

Assim, a cidade-jardim, por meio de seu cuidadoso projeto, está perfeitamente adequada à cultura inglesa de amor à natureza reduzida ao jardim privativo (e à jardinagem). Ela confere à comunidade de vizinhança a vitalidade dos grupos que atende às necessidades da urbanização capitalista e, ao mesmo tempo, dá uma resposta técnica ao crescimento urbano e uma resposta social à reprodução necessária dos modelos culturais burgueses.

Capítulo **3**

As ampliações de Amsterdã: 1913-1934

> "A solução do problema habitacional implica a produção em série. Para encontrar uma solução viável, devemos recorrer mais uma vez aos blocos de apartamentos, mas em uma escala maior do que a anterior."
>
> H. P. Berlage

Ao escolher Amsterdã, temos um objetivo duplo: por um lado, investigar os últimos momentos do urbanismo tradicional e, por outro, avaliar o espaço que a arquitetura ocupou neste urbanismo.

O urbanismo "tradicional" não deve ser contrastado com o "moderno", como fez Siegfried Giedion,[49] sempre pronto a rechaçar tudo que não trouxesse a marca do CIAM (Congresso Internacional de Arquitetura Moderna). O desenvolvimento de Amsterdã é moderno e até mesmo progressista, em função de seu objetivo, que era a construção da habitação em massa (o plano sul, isoladamente, representa cerca de 12 mil unidades), bem como dos meios estabelecidos para conseguir isso: a desapropriação e municipalização do solo urbano, o planejamento de longo prazo, etc. Contudo, essas novidades não afrontavam a cidade existente. A referência à cidade preexistente não foi esquecida nos planos do conjunto nem no tratamento dos detalhes.

Neste caso, o papel desempenhado pela arquitetura é primordial, às vezes chegando a ser obsessivo. Vale a pena considerar este aspecto geralmente negligenciado. Mais do que o plano de Berlage, que já foi exaustivamente discutido, o que nos interessa é a Escola de Amsterdã, um movimento denegrido pelo Stijl e esquecido pelos historiadores da arquitetura, que apenas viram a versão holandesa como uma expressão tardia do Jugendstijl.[50]

Mais que meros jogos com alvenarias de tijolo e decoração, a obra da Escola de Amsterdã nos parece ser mais uma série de experiências sobre

---

[49] S. Giedion, *Espace, temps, architecture* [1941], Paris, Denoël, 1990.

[50] Nikolaus Pevsner e Henry-Russell Hitchcock, que estão entre os poucos a comentar isso, não veem mais do que o aspecto decorativo das alvenarias de tijolo e o tratamento das quinas.

a quadra, a partir de uma reflexão das células de habitação e suas combinações.[51] Visto desta maneira, o estudo já não é uma discussão dos estilos, mas ressalta o problema de uma arquitetura urbana onde a fachada não é a mera revelação de um interior, mas o lugar de um conflito, um meio-termo entre duas escalas, a da moradia e a da cidade.

Para ilustrar nossa reflexão, decidimos, após uma investigação bastante completa das intervenções urbanísticas do período entre 1910 e 1940, nos limitar a dois setores da cidade de Amsterdã: o primeiro, relativamente modesto, é o bairro Spaarndammerbuurt; o outro, maior, é a expansão para o sul feita de acordo com o plano de Berlage de 1917. De fato, os bairros leste (Insulinde) e oeste (Mercartor plein, Hoofweg) apenas confirmam, com algumas particularidades, nossas observações sobre os dois setores selecionados. Quanto às cidades-jardins do norte (Buiksloterham, Nieuwendammerham) ou sudeste (Watergraafsmeer), embora ofereçam interessantes comparações com as cidades-jardins de Londres, nos parecem pouco relevantes para nossa investigação e não apresentam a experiência histórica das cidades-jardins das quais derivam.

As particularidades do urbanismo em Amsterdã

Demografia e habitação em Amsterdã no século XIX

De 1850 a 1920, após emergir de um longo período de estagnação econômica, Amsterdã vê sua população triplicar, passando de 230 mil para 690 mil habitantes. O restabelecimento do comércio colonial, combinado com os primeiros efeitos da industrialização, conferiu aos Países Baixos uma prosperidade que lhe fora impossível no século precedente, dominado pelas guerras marítimas com a Inglaterra, seguidas do bloqueio de Napoleão I.[52]

---

[51] Para demonstrá-lo, Giedion observa que "J. J. Oud foi o primeiro a utilizar o pátio interno para conferir um aspecto mais humano aos grandes condomínios habitacionais que projetou para a cidade de Tusschendijken (1919)" e ignora as experiências anteriores de Amsterdã.

[52] Ainda que os números variem conforme a fonte, o crescimento demográfico de Amsterdã pode ser percebido na seguinte tabela:

1800	220.000 habitantes	1890	425.000 habitantes
1850	230.000 habitantes	1900	528.200 habitantes
1860	250.700 habitantes	1910	590.900 habitantes
1870	273.900 habitantes	1920	683.000 habitantes
1880	330.000 habitantes	1930	750.000 habitantes

Capítulo 3   As ampliações de Amsterdã: 1913-1934   **77**

Figura 20   Amsterdã, o plano para o sul da cidade; à esquerda, um projeto de F. Zietsma, à direita, de M. de Klerk.

"O milagre da criação da arquitetura coletiva [...]. A construção isolada e a casa unifamiliar perderam sua importância a favor de um grupo de edifícios distribuídos ao longo de uma rua e pertencendo a um grupo maior, que incluía uma rede de vias, concebido como um todo e realizado por diferentes arquitetos." Bruno Taut, 1929.

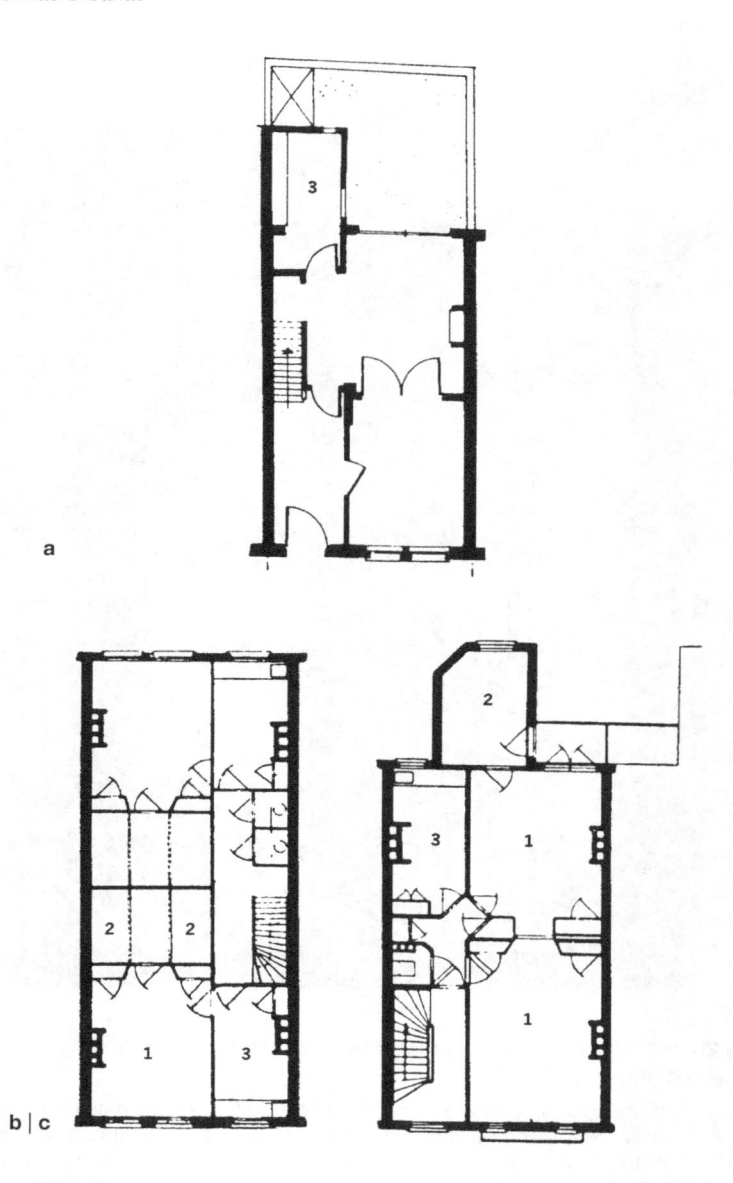

Figura 21 A questão da moradia em Amsterdã no início do século XX.
    a. Habitação popular tradicional (cômodos ao longo de um corredor).
    b. Tipologia da alcova, cerca de 1890.
    c. Habitação popular após a lei de 1902.
    1. sala de estar; **2.** camas; **3.** cozinha.

A fim de aproveitar esta expansão, a cidade de Amsterdã primeiramente precisou modernizar seu porto, que havia se tornado praticamente inútil com os bancos de areia do Zuiderzee. O canal da Holanda setentrional (canal de Helder), completado em 1825, mas construído com uma largura pequena demais, não surtiu os efeitos esperados; assim, o canal do Mar do Norte (de Amsterdã a Ijmuiden), executado de 1865 a 1875, pode de fato ser considerado como o ponto de partida para a modernização da cidade, implementada de acordo com o plano do engenheiro Kalf de 1875, o primeiro projeto após a execução dos três canais.[53] Na verdade, a cidade praticamente não sofrera qualquer aumento em sua população desde o século XVII e continuava limitada ao perímetro da cidade antiga.

Levando em consideração os condicionantes específicos da Holanda, Kalf propôs um anel de empreendimentos ao redor da aglomeração e utilizou, para o traçado viário, a grelha de irrigação do parcelamento rural preexistente. Isso significou abandonar o desenho radial em favor de uma planta que se estendesse ortogonalmente em duas direções. Exclusivamente preocupado com a viabilidade do traçado, deixou a construção das edificações nas mãos dos investidores. A consequência disso é um antagonismo entre os bairros da burguesia, situados principalmente ao redor do Vondelpark (um empreendimento da iniciativa privada de 1863) e os bairros operários.

Estes últimos, apesar de alguns parques de tamanho nitidamente menor – Oosterpark, Sarphatipark –, também representam loteamentos especulativos nos quais se buscou o máximo de lucro e, assim, apresentavam moradias unifamiliares pequenas demais (com área total de 20 m^2), compostas de apenas dois cômodos com camas embutidas e um espaço para a cozinha; essas acomodações eram chamadas de "alcovas".

Os bairros de Spaarndammerbuurt, Saatliedesbuurt, Kinker, Dapperbuurt, Pijp e Oosterparkbuurt foram construídos desta maneira e pouco a pouco ocuparam todo o solo disponível na área demarcada pelos três canais e os limites do território da cidade. Com o crescimento demográfico incessante, a densidade dessas moradias populares se tornou extrema, e, como consequência, começou-se a edificar nos pátios dos bairros antigos e a superpovoar as células já exíguas dos novos bairros. Em ambos os casos, todos os espaços disponíveis – sótãos, porões, etc. – foram aproveitados.

A partir de 1852, algumas sociedades filantrópicas e, depois de 1868, algumas cooperativas de trabalhadores tentaram remediar este proble-

---

[53] O projeto de Van Niftrick apresentado à prefeitura em 1867 não foi levado adiante.

ma. Entre elas estavam as cooperativas Rochdale, Eigen Haard, Eigen Woningen e De Dageraad, que posteriormente se envolveriam com o plano para o sul de Amsterdã. No entanto, esta situação, que na época era compartilhada por outras importantes cidades holandesas, não tinha como ser resolvida sem a intervenção das autoridades públicas, que ocorreu de duas maneiras.

A partir de 1896, a prefeitura de Amsterdã interveio, ao mesmo tempo em que aumentou seu território, principalmente para o sul. Foram tomadas medidas favorecendo a habitação popular, como a doação de terrenos para a construção de acordo com os projetos preparados pelos órgãos técnicos e o arquiteto municipal. Esta ação coincidiu com diversas decisões a fim de acabar com a especulação: em especial, a cidade passou a adquirir terrenos sistematicamente, influindo no mercado imobiliário e se baseando no exemplo inglês de oferecer arrendamentos por longos períodos (a enfiteuse).

O governo nacional e o parlamento também intervieram, o que resultou em uma lei de 1901 sobre habitação, a "Woningwet", acompanhada da liberação das verbas necessárias para aplicação imediata. A partir de 1902, as comunas com mais de 10 mil habitantes passaram a ter o direito, o dever e os meios, na forma de arrendamentos de 50 ou 75 anos e de subsídios do Estado, de:

— estabelecer os planos de expansão urbana;
— expropriar os terrenos ocupados por moradias insalubres e adquirir as áreas necessárias para a construção de habitações populares;
— construir diretamente ou por meio de associações (cooperativas de trabalhadores, caixas econômicas populares), de gerir a habitação popular.[54]

---

[54] A comuna assumiu a construção de habitações a partir de 1917. Seu principal esforço se dirigiu à construção de casas unifamiliares dentro das cidades-jardins, enquanto a habitação urbana propriamente dita ficou a cargo de particulares ou de sociedades. Para o período entre 1906 e 1923, estão disponíveis os seguintes dados:

	HABITAÇÃO PRIVADA	SOCIEDADES	COMUNAS
Casas unifamiliares	303	82	2.386
Sobrados com entrada independente	1.989	2.282	1.564
Apartamentos	23.309	9.429	760
Total	25.309	11.793	4.710

É preciso observar que, a partir de 1917, a maior parte da construção de edificações por parte de sociedades ou indivíduos se beneficiou de subsídios e empréstimos e passou a sofrer um rígido controle. No ano de 1922, a parcela de edificações construídas sem auxílio do Estado correspondia a menos de 2% do volume das habitações em obras. Fonte: *Amsterdã: desenvolvimento da cidade, habitações populares*, município de Amsterdã, 1924.

Paralelamente, foram tomadas algumas medidas em Amsterdã para ajudar as sociedades de construção de habitações populares, na forma de subsídios à construção e à gestão (1916). Apesar dessas medidas e da construção de 40 mil moradias em 18 anos (1906–1924), a prefeitura estimava o déficit habitacional em 15 mil moradias, no ano de 1924, o que significava que cerca de 10% da população continuava a viver em alcovas ou sótãos.

Condicionantes técnicos e condições fundiárias do urbanismo em Amsterdã

Como vimos, a pressão demográfica e o envolvimento das autoridades públicas na questão da moradia popular resultaram na lei sobre a habitação. Esta lei, cujo caráter progressista já foi muito comentado, criou uma estrutura favorável à construção de moradias e ao desenvolvimento urbano, mas é difícil entender as modalidades práticas de sua aplicação sem levar em consideração os condicionantes técnicos típicos do urbanismo holandês, que conferiram a Amsterdã um caráter particular aos problemas fundiários.

O primeiro problema é o próprio solo, uma vez que Amsterdã, como muitas outras cidades dos Países Baixos, está abaixo do nível do mar. Isso significa que não somente a construção de edificações mas a própria existência do solo envolve questões técnicas particulares. Lá, o solo é obtido pouco a pouco por meio da drenagem e dos aterros dos pântanos (*polders*), após o isolamento de sucessivas partes com o uso de diques (*dams*). Este solo, que no passado era cultivado e depois – no período que nos interessa – construído, traz as marcas de uma paciente estabilização, acompanhada da construção de canais e redes de drenagem.[55] A segurança do território depende da solidez de cada um de seus elementos – é um sistema que exige o controle rigoroso das autoridades municipais. É preciso vigiar constantemente os diques, pois seu colapso pode, em questão de horas, acarretar a inundação de centenas de hectares. Antes de construir, é preciso se certificar de que o solo esteja suficientemente estabilizado; é necessário esperar no mínimo cinco anos entre a criação de um aterro e a construção das edificações.

---

[55] O estudo toponímico dos termos holandeses evidencia o reconhecimento das origens: barragem – *dam* ou *schans*; doca – *kade*; dique – *dijk*; bacia – *gracht* (um canal que permite o tráfego e a descarga de produtos).

A seguir, vêm os problemas do abastecimento de água e do saneamento, e é necessário garantir, por meio de um complicado sistema de eclusas, a renovação diária da água da cidade. Em Amsterdã os canais, que coletam a água usada e o lixo doméstico são diariamente lavados pela água do Zuiderzee. O primeiro sistema de drenagem, reservado para águas de enchente, data de 1870 e servia a apenas alguns novos bairros. A decisão de criar uma rede geral que abrangesse toda a água servida e conectá-la aos canais da cidade velha data de 1907. Até então, a cada nova maré, era preciso coordenar a ação de reclusas múltiplas para manter a água fresca durante a maré alta e então descarregar a água servida no Ij durante o recuo da maré. Além disso, o Amstel precisava ser isolado para prevenir que a água salgada do Zuiderzee retornasse ao rio na maré alta e alcançasse, a montante da cidade, as terras utilizadas para agricultura e pecuária (o fechamento do Zuiderzee foi completo apenas em 1932, e a eclusa que isola o Ij do Zuiderzee segue o plano de Kalf).

Tudo isso exigiu serviços técnicos competentes para garantir a continuidade das obras, e, por meio da prestação destes serviços, a prefeitura controlou o solo durante muitos séculos. A natureza do terreno obriga à organização e impede que a iniciativa individual possa decidir sobre a implantação das edificações. As dificuldades encontradas para viabilizar o uso do solo encorajam a concentração dos prédios, pois seu agrupamento garante a estabilidade.

A estrutura urbana resultante é bastante clara: um tecido denso cortado por uma rede de canais cuidadosamente hierarquizados, permitindo uma distribuição econômica e lógica do espaço. A tipologia das edificações é simples. Com a exceção de alguns prédios públicos construídos em pedra, foram empregados materiais locais: madeira e tijolo. A estrutura das edificações, determinada pelo vão de uma arquitrave de madeira, é estreita (entre 4 e 5 metros). A estabilidade do solo é conseguida com o uso de aproximadamente 10 m de areia e barro, com fundações por estacas, permitindo a concentração das cargas. Assim, rapidamente se estabeleceu uma tipologia de construção em altura que se perpetuou, com apenas algumas variações de estilo, até o início do século XIX e atendia a todas as funções habituais: habitação, trabalho e depósito de mercadorias. O oitão voltado para a via pública, com seu pau-de-carga, permite o fácil manuseio de mercadorias comerciais, bem como a elevação de objetos e móveis às moradias nos pavimentos superiores; as escadas estreitas e íngremes eram apenas para as pessoas. Como a estabilidade de cada prédio dependia da de seu vizinho, desde o século XVII

Capítulo 3 As ampliações de Amsterdã: 1913-1934

a construção (especialmente de fundações) estava sujeita à aprovação de um departamento da prefeitura.

Os prédios especiais, como os grandes armazéns dos séculos XVIII e XIX e as moradias coletivas (*béguinages*), não fogem a estas regras, mas eram obtidos com a adição de elementos idênticos. O mesmo processo se repete tanto em obras ordinárias como nos equipamentos urbanos mais especializados, com a exceção dos edifícios de prestígio, mas não havia diferença em termos de estrutura entre uma agregação de edificações feita pela iniciativa privada e um conjunto projetado para uma quadra inteira. As moradias construídas no final do século XIX para venda ou aluguel (*revolutiebouw*), que ainda podem ser vistas nos bairros Pijp e Dapper, são um exemplo deste processo.

É fácil entender que em tal contexto a aplicação da lei de 1901 tenha surtido efeitos relativamente rápidos, pois as pessoas já estavam mais preparadas do que em outros locais a aceitar a autoridade municipal, que apenas estava estendendo um papel tradicionalmente seu. Além disso, até mesmo antes da promulgação da lei, o município de Amsterdã já havia tomado certas medidas que facilitariam a aplicação da lei, progressivamente passando do controle dos trabalhos de preparação do solo à completa execução dos projetos.

Neste sentido, o ano de 1896 foi importante. Perante a grande quantidade de obras a serem executadas, uma consequência de seu desenvolvimento econômico e demográfico, Amsterdã aumentou seu território. Em 1º de maio de 1896, com a anexação de Nieuweramstel, a área da cidade aumentou de 3.250 para 4.630 hectares. O "plano de Berlage", que começou a ganhar forma em 1903, corresponde à urbanização desse novo território.[56] No mesmo ano, a cidade introduziu o sistema da enfiteuse, que significava que o município mantinha a propriedade do solo que ajudava a tornar edificável, entendendo que, em uma época de aumento do preço dos terrenos, a valorização provocada pelas obras públicas deveria se converter em benefícios para a coletividade – representado pelo município – em vez de contribuir para o lucro privado. Na mesma época, a cidade assumiu a gestão direta de alguns serviços outrora explorados pela iniciativa privada, como as redes de água, telefonia, gás e transporte público. Ou seja, a decisão das autoridades municipais de administrar diretamente a urbanização em todas as suas formas ficava ainda mais garantida pela possibilidade dada pela lei da habitação de assumir legalmente a tarefa de resolver o problema habitacional.

---

[56] Em 1º de janeiro de 1921, o território de Amsterdã cresceu 17.455 hectares (com a anexação de Watergraafsmeer, Sloter, Buiksloot e Nieuwendam).

Spaarndammerbuurt: uma experiência exemplar

O bairro Spaarndammerbuurt representa um exemplo interessante da expansão de Amsterdã no final do século XIX e início do século XX.

Esta área, que forma um triângulo, situa-se entre as docas a oeste do porto e a linha ferroviária que liga Amsterdã a Harlem (1839) e pode ser considerada parte dos empreendimentos dos bairros populares do plano de 1875. A primeira área construída, no sul de Spaarndammerbuurt, reproduzia o tipo habitual dos imóveis para a classe trabalhadora da época, sendo bastante similar ao dos outros bairros, onde a prefeitura adotou o malha viária proposta pela planta de Kalf. A execução dos prédios, que foi deixada para a iniciativa privada, era o interesse dos *revolutiebouwers*, pequenos empreiteiros que, buscando lucros máximos na segunda metade do século XIX, assumiram a maior parte da construção de moradias populares. Durante muitos anos, a porção noroeste do triângulo permaneceu desocupada. Em 1881, o prédio da estação ferroviária central, projetado por P. J. H. Cuypers (1827–1921), o arquiteto do Rijksmuseum, e por A. L. van Gendt, permitiu a expansão da ferrovia e agravou o isolamento do bairro, que, até então, podia ser considerado como um prolongamento do Jordaan. É muito provável que o replanejamento do porto de Amsterdã em 1910 e sua expansão para o oeste tenham levado ao término da urbanização do bairro. Esta porção – a única que aqui nos interessa – foi executada sob condições muito distintas daquelas às quais as quadras anteriores haviam sido submetidas, porque a "Woningwet", a lei da habitação votada em 1901, entrou em vigor em 1905. Parece provável que tenha sido aproveitada esta oportunidade para fazer uma experiência em escala modesta, cujas soluções seriam posteriormente aplicadas em grande escala na implementação do plano de Berlage. O primeiro indício do que iremos discutir pode ser visto na escolha dos arquitetos.

Dois dos arquitetos eram seguidores diretos de Berlage e pertenciam ao grupo Architectura et Amicitia H. J. M Walenkamp (1871–1933), que construiu o conjunto habitacional Zaanhof em 1919, e K. P. C. de Bazel (1869–1923), um arquiteto experiente, que surgiu como o braço-direito de Berlage na luta pela adoção de uma arquitetura moderna em Amsterdã e construiu totalmente os conjuntos habitacionais Sparndammerdijk/Uitgeestraat e Zaandammerplein.

Contudo, o primeiro conjunto habitacional construído na área de Spaarndammerplantsoen foi a primeira importante obra de um arquiteto muito mais jovem, Michel de Klerk (1884–1923). Esse arquiteto, que posteriormente se tornaria o líder da Escola de Amsterdã, já havia chamado a atenção com sua participação no projeto da Scheepvaarthuis (1911), em colaboração com J. M. van der Mey (1878–1948) e P. L. Kramer (1881–1961).

Ele já havia projetado um pequeno edifício de apartamentos para um cliente privado perto de Vondelpark (J. Vermeerplein). Para o mesmo cliente, o empreendedor K. Hille, apresentou em 1913 as plantas de um edifício de apartamentos populares na periferia de Spaarndammerplantsoen, a primeira etapa de um conjunto habitacional maior. As dificuldades econômicas provocadas pela Primeira Guerra Mundial levaram a cooperativa Eigen Haard a assumir e continuar a iniciativa, mantendo M. de Klerk como arquiteto. Com esta escolha, o projeto parece vincular a realização de um conjunto habitacional popular, dentro dos termos previstos pela lei de 1901, à experimentação na arquitetura.

De fato, as obras de De Klerk em Sparndammerbuurt constituem o primeiro manifesto construído da Escola de Amsterdã e são mais significativas do que a Scheepvaarthuis, que permanecia sob forte influência do Jugendstijl. E à dupla de Klerk e Kramer seria confiado, a partir de 1920, um dos primeiros conjuntos habitacionais do plano para o sul de Amsterdã, o Dageraad, que ainda mostraria o desejo de Berlage e das autoridades municipais de associar – desta vez em grande escala – o desenvolvimento da cidade e a provisão de moradias populares à definição de uma nova arquitetura. Aqui, é interessante lembrar o papel desempenhado pelo círculo teosófico "Architectura et Amicitia", liderado de 1893 a 1917 por Bauer, Kromhout, de Bazel, Walenkamp e Lauweriks. Esta geração, de 15 a 20 anos mais velha do que a Escola de Amsterdã e frequentemente chamada de Escola de Berlage, havia sido impregnada das ideias socialistas do movimento inglês Artes e Ofícios e mantinha relações com os movimentos teosóficos alemães e norte-americanos, tendo estabelecido três objetivos:

— difundir a cultura arquitetônica por meio de seu periódico *Architectura*, que seria incorporado pela revista *Wendingen* em 1918, para a organização de conferências, viagens, debates, etc.;
— reorganizar a profissão de arquiteto, com a criação da BNA (União dos Arquitetos Holandeses), da qual De Bazel se tornou o primeiro presidente;
— entrar nas instituições municipais (prestando serviços técnicos e obtendo contratos para projetos de arquitetura), o que foi facilitado pela chegada do partido socialista SDAP ao poder municipal em 1902.

Os arquitetos da Escola de Amsterdã, cujos líderes também eram teósofos, natural e paulatinamente assumiram tais postos entre 1912 e 1917.[57]

Arquitetura e espaço urbano

A análise das etapas de execução de um bairro é rica em lições. O plano de Kalf, bastante simples, aproveitou para o traçado das vias principais as direções dos canais do parcelamento rural (para irrigação e drenagem) e definiu a estrutura dos empreendimentos para comercialização, executada entre 1875 e 1877, junto com a ampliação das docas. O eixo do bairro, a Spaarndammerstraat, construído na parte nordeste do dique, dividiu a área em duas partes: a zona norte, das docas, com algumas moradias, e a zona sul, o principal espaço para empreendimentos habitacionais.

Com a expansão do porto em 1910, a prefeitura decidiu completar o bairro, a fim de construir moradias para as classes desfavorecidas.[58]

O terreno disponível, limitado a sudeste pela ferrovia e a norte pelo dique, foi ocupado de forma totalmente distinta do conjunto habitacional de 1875. A repetição de quadras com dimensões mínimas sobre uma trama regular contrastou com uma tentativa dos arquitetos de ressaltar algumas diferenças no espaço urbano, a fim de definir claramente o bairro.

Em primeiro lugar, esta tentativa afetou a organização das vias e a distribuição dos equipamentos urbanos. O novo centro do bairro é marcado por uma praça (Spaarndammersplantsoen), executada por De Klerk entre 1914 e 1917. No eixo da Knollendamstraat, essa praça introduziu uma direção perpendicular ao eixo original (Spaarndammerstraat)[59] e iniciou uma mudança no eixo de gravidade do bairro. A implantação do comércio (na Oostzaanstraat) e de novos equipamentos (Oostzaanstraat, Hembrugstraat e Wormerveerstraat) confirmou, na prática, a modificação da estrutura do bairro.

---

[57] G. Fanelli, *Architettura moderna in Olanda, 1900-1940*, Florença, Marchi e Bertolli, 1968. *Nederlandse Architectuur 1893-1918: Architectura*, catálogo de exposição do Museu de Arquitetura de Amsterdã, 1975.

[58] A decisão de implantar 504 moradias em quatro pavimentos, as quais foram alugadas por um valor abaixo do custo (2,40 florins por semana, quando os apartamentos deveriam gerar 3,66 florins por semana, considerando-se o custo de construção em 1914), foi abandonada em 1917, como consequência dos aumentos após o término da guerra. Fonte: *Amsterdã: desenvolvimento da cidade, habitações populares, op. cit.*

[59] O desenho original da praça antes das intervenções de A. van Eyck deixava isso mais evidente.

As diferenças podem ser resumidas na seguinte tabela:

CENTRO VELHO	CENTRO NOVO
RUA	PRAÇA
PREDOMÍNIO DE LOJAS	PREDOMÍNIO DE EQUIPAMENTOS PÚBLICOS

Em segundo lugar, esta mudança afetou o caráter dos espaços urbanos determinados pelo projeto. Em relação aos prédios do final do século XIX, as intervenções realizadas entre 1913 e 1921 apresentavam uma inovação tipológica clara. A quadra já não era pensada como uma unidade intercambiável, uma consequência dos cortes baseados na reunião de lotes mínimos com moradias do tipo alcova, eventualmente, com comércio no pavimento térreo (Spaarndammerstraat). A quadra se tornou uma organização mais complexa de uma parcela de território urbano, permitindo, em termos morfológicos, a continuidade do tecido urbano, marcando os pontos singulares, permitindo a integração de diferentes funções (moradia, comércio, equipamentos públicos) e a criação de espaços variados.

O desenho das fachadas desempenhou um papel importante. Nos projetos da Escola de Amsterdã, as fachadas eram determinadas tanto pelos espaços externos aos quais faziam referência como pela organização interna das edificações, o que fez com que os paladinos do modernismo rígido (Giedion) se referissem a tais arquitetos de modo condescendente, chamando-os de "fachadistas". O tratamento monumental da praça afirmava-a como um lugar especial; a configuração em cunha da quadra delimitada pelas ruas Zaanstraat, Oostzaanstraat e Hembrugstraat desempenhou o papel de um marco urbano e "adornou" a praça; a escola técnica, no eixo da Krommeniestraat, restringe a perspectiva e, como um monumento/equipamento na escala do bairro, expressa sua diferença em relação às escolas de ensino fundamental inseridas nas quadras vizinhas.

Enfim, a relação entre as quadras é marcada pelas simetrias comuns, algumas inflexões e certas correspondências que denotam que a escolha dos pontos singulares não é fruto de um teórico isolado, mas a consequência de um consenso. Basta observar como a entrada da Zaanhof (feita pelo arquiteto Walenkamp) está articulada com a Hembrugstraat, com a parte côncava da quadra de De Klerk ou as conexões das quadras de Bazel (ao redor de Zaandammerplein) se vinculam com as ruas e as quadras vizinhas.

É interessante observar, antecipando algo que examinaremos adiante, até que ponto a análise das obras dos arquitetos da Escola de Amsterdã faz com que eles se diferenciem dos arquitetos convencionais de então. De Kerk, em particular, é muitas vezes apresentado como um artista de extrema sensibilidade, sofrendo de uma espécie de delírio formal, e os arquitetos não lembram nada de sua arquitetura que não seja a exuberância, as silhuetas insólitas e seus complexos aparelhos de alvenaria. Sem dúvida, isso tudo é verdade, mas a imagem do solitário individualista, "à la Gaudi", traz o risco de mascaramento da realidade, que no caso de De Klerk era uma profunda modéstia do arquiteto em relação ao contexto urbano.

As fantasias de De Klerk, de Kramer ou de Wijdeveld sempre estão de acordo com os pontos singulares do tecido urbano que enfatizam, não são obras solitárias e isoladas, mas a exploração de um conhecimento da cidade, a inserção da arquitetura em um contexto. Elas também mostram a modéstia de um arquiteto perante seus colegas. Em Spaarndammerbuurt, onde De Klerk foi o primeiro a intervir, é difícil detectar o consenso dos arquitetos desde o início, mas, na implementação do plano para o sul de Amsterdã, basta observar as conexões entre as partes projetadas por diferentes arquitetos para entender o possível significado do termo "escola": uma profunda adesão a princípios comuns e acordos específicos na hora da implementação, o que se manifesta na impossibilidade de detectar precisamente onde termina o trabalho de um arquiteto e começa o de outro.

Cinco quadras

O estudo deste bairro poderia parecer desnecessário se esquecêssemos nossa hipótese de que se trata, em escala reduzida, de uma "repetição" dos princípios que posteriormente seriam postos em prática. Se considerarmos as cinco quadras construídas a noroeste, as principais disposições, posteriormente adotadas pelo plano para o sul de Amsterdã, são experimentadas aqui:

— A quadra "tradicional" composta de vários conjuntos de terrenos edificados. Este é o caso das duas quadras que delimitam Spaarndammerplein. Diferentes arquitetos intervieram (em 1913 e 1914): De Klerk se encarregou das fachadas monumentais voltadas para a praça, e outros se envolveram com as demais ruas. Sejam quais foram os arquitetos e seus agrupamentos, os exteriores apresentam grandes diferenças. As elevações

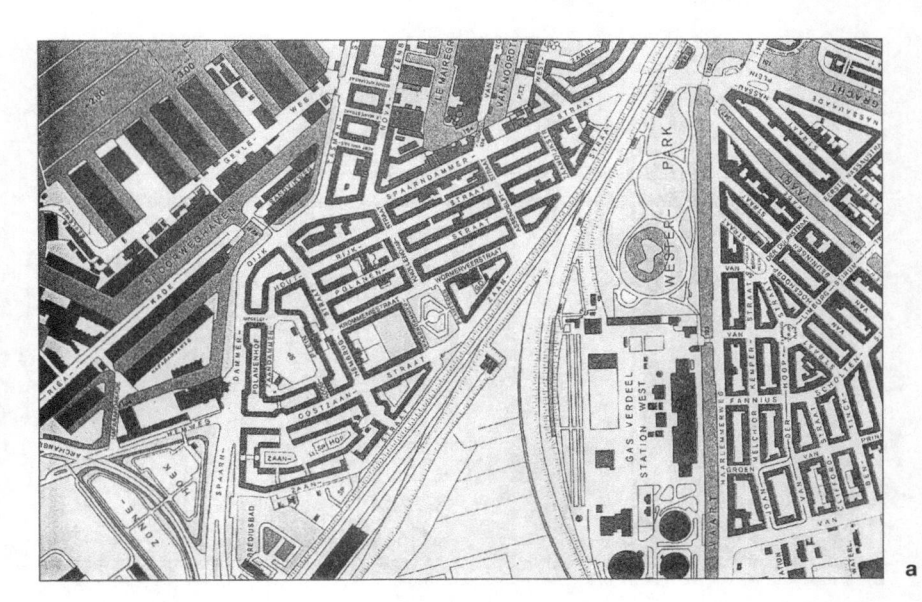

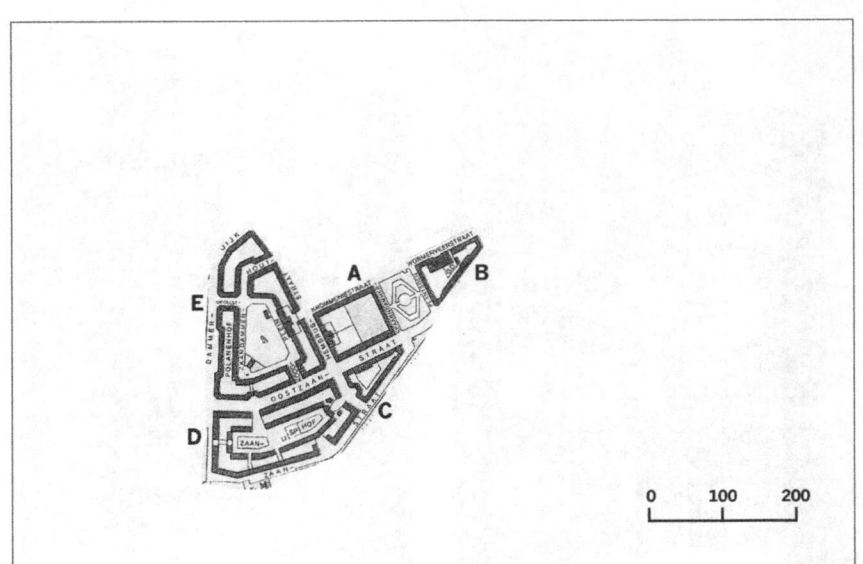

Capítulo 3 As ampliações de Amsterdã: 1913-1934 **89**

Figura 22 Amsterdã: Spaarndammerbuurt.
   a. Planta do bairro.
   b. Arquitetos: M. de Klerk (A 1913, B 1913–1914, C 1913–1917), H. J. M. Walenkamp (D 1919) e K. P. C. de Bazel (E 1919–1921).

Figura 23 A monumentalidade na arquitetura residencial. De Klerk: conjunto habitacional popular em Spaarndammerbuurt.
      a. Vista geral.
      b. Detalhe da entrada da fachada oeste.
      c. Detalhe da entrada da fachada leste.

voltadas para as ruas ou a praça expressam uma ordem urbana, até mesmo monumental em alguns casos, enquanto as elevações posteriores para os jardins privativos dos prédios mais baixos e das galerias dos pavimentos superiores permitem ampliações e apropriações.

Os equipamentos públicos são integrados às quadras. As escolas situadas na Hembrugstraat e na Wormerveerstraat, construídas pelos arquitetos da prefeitura, respeitam a lógica da quadra: os prédios junto à via acompanham o alinhamento, e os pátios ocupam os lotes até o fundo. A quadra A apresenta um espaço interno de uso coletivo e saídas para a rua por meio de pórticos (Oostzaanstraat e Krommeniestraat).

— Quando a quadra é concebida como um bloco (quadra C, De Klerk, 1917),[60] a integração de diferentes funções (correios, escola) é mais forte. O núcleo da quadra, exceto pela parte ocupada pelo pátio da escola preexistente, que ocupava a área maior, é composto de uma soma de jardins individuais pertencentes às moradias do pavimento térreo. Uma viela comunica esses jardins, partindo da área comum do pátio atrás da agência dos correios. Algumas moradias têm entradas por meio desse pátio com acesso livre; aqui a diferença entre os exteriores não é tão nítida quanto na área dos jardins ou nas quadras anteriores. Ainda que seja de modo embrionário, o "público" penetra no interior da quadra.

— No caso dos dois conjuntos habitacionais, Zaanhof e Zaandammerplein (D. Walenkamp, 1919, e E. de Bazel, 1919–1921), a última porção do bairro a ser construída, encontramos a quadra decomposta. Nestes dois exemplos, a quadra, de grandes dimensões, é tanto orientada para seu centro, formando um espaço público, como para as ruas que a definem. A "casca", formada por duas camadas de edifícios, poderia ser considerada como uma soma de quadras, mas nos parece que a unidade bem acentuada de cada uma destas composições nos leva mais a pensar em uma quadra de gênero particular, a *hof*, conectada com a tradição flamenga do *béguinage*, e reinterpreta a experiência inglesa do agrupamento de moradias.

---

[60] Somos obrigados a concordar com Henry-Russell Hitchcock que os diferentes prédios de Michel de Klerk foram projetados ao mesmo tempo desde 1913, tendo sua execução se iniciado no limite norte da quadra, seguido no limite sul e então passado à quadra dos Correios propriamente dita, também construída em várias etapas e incluindo a escola. Fonte: H.-R. Hitchcock, *Architecture: Nineteenth and Twentieth Centuries*, Baltimore, Penguin Books, 1958, e vários números da revista *Wendingen* (Amsterdã).

Isso fica claramente visível no conjunto habitacional Zaanhof, que distribui um anel de prédios altos nas ruas, enquanto o espaço interno é circundado por prédios baixos que lembram as pequenas casas dos *béguines*. Trata-se mais de uma questão de aparência, pois na verdade cada unidade, que consideramos uma casa, é a sobreposição de duas moradias.

Planejado antes da Primeira Guerra Mundial e executado em parte durante aquele período, a finalização de Spaarndammerbuurt tem escala modesta em relação às intervenções posteriores.[61] Porém, a nova abordagem que aqui é aplicada à quadra anuncia, antes das primeiras tentativas de J. J. Oud em Roterdã, a mudança de *status* do espaço interno, que, indo além da realização do plano de Berlage, levará à sua destruição.

A expansão para o sul e o novo urbanismo de Amsterdã

As bases do plano de Berlage

Não faz parte do escopo deste estudo discutir em detalhes o plano de Berlage, nem as dificuldades de sua realização, mas não seria possível estudar algumas de suas quadras em detalhes sem definir o contexto, isto é, sem questionar a estrutura do conjunto proposta para os bairros e sem examinar dois problemas: a relação com a cidade existente e o traçado dos novos bairros.

O empreendimento do século XIX, baseado no plano de Kalf, marca o abandono de um sistema radial em favor de um traçado ortogonal. A resolução dos problemas geométricos envolvia encontrar o ponto de interseção no novo sistema. Kalf se esquivou do problema, mas Eduard Cuypers o solucionou de maneira monumental em 1889, com o Rijksmuseum e o aprimoramento das avenidas e suas esplanadas. Todavia, essa intervenção muito pontual não resolveu o problema da conexão do novo tecido urbano aos empreendimentos do século XIX.

O primeiro projeto de Berlage (1903), baseado na ideia de uma cidade-jardim separada da cidade existente por meio de um parque, foi

---

[61] Das 3.772 moradias construídas em 1913, se passará paulatinamente, em função da guerra, a apenas 737 em 1920, data que marca um novo impulso na atividade econômica: 3.178 moradias em 1921, 6.385 em 1922, etc. Fonte: *Amsterdã: desenvolvimento da cidade, habitações populares*, op. cit.

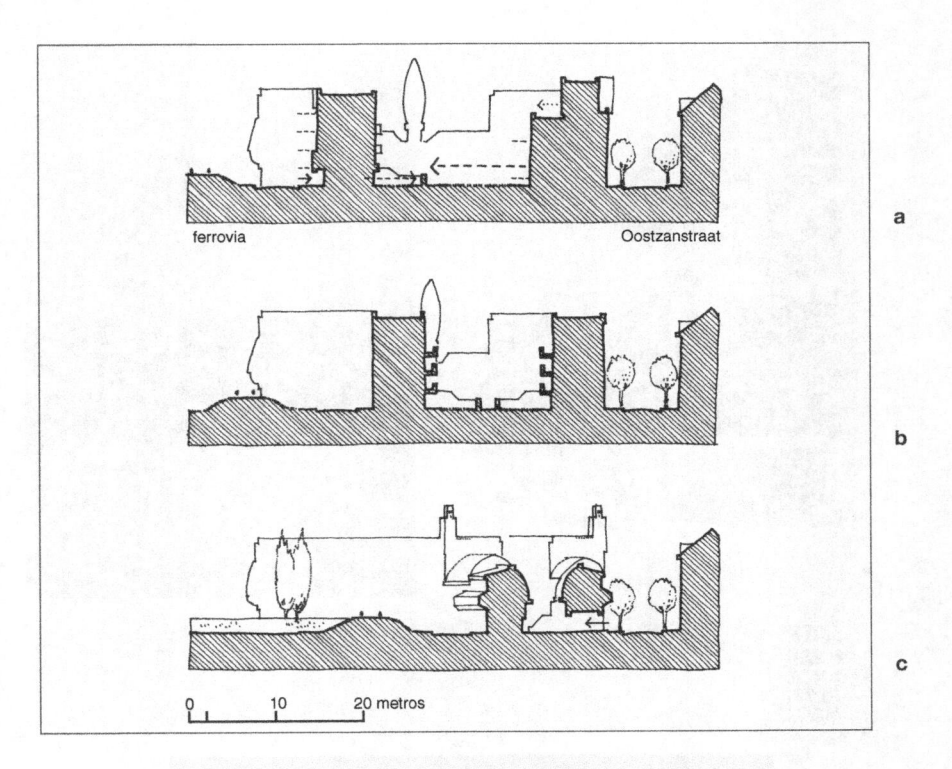

Capítulo 3 As ampliações de Amsterdã: 1913-1934   93

ferrovia   Oostzanstraat

0   10   20 metros

Figura 24 M. de Klerk: quadra C em Spaarndammerbuurt; cortes sucessivos que mostram as variações do espaço interno da quadra.
    a. Pátio da escola, no centro da quadra
    b. Rua central e jardins privados.
    c. Entrada para o pátio atrás da agência dos correios.
    d. A quadra vista da Zaanstraat, com a agência dos correios em primeiro plano.

94   Formas Urbanas

a | b

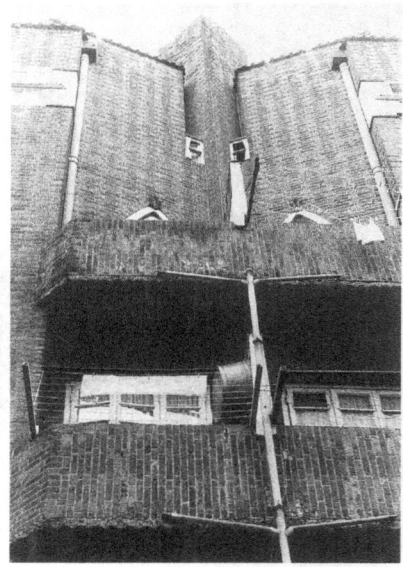

c

Figura 25   M. de Klerk: quadra C em Spaarndammerbuurt.
   a. Fachada da Zaanstraat.
   b. Fachada do fundo das moradias da Zaanstraat: o terraço, protegido das vistas da rua, é o "substituto" do jardim posterior.
   c. A fachada da Hembrugstraat, projetada por De Klerk.

Capítulo 3   As ampliações de Amsterdã: 1913-1934   **95**

Zaanstraat				Oostzaanstraat
a rua	a espessura da "casca", com a supressão de prédios nos acessos	o "hof" casa de dois pavimentos	a borda dupla jardim │ jardim │ edifício	a rua

a

b

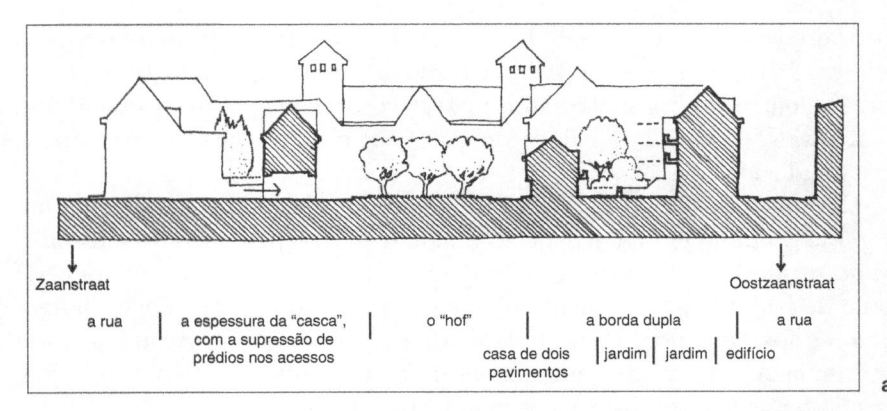

Figura 26   H. J. M. Walenkamp: quadra D em Spaarndammerbuurt.
   a. Corte esquemático do conjunto.
   b. O espaço interno da quadra: Zaanhof, as casas baixas se reagrupam em torno da praça e reinterpretam a tradição do *béguinage* flamengo.

rejeitado devido à sua densidade insuficiente. O segundo projeto, apresentado em 1916, foi aprovado pelas autoridades municipais em 1917 para a porção dentro do perímetro administrativo da cidade (limites de 1896); a expansão territorial da cidade de 1921 permitiu que sua parte essencial fosse finalizada.

Em conjunto, a expansão da cidade para o sul se apresentou como um todo autônomo que dialogava com a cidade antiga por meio de seus bairros do século XIX. Berlage ignorou deliberadamente a trama ortogonal do plano de Kalf e o parcelamento do solo rural e organizou os novos bairros como se fossem uma cidade independente dotada de estrutura própria determinada pelo traçado monumental das vias, que restituíam uma hierarquia análoga à imposta pelos canais da cidade antiga.

A autonomia dos novos bairros, mais evidente no projeto do que na prática, é afirmada pelo posicionamento da estação Minerva, proposta na extremidade sul da área, mas jamais construída, que daria sentido aos eixos principais. A nova estação é uma resposta à anterior e fica ao norte da cidade antiga, enquanto a Minervalaan se relacionava com Damrak; o canal Amstelkanaal circunda a cidade nova da mesma maneira que as muralhas fortificadas fecharam a cidade no século XVII. Aqui Berlage adotou os mesmos princípios dos planos para a expansão de Haia (1908) e Purmerend (1911): consolidação da estrutura dos novos bairros, separação clara entre as novas áreas urbanizadas e a cidade antiga, estação ferroviária de frente para a cidade antiga.

Se examinamos o conjunto de projetos para a expansão de Amsterdã,[62] onde a parte sul é apenas um dos elementos, a negação da urbanização do século XIX fica ainda mais evidente. A cidade antiga se tornou o centro de um sistema que incluirá quatro setores satélites: Amsterdã Oeste, na área de Watergraafsmeer, onde a cidade-jardim construída por D. Greiner é mínima; Amsterdã Sul, objeto de nosso estudo; Amsterdã Leste, na área de Boos en Lommer, onde o eixo principal Hoofweg-Mercatorplein será realizado a partir de 1925; e Amsterdã Norte, que conecta as cidades-jardins de Buiksloterham e Niewendammerham. Cada parte deste conjunto é separada por grandes cortes: o Amstel, o Wondelpark ao sul, o Ij e a infraestrutura portuária ao norte – enfim, a área urbanizada no século XIX.

---

[62] O relatório sobre um plano de projetos similar para as diferentes quadras, publicado na coleção editada durante a comemoração dos 700 anos de Amsterdã, confirma nossas hipóteses anteriores.

Continuidades e rupturas

Duas partes bem definidas, separadas por canais (Boerenwetering, Overdam) e pelo Beatrixpark. A leste, há o plano em forma de Y conectado ao Amstel; a oeste, um conjunto cuja estrutura hoje já não está tão clara, que é dominado pelo cruzamento Minervalaan/Sadionweg.

A continuidade dos bairros ao sul com a cidade é garantida por motivos de acesso funcional: a continuidade das redes viárias e de esgoto. A leste, um sistema de vias secundárias – Rijnstraat, Maasstraat, Scheldestraat –, praticamente paralelo ao Amstel, garante uma conexão adequada com as avenidas radiais da cidade antiga e serve de suporte para o comércio e os equipamentos do bairro. Para o leste, as conexões são mais problemáticas em função da mudança de direção dos bairros do século XIX e a barreira criada pelo Vondelpark e resultam em uma série de vias transversais na forma de Y ao norte do Amstelkanaal (um sistema composto pela Beethovenstraat/Coenenstraat/Ruloffstraat/Roelofhartplein/Jacob Obrechtplein) ou por espaços monumentais (Minervalaan, Olympiaplein).

Assim, o plano oferece a imagem de um sistema duplo que combina os efeitos monumentais: a leste, o Y; a oeste, um tridente (e continuidades mais discretas com a urbanização antiga); lineares a leste (e perpendiculares com o eixo monumental); e mais pontuais a oeste, reconduzindo à Lairessestraat.

Ainda que o plano de Berlage comece mais a norte, identificamos a ruptura entre a cidade do século XIX e a extensão sul no canal Amstelkanaal. A toponímia confirma a análise morfológica, marcando por meio desta linha a parte velha do sul (Oud Zuid) da parte nova (Niew Zuid). De fato, quando Berlage executou esta ampliação do tecido urbano, a cidade já não apresentava um aspecto homogêneo. Por motivos tanto técnicos como estéticos, a primeira tarefa foi terminar o parte velha ao sul da cidade antes de começar a nova.

Estas razões técnicas foram: o Amstelkanaal, que desempenha um papel essencial na drenagem dos terrenos, marca o limite sul das zonas que podiam ser imediatamente edificadas. Uma vez aprovado o projeto (1917), iniciou-se a construção das quadras ao norte, uma vez que era proibido deixar vazios urbanos, para garantir a estabilidade do terreno (nesta etapa, entre 1917 e 1920, foram feitas todas as pequenas intervenções na periferia da cidade do século XIX, ao longo de uma linha compreendendo as vias Krusemanstraat, Lairessestraat, Baerlestraat, Roelofhartstraat, Lutmastraat e Tolstraat). Depois, entre esta linha e o canal

98   Formas Urbanas

Estação Central

Estação Minerva

a

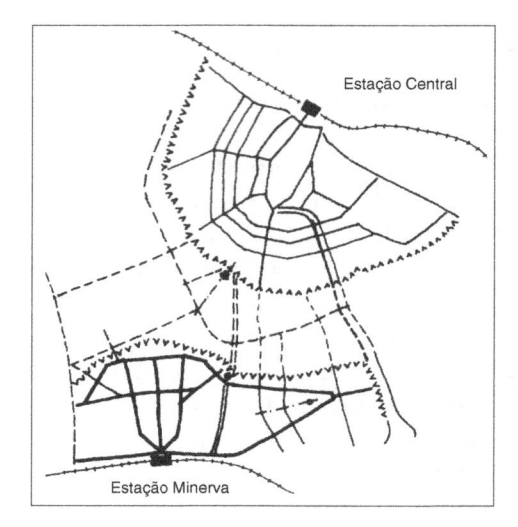

b

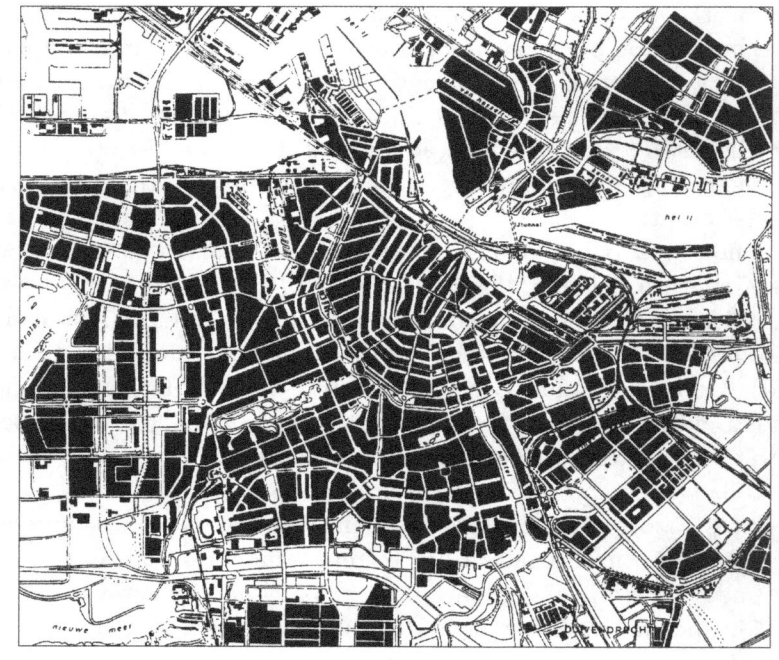

Figura 27   Amsterdã: a articulação entre os novos bairros ao sul e a cidade antiga.
   a. Esquema do plano de Berlage de 1916.
   b. A situação atual. Ainda que o plano de Berlage não tenha sido totalmente implementado, ainda hoje se reconhecem suas características essenciais.

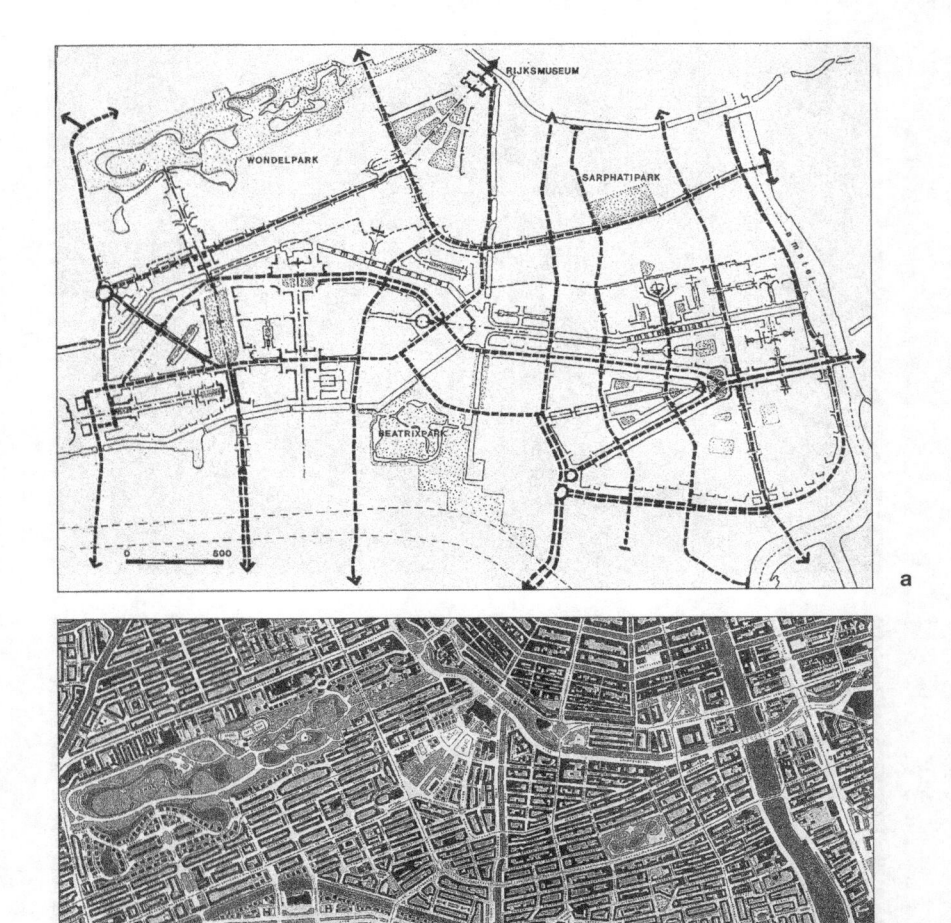

Capítulo 3 As ampliações de Amsterdã: 1913-1934 **99**

Figura 28 Amsterdã: o plano de Berlage que foi executado (1917–1940).
    a. Esquema da adaptação geométrica feita pelo plano de Berlage ao terreno de Amstedã.
    b. A situação atual (planta cadastral de 1975). As vias secundárias prolongam o traçado viário do século XIX.

Figura 29 Sul de Amsterdã: o plano de Berlage em 1940.
    a. Bairro do estádio olímpico (parte oeste).
    b. Bairro Amstellaan (parte leste).

Amstelkanaal, começou uma série de operações de maior envergadura (lançadas em 1920–1921): Bertelmenplein (van Epen), Harmoniehof (van Epen), Th. Schwartzenplein/Henriette Ronnerplein (de Klerk, Kramer, etc.), Smaragd (van Epen e Gratama).

As razões estéticas foram: Berlage se preocupou em circundar a área com um espaço vazio, ocultando a urbanização antiga. O Amstelkanaal se transforma em um passeio, com as duas margens igualmente trabalhadas. No nível local, foram melhoradas as praças: Roelofharplein, Cornelis Troostplein e de Kejserplein articulam os tecidos urbanos antigo e novo e transformam a barreira em uma linha, onde o Amstelkanaal se torna visível e pode ser controlado.[63]

A seguir, são trabalhadas as partes entre o Amstelkanaal e a base do Y (Rijnstraat/Vrijheidslaan Norte, 1921–1924), além do conjunto Marathonweg (1922–1924). Esta fase, coroada pela Conferência Internacional de Planejamento Urbano de 1924, foi então seguida por um período de ociosidade, no qual poucas obras foram iniciadas. Os Jogos Olímpicos de Amsterdã (1928) foram a ocasião para a retomada do plano para o sul da cidade. Os eixos monumentais, a parte sul e central do Y (1927–1928), Minervalaan (1928) e o bairro do estádio (1927–1928) foram então construídos.

A crise econômica de 1929 acarretou uma nova interrupção nas obras, embora alguns projetos tenham sido lançados. A partir de 1933 são retomadas as obras: a finalização do setor leste entre o Y e Kennedylaan (1933–1939) e de áreas não monumentais do setor oeste. Outras áreas, contudo, como as margens do Beatrixpark, não seriam realizadas até o término da Segunda Guerra Mundial. As várias interrupções foram marcadas por mudanças na arquitetura. Enquanto a primeira fase (1918–1924) testemunhou algumas realizações de acordo com o traçado De Berlage e se tornou reconhecida pela exuberância da obra de arquitetos como de Klerk, Kramer, Staal, Wijdeveld e Van Epen, a segunda (1926–1939) foi mais caracterizada por intervenções em série, com a aplicação sistemática dos princípios de implantação de quadras e distribuição de edificações entre arquitetos mais comuns: Rutgers, Warners, Westerman. Por fim, durante e depois da crise, a Escola de Amsterdã sofreu ataques contínuos

---

[63] Além das importantes intervenções nas laterais do Amstelkanaal (1918–1920), o "recobrimento" foi executado em duas fases: a primeira foi antes do início das grandes obras, o período entre 1917 e 1921, sobre o qual já falamos, na qual se incluem as finalizações dos projetos mais antigos, como o Willems Park e algumas obras pontuais (1910–1920); a segunda foi depois e incluiu a finalização da Roelofharplein (1925–1929).

dos arquitetos funcionalistas: a primeira demonstração disto é a escola projetada por Duiker (1930), que introduziu uma concepção de quadra diferente. Este conceito foi timidamente apresentado nos limites do plano para o sul por meio das quadras abertas de Kennedylaan e posteriormente foi aplicado ao bairro Boos en Lommer (Landlust).

A estrutura morfológica e os modelos de arquitetura

A expansão do tecido urbano de Amsterdã para o sul, menos sensível em sua implementação do que no projeto, foi principalmente concebida como a sobreposição de um traçado monumental sobre uma rede viária neutra e conectou o tecido urbano antigo ao setor leste. Esta estrutura, que liga os níveis global e intermediário, torna legível a divisão entre os setores leste e oeste que reflete diferenças sociais acentuadas: o predomínio da classe operária a leste e os bairros mais burgueses a oeste. Como já comentamos, esta separação é confirmada pela execução em fases e pela participação de arquitetos diferentes.

O sistema monumental se baseia em estratégias simples, clássicas: simetria, alinhamento e ordenamento de fachadas e tratamento das esquinas para ressaltar a simetria e indicar a hierarquia das vias respectivas. Este sistema ressalta a autonomia dos bairros ao sul na planta de situação e distribuição e não faz referência direta a qualquer equipamento público, exceto o estádio (e a estação de trens proposta, de Minerva).

O sistema secundário garante a continuidade, mas, com a exceção da Rijnstraat, suas perspectivas são deliberadamente rompidas. Como suporte para os equipamentos públicos (igrejas, prédios administrativos) e o comércio, ele não é legível no nível global, mas continuamente remete ao sistema monumental, especialmente no tratamento das esquinas.

A união desses dois sistemas determina uma malha ocupada por grupos de quadras. A disposição das intervenções homogêneas, ou seja, pertencentes a um plano de detalhes específico, revela alguns modelos espaciais aplicados a Amsterdã que já não se limitam a seguir as orientações do projeto de Berlage, mas parecem constituir uma doutrina comum a todos os arquitetos que participam no setor sul, exceto, é claro, as tendências funcionalistas que emergiram após 1930.

A malha determinada pela sobreposição dos dois sistemas não é empregada de maneira uniforme: às vezes as intervenções confirmam o sistema monumental, ao conferir a um mesmo arquiteto o projeto dos edifícios

Capítulo 3   As ampliações de Amsterdã: 1913-1934   **103**

Figura 30   Expansão sul de Amsterdã: a marcação do espaço urbano.
   a-b. Os marcos monumentais.
   c-d. Espaços intimistas.

que circundam uma praça ou ambos os lados de uma avenida; outras vezes as intervenções se constituem em pequenos agrupamentos autônomos, com caráter próprio, geralmente centrados em uma praça interna que acomoda escolas mal conectadas com a estrutura geral da área. Seu caráter local é marcado pela presença de pórticos, passagens sob os prédios e passagens em ziguezague que desconectam parte do sistema viário do conjunto. Com exceção do eixo Marathonweg/B. Kochstraat, essas intervenções jamais ficam nos eixos de uma via secundária, ou seja, o nível intermediário parece ser acidental, em vez de desempenhar um papel operativo no tecido urbano.

A quadra Amstellodamien

Quadras *a priori* e *a posteriori*

A análise das intervenções e o estudo do parcelamento do solo do plano nos mostram que a quadra não é uma unidade de projeto de arquitetura. Salvo algumas exceções, o parcelamento sempre era feito em várias partes atribuídas a diferentes arquitetos, que costumavam cobrir mais em dois lados de uma rua do que em uma única quadra.

Portanto, em Amsterdã, não poderíamos reduzir o conceito de quadra ao resultado de uma decupagem *a posteriori*. A quadra Amstellodamien se impõe como um tipo identificável, ou seja, uma ferramenta comum ou organização espacial sobre a qual se chegou a um consenso cujas propriedades podem ser listadas e cuja evolução pode ser descrita.

Este consenso fica visível no modo pelo qual diferentes arquitetos trabalham lado a lado, na modéstia comum perante o espaço público e no tratamento sensível das elevações voltadas para a rua, etc. Os "efeitos" jamais são gratuitos, sempre fazem referência a uma implantação urbana (esquina, simetria); as justaposições resultam de um meio-termo, correspondem à modéstia em relação ao espaço interno da quadra – elas respeitam o sistema de parcelamento do solo, há um acordo na orientação das elevações, etc. A base do plano de Berlage e as "recomendações" dos empreiteiros[64] quanto aos sistemas de distribuição e as plantas das moradias sem dúvida facilitaram o trabalho dos arquitetos e permitiram o consenso. Contudo, não é possível explicar apenas por meio dos condicionantes externos o aspecto, às vezes regular, outras vezes heterogêneo, dos leiautes adotados. A Escola de Amsterdã, além de possuir um repertório formal que a identifica e ao qual tendemos a limitá-la, talvez seja o último movimento a favor de uma arquitetura urbana. Em Amsterdã, esta arquitetura urbana se baseia no conceito da quadra.

---

[64] Os empreiteiros aplicaram as prescrições da lei da habitação de 1901. As normas municipais posteriores à lei limitaram a quatro o número de pavimentos em toda a cidade (norma de 1905), a fim de evitar a sobreposição de um número muito grande de famílias, algo que poderia resultar em uma promiscuidade perigosa. Depois (com uma norma municipal de 1912), a altura máxima foi estabelecida em três pavimentos para os prédios no norte de Amsterdã, e então outra norma de 1919 estabeleceu dois pisos para as cidades-jardins. Paralelamente, a prefeitura estabeleceu alguns "modelos-tipos" de distribuição, para evitar os *flats*, considerados perigosos por suas escadas de uso comum a várias famílias, e para favorecer moradias sobrepostas que contassem com entradas individuais para cada unidade no pavimento térreo.

As quadras, sejam construídas por um único arquiteto ou resultantes do agrupamento de edifícios projetados por diferentes indivíduos, apresentam características precisas que podemos reunir a fim de formar um objeto abstrato: o tipo.

A quadra Amstellodamien é constituída de um perímetro ininterrupto de prédios em torno de um espaço não edificado – geralmente retangular –, cuja largura varia entre 40 e 45 m, mas às vezes chegando a 60 m. Sua altura é de quatro pavimentos (às vezes três). Um pavimento extra, proibido no subsolo, é feito na cobertura e contém os "sótãos". A construção é em alvenaria de tijolo. Em geral, a quadra sobrepõe dois conceitos antagônicos:

— laterais longas *versus* esquinas
— perímetro *versus* centro (ou exterior *versus* interior)

Estes contrastes determinam um *status* diferente para cada zona do espaço, o qual é expresso morfologicamente e confirmado na prática.

O problema da esquina

Em virtude de suas dimensões, a quadra impõe um delicado problema nas extremidades: ela é estreita demais para a garantia fácil da continuidade nas esquinas. Adotam-se duas soluções: a primeira consiste em não edificar no lado menor da quadra e prolongar o casario em fita até a rua; a segunda é fazer com que uma série de lotes recue ao chegar ao lado menor da quadra.

Até 1917, a segunda solução foi a mais utilizada. Ela cria uma ruptura na continuidade das elevações e torna a extremidade diferente dos lados maiores da quadra. Essa diferença, ou seja, o fato de que o prédio da extremidade poderia se abrir em três faces, favorecia a implantação de edifícios singulares, mas era pouco compatível com o desejo dos arquitetos da Escola de Amsterdã de resolver completamente o problema da arquitetura do espaço urbano. O desafio é bastante claro: garantir a continuidade das elevações e, ao mesmo tempo, especialmente nas vias arteriais, ressaltar aquele ponto especial do tecido urbano, a esquina.

Difícil de resolver em uma quadra fragmentada por várias intervenções, a configuração oblíqua dos lotes de esquina não basta para resolver o tratamento das elevações. O problema fica mais simples quando apenas um arquiteto assume toda a quadra, ou pelo menos trabalha uma parte grande o suficiente para "compensar", como se faz com o traçado de uma

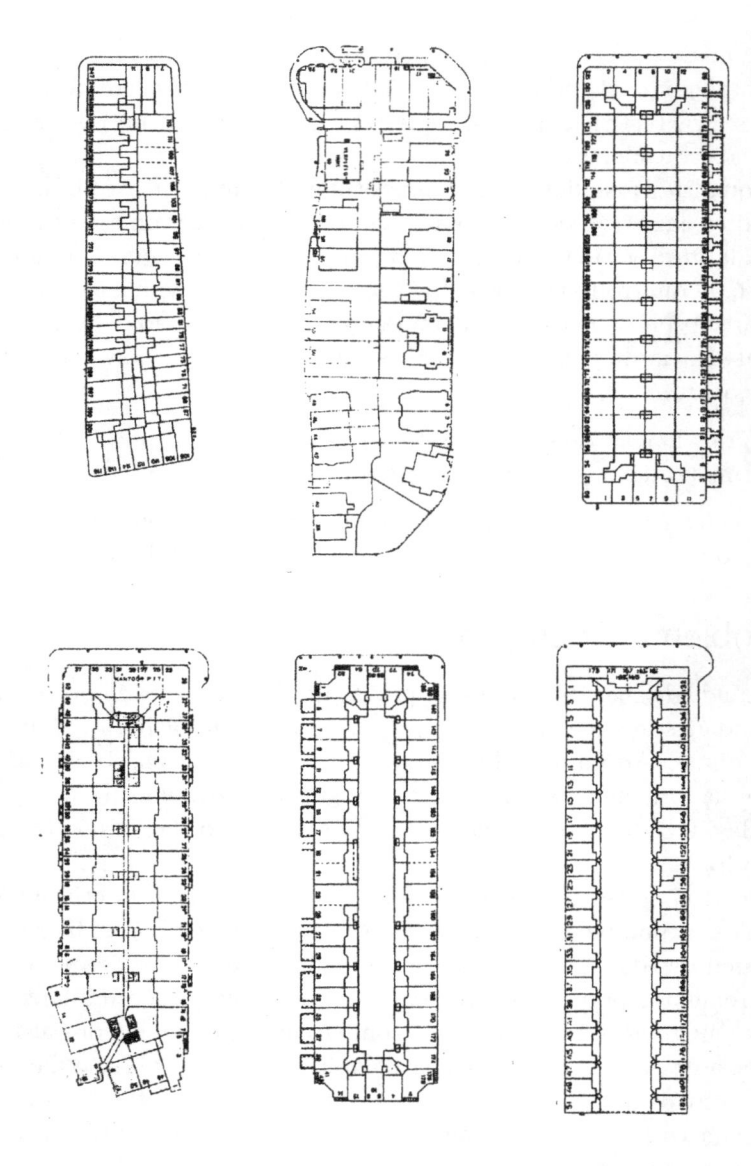

Figura 31 Uma variedade de quadras.

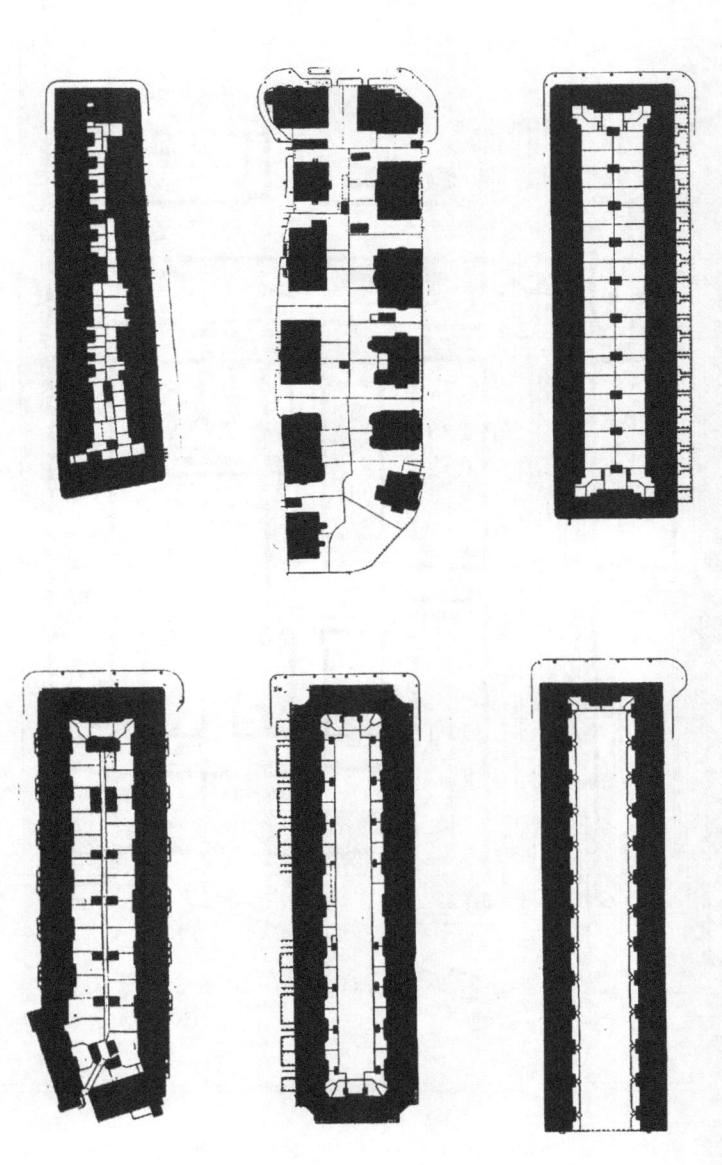

Capítulo 3   As ampliações de Amsterdã: 1913-1934   **107**

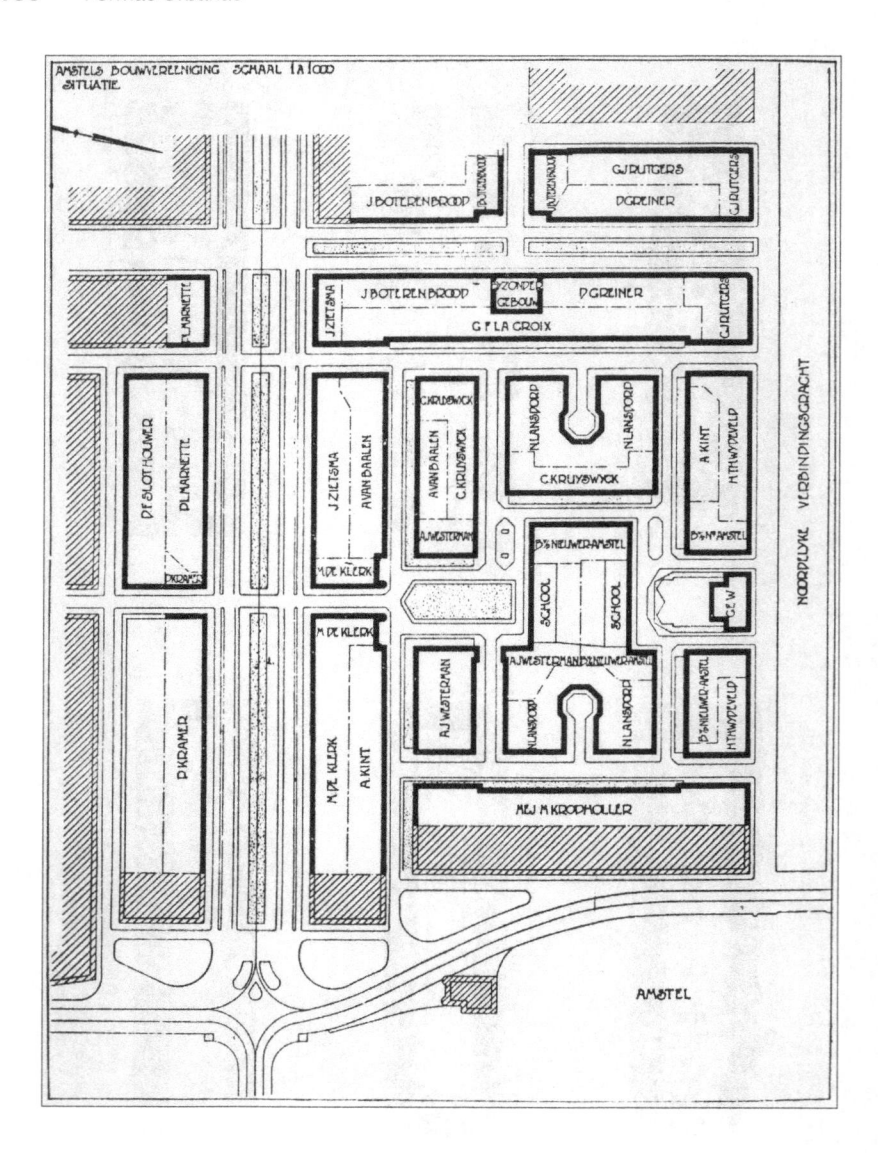

Figura 32 A divisão das quadras entre diferentes arquitetos.

Ainda que em Amsterdã a quadra seja a unidade fundamental de formação do tecido urbano, ela não acarreta (ou raramente acarreta) a unidade do projeto. A divisão das intervenções e sua distribuição entre diferentes arquitetos é feita de acordo com uma lógica que leva em consideração o controle dos espaços públicos (avenidas, praças, interseções, terminações de perspectivas, etc.). Nesta figura vemos uma parte do bairro Amstel projetada por um grupo de arquitetos coordenados por J. Gratama, ex-colaborador de Berlage.

escada, dividindo a mudança de direção em um número suficiente de lotes. O princípio dos jardins privativos é preservado e às vezes resulta em um leiaute acrobático, para permitir que todas as moradias térreas tenham acesso a um depósito externo. Do lado da rua, a esquina é celebrada por uma variedade de efeitos: a elevação do prédio ou, ao contrário, a redução das alturas das coberturas em vários pavimentos, recuos sucessivos nas fachadas, tratamento monumental, etc. A simetria pitoresca empregada em Amsterdã induz a uma competição entre quadras opostas.

Em função dessas disposições, as edificações nas esquinas são diferentes: células menores, arranjos particulares. A posição estratégica dentro do tecido urbano e as particularidades da organização do espaço se conjugam, e a esquina é o local escolhido para a implantação do comércio. Aqui o tratamento arquitetônico se une com o planejamento espacial para conferir *status* especial à interseção das vias.

Perímetro *versus* centro

As unidades de habitação, oriundas do desejo de conferir a cada família de operários uma moradia "individual", reproduzem ao máximo as características das casas tradicionais holandesas: pavimento térreo diretamente acessado pela rua e prolongado com um pequeno jardim, dormitórios no segundo piso. Nas quadras do plano de Berlage, os prédios oferecem acesso direto da rua a todas as moradias, jardins privativos para as unidades térreas e balcões nos fundos das unidades dos demais pavimentos. Sempre que possível, é preferido o duplex ao apartamento de um nível, uma vez que ele restitui ao interior da unidade de habitação o arranjo da casa tradicional.

Assim, a oposição perímetro *versus* centro indica a permanência de uma tradição. As características morfológicas resgatam um hábito possível e significados precisos.

EXTERIOR	INTERIOR
FACHADA DA RUA	FACHADA INTERNA E JARDIM
CONTINUIDADE E COMPOSIÇÃO	FRAGMENTADO E BANAL
ACESSÍVEL	INACESSÍVEL
REFERÊNCIA À CIDADE	REFERÊNCIA À MORADIA
FORMALIDADE	HÁBITOS PRIVADOS
EXPOSTO	OCULTO
MARCA DO ARQUITETO	MARCA DOS MORADORES

O centro da quadra, ou seja, o grupo de jardins, desempenha um papel duplo. Isoladamente, cada jardim é um espaço privado para uma moradia térrea; coletivamente, o grupo de jardins forma um pátio interno à quadra, porém inacessível para as unidades de moradia dos pavimentos superiores. A estrutura das áreas edificadas, fortemente marcada pela alternância de vãos em balanço, que correspondem às escadas e cozinhas, e pelos vãos maiores para os balcões, ajuda a identificar as moradias intermediárias. O fenômeno da apropriação se manifesta pela demarcação dos jardins ou de seus substitutos (os balcões), por meio de objetos, da decoração, dos pisos, das flores, etc.,[65] e mesmo pela construção de pavimentos de cobertura, estufas, depósitos para ferramentas e abrigos para animais, relacionados com a tradição holandesa da cabana ao fundo do lote. Às vezes este último elemento é adotado pelo próprio arquiteto, que o inclui na obra para ser permanente.

Na rua, a fachada, dominada pela composição do arquiteto, faz referência ao caráter urbano da arquitetura. Contudo, o morador marca sua presença na fenestração. A sala de estar, que na Holanda costuma ir de lado a lado do imóvel, mesmo nas moradias modestas, é indicada por um vão mais amplo que os demais. A fachada é trabalhada horizontalmente, com o uso de *bow windows* [janelas de sacada]. Esse espaço intermediário, às vezes reduzido a um balanço mínimo, funciona como um lugar onde o morador se mostra. A divisão do vão em partes fixas e móveis também favorece esta exposição: estantes com suvenires, cortinas e vidraças que emolduram as vistas, plantas de interior, etc. – a fachada é uma vitrine. Isso é tão verdade que até nas lojas de bairro a vitrine assume as mesmas dimensões que as janelas das salas de estar das moradias. Como a organização da planta baixa permite transformações, o pavimento térreo pode ser facilmente convertido em loja e, reciprocamente, algumas lojas que não dão certo se transformam em moradias. Borssenburgstraat e Amstelkade, entre outras ruas, são exemplos eloquentes.

---

[65] O *status* do jardim dos fundos (o "quintal") é múltiplo. Ele pode ser um espaço de estar complementar, ao ar livre, marcado pelo piso, um banco ou algumas estátuas; é uma representação da natureza e do local de jardinagem, espaço para depósito ou para bricolagem (depósito de ferramentas, varal, criadouro de animais, etc.). A tradição holandesa permite a integração desses diferentes aspectos em um território bastante limitado, minuciosamente organizado e muito bem cuidado. Enquanto na França o contraste entre sujo e limpo corresponde ao aparente e ao oculto, respectivamente, na Holanda, exceto no caso da população marginalizada, se repinta todos os anos o que fica sujo.

A perda de diferenças

A organização que acabamos de descrever se repete com variações mínimas em todo o plano para o sul de Amsterdã, bem como em outras partes da cidade e mesmo em outras cidades. Ela parece ser uma constante com poucas exceções até 1930. Entre essas, agora vejamos quais se relacionam com o *status* do espaço central, pois sua evolução, já previsível em Spaarndammerbuurt, levaria a importantes modificações após esta data.

A necessidade do jardim de fundos funcionar como em uma casa tradicional levou ao surgimento de uma viela que permitisse o acesso direto (o problema da bicicleta). O espaço interno já não é formado apenas por elementos pertencentes a cada moradia – agora há um espaço de uso coletivo: a rua de serviço que atende às áreas coletivas de manutenção, armazenagem, etc. Embora sejam protegidos por uma passagem coberta ou barreira, os espaços internos em geral se tornam mais acessíveis.

Paralelamente, outra variação envolveu a redução das dimensões dos jardins individuais e a criação de um espaço comum central, geralmente com vegetação, limitando a visibilidade e oferecendo uma área para as crianças brincarem, especialmente aquelas que moravam nos pavimentos superiores e que, até então, tinham sido menos favorecidas que as moradoras dos apartamentos térreos. Este jardim, acessado das moradias, não se comunicava diretamente com a rua.

A união destas duas modificações resulta em uma nova concepção de quadra na qual o centro, diferente daquele ocupado por um jardim coletivo e acessível, podia ser controlado e mantido fechado. O contraste entre exterior e interior, agora reduzido, dá lugar a uma articulação mais complexa entre o perímetro (fachada da rua/fachada do jardim interno) e o centro da quadra.

PERÍMETRO DA QUADRA		CENTRO DA QUADRA
FACHADA DA RUA	FACHADA INTERNA E JARDIM	
CONTÍNUO E COMPOSTO	FRAGMENTADO E BANAL	CONTÍNUO E ORGANIZADO
ACESSÍVEL	INACESSÍVEL	ACESSÍVEL E CONTROLADO
REFERÊNCIA URBANA	REFERÊNCIA À MORADIA	REFERÊNCIA À QUADRA
FORMALIDADE	VIDA INDIVIDUAL E FAMILIAR	FORMALIDADE E PRÁTICAS COLETIVAS
TOTALMENTE EXPOSTO	EXPOSTO E OCULTO	EXPOSTO
MARCA DO ARQUITETO	MARCA DOS MORADORES	MARCA DO ARQUITETO

a | b

c

Figura 33   O espaço interno da quadra.
Completamente isolado da rua, o espaço interno da quadra é uma área silenciosa e com vegetação, permitindo a apropriação individual, especialmente por parte dos apartamentos térreos (**a**, **b**). A partir de 1930, a abertura da quadra e a criação de um jardim de uso comum acessível e visível da rua reduziu a diferenciação entre fachadas e esterilizou o espaço central (**c**).

A ideia de jardim central também se manifesta nas organizações complexas nas quais várias quadras são associadas de acordo com os princípios experimentados em Zaanhof: o perímetro é dividido em edifícios altos na parte externa e casas pequenas em volta do jardim central. O exemplo mais bem desenvolvido é o conjunto habitacional Harmoniehof, projetado por Van Epen. Este modelo evoluiu e passou a incluir em seu centro alguns equipamentos públicos: uma biblioteca no Cooperatiehof, escola e banho público em Smaragdplein. A diferença entre interior de quadra e pequena praça já não é muito clara.

A terceira etapa da desintegração da quadra ocorre após 1930, embora se inscreva dentro da lógica iniciada anteriormente. O espaço central aumenta tanto que os jardins individuais se transformam em meros balcões. Paralelamente, foi abandonado o duplex ou a casa com dois pavimentos (um para cada família) e adotado o apartamento, ou seja, já não se exploravam as diferenças entre o térreo e os demais pavimentos. Por fim, devido a preocupações com a higiene, a extremidade sul da quadra, que deixava o espaço interno à vista de todos, foi suprimida, e o papel da representação social e da vegetação nesta extremidade se tornou mais importante.

A última etapa ocorreu no período anterior a 1940: na expansão de Amsterdã para o sul, em 1934, com o prédio de quitinetes da Zomerdijkstraat projetado por Zanstra, Giesen e Sijmons.[66] O edifício, uma "barra" de seis pavimentos, já não foi pensado dentro de um tecido urbano – os espaços internos já não se relacionam com os externos. A fachada sul tinha os acessos e as galerias ou balcões, ao mesmo tempo espaços abertos e prolongamentos das áreas de estar. A orientação do espaço se baseava apenas na orientação solar.

Haia, com o edifício Nirvana, de J. Duiker (1916–1929), e Roterdã, com o Bergpolder, de J. A. Brinkman e L. C. van der Vlugt (1932–1934), haviam precedido Amsterdã no abandono gradual da quadra. A nomeação de Van Eesteren para a direção da secretaria de urbanismo da cidade (1930) simboliza claramente que Amsterdã estava adotando os novos ideais e abandonando os princípios que, desde Berlage, guiaram o desenvolvimento da cidade e de sua arquitetura. Com o declínio da Escola de Amsterdã no início da década de 1930, a Holanda deixou de ter o papel

---

[66] O caso da torre projetada por J. F. Staal em Victorieplein (1929–1932) é mais ambíguo: limitando a perspectiva monumental, ela oferece uma marcante oposição de fachadas, com os fundos dando para uma pequena praça quase privativa. Sem dúvida, é o abandono da quadra, mas também se observa uma integração urbana bastante forte.

de líder de 10 anos antes. Após alguns anos, chega a vez da Alemanha de Weimar, para onde se voltaram as vanguardas. O ano de 1924 fora para Amsterdã a oportunidade de sua demonstração, com o pretexto do Congresso Internacional para a Construção de Cidades. Já 1929, com o segundo CIAM, ainda que por pouco tempo, marca a importância de Frankfurt.

Capítulo **4**

A nova Frankfurt e Ernst May: 1925–1930

Frankfurt foi a cristalização do sonho dos arquitetos do Movimento Moderno: controle da urbanização, construção pré-fabricada e habitação popular. Em comparação com as 30 unidades de habitação de Le Corbusier em Pessac, em Frankfurt foram construídas 15 mil. Foi também uma experiência consciente sobre a quadra, após seu desaparecimento e o surgimento de outro espaço que agora estamos abandonando a grande custo. Aqui o vínculo entre a política de urbanização municipal e a arquitetura atingiu um grau raramente igualado em outras cidades alemãs. É por esses motivos que julgamos importante analisar com atenção este fenômeno.

A política de habitação e planejamento urbano em Frankfurt

A atividade de Ernst May em Frankfurt corresponde exatamente ao período áureo da República de Weimar, à sua prosperidade econômica. Para apreciar a importância das conquistas em termos da construção, convém fazer um balanço da situação da Alemanha ao término da Segunda Guerra Mundial. Como consequência de sua derrota militar e da abdicação do imperador, a primeira crise, política, entre 1918 e 1921, testemunhou o colapso da economia, em uma atmosfera de brutalidade, marcada por enfrentamentos violentos e frequentes entre os grupos políticos, o que resultou no esmagamento dos partidos revolucionários.[67] Então, embora a produção

---

[67] A repressão contra os socialistas e comunistas, que estavam ansiosos para estabelecer uma república socialista espelhada na jovem União Soviética, consagrou a aliança da social-democracia com a direita. Nas grandes cidades, o clima era de guerra civil, tumultos (Spartakistes e comunistas em Berlim – janeiro e março de 1919 – e na Baviera, 1919; extrema direita, na Baviera, 1920), repressão feroz por parte do exército e das milícias de Noske (1.200 mortos em Berlim em março de 1919, 500 fuzilados em Munique em abril do mesmo ano), assassinatos (Rosa Luxembourg e Karl Liebknecht, Kurst Eisner e Gustav Landauer em 1919; Exberger em 1921; Walter Rathenau, em 1922). Sobre as relações entre a situação política e os movimentos da arquitetura, veja: B. Miller-Lane, *Architecture and Politics in Germany 1918–1945*, Cambridge, Harvard University Press, 1968.

industrial crescesse continuamente, a inflação subiu e, a partir de 1922, se tornou estratosférica.[68] Após a crise política, veio a monetária, que terminou apenas em 1924, com a completa reestruturação das finanças alemãs por parte do governo Stresemann: a criação do Rentenmark, empréstimos tomados no exterior e o controle do crédito.

Uma vez que depende das condições econômicas, a construção de fato não se recuperou até este momento. Antes dele, a ação política e o escapismo por meio da utopia eram as únicas saídas possíveis para a arquitetura.[69] Se levarmos em consideração os anos de guerra, toda uma década separa os primeiros trabalhos da Werkbund [Sociedade Alemã do Trabalho] para o estabelecimento de uma teoria para a cidade industrial, a Gros-Stadt, e a retomada da construção. Durante o intervalo, a arquitetura mudou de face. As vanguardas internacionais – Stijl, Construtivismo, Dadaísmo – romperam definitivamente com quaisquer referências neoclássicas ou neorregionalistas. A partir de 1923, a Bauhaus se associa ao Movimento Internacional; na França, Le Corbusier e o Esprit Nouveau trabalham no mesmo sentido.

A prosperidade econômica trouxe consigo a fé nas possibilidades técnicas da construção. A necessidade de habitação popular era enorme, uma vez que não se construía nada há 10 anos, e isso induziu a busca de novas soluções. A industrialização não era apenas um sonho abstrato do arquiteto, mas a condição indispensável para uma solução rápida à crise habitacional que a reorganização industrial e a subsequente concentração populacional tornam urgentes. A Werkbund, que regulava as relações entre os arquitetos e as indústrias alemãs, após a guerra, assume um importante papel, reunindo, coordenando e promovendo experiências, como demonstra a organização, sob sua égide, da exibição Weissenhof (Stuttgart, 1927).

Algumas administrações municipais social-democratas, como a de Frankfurt, fazem, durante o período entre 1925 e 1930, esforços consideráveis em prol da habitação popular e da solução dos problemas urbanos. A dependência da economia alemã com respeito ao capital norte-americano (o empréstimo de 1924) fará da Alemanha o primeiro país europeu a sentir a crise de 1929. Em 1930 chega a recessão, favorecendo a ascensão do nazismo e o término das experiências da república de Weimar.

---

[68] No início de 1922, o dólar valia 317 marcos; em dezembro, 8.000; em junho de 1923, 100.000; no início de setembro de 1923, 100.000.000; em novembro, 4.200.000.000

[69] Veja as análises de M. Tafuri na revista *VH 101* (Paris), no. 7–8, 1972.

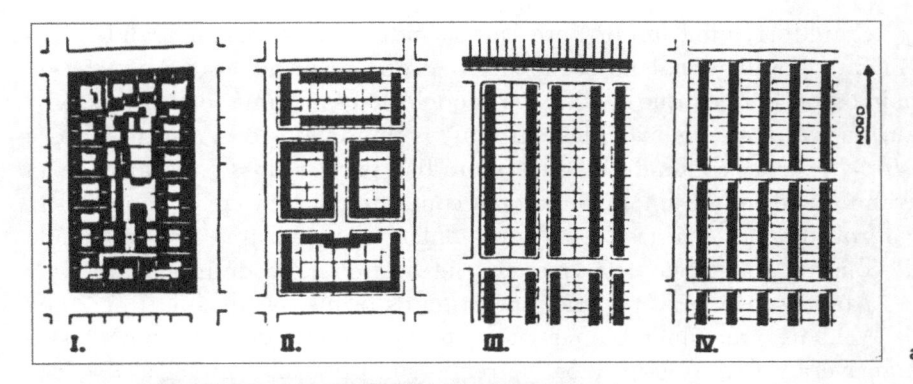

Capítulo 4   A nova Frankfurt e Ernst May: 1925–1930   **117**

Figura 34   Ernst May: *Das Neue Frankfurt*.
   a. Ernst May, esquemas ilustrativos da evolução da quadra (*Das Neue Frankfurt*, 1930).
   b. O *Siedlung* Romerstadt.

Frankfurt, uma importante cidade industrial, teve um grande crescimento populacional no século XIX, o que resultou na construção de bairros periféricos que seguiam o modelo haussmanniano: imóveis burgueses ao longo das avenidas em bairros iluminados e bem-ventilados e *Miet-Kazerne*, contendo exíguas moradias para a classe operária. Uma grande especulação imobiliária toma conta da cidade e, para combatê-la, é aprovada a lei Adickes (1902), que confere às prefeituras a possibilidade de comprar terrenos e desta maneira intervir no mercado imobiliário.

Apesar dos incidentes que marcaram os primeiros anos da República de Weimar, o movimento operário se manteve poderoso e os sindicatos se mantiveram bem organizados. Sofrendo sua pressão, a prefeitura social-democrata de Frankfurt estabeleceu como objetivo realizar um grande número de moradias populares e obteve os recursos técnicos e os terrenos necessários para isso.

Os *recursos técnicos*, organizados sob a direção do arquiteto Ernst May, envolveram o estabelecimento de uma secretaria pública de arquitetura e urbanismo cujas atribuições iam muito além de apenas definir esquemas de projeto e controlar a execução. A concentração de poderes e os meios de implementação da administração pública evitaram tanto a dispersão de responsabilidades como os conflitos entre os diferentes níveis de intervenção. May, com o *status* de *Stadtbaurat*, participava das decisões da política municipal de urbanismo. Chefiando a equipe técnica, pôs em prática esta política por meio de um plano diretor para Frankfurt,[70] tendo a oportunidade de aplicar em sua terra natal os frutos de sua experiência com o urbanismo em Breslau (1919–1924). Ele garantiu a realização das partes do plano diretor que correspondiam à expansão da cidade, enquanto Adolf Meyer, o ex-sócio de Gropius, ficou encarregado do centro da cidade. Nas intervenções de May, não houve qualquer discordância entre as decisões e as realizações. A organização e a competência de sua secretaria permitiram que as intervenções urbanas ocorressem em todas as escalas:

— aquisição de terrenos;
— intervenções urbanísticas detalhadas: os projetos dos principais *Siedlungen* [conjuntos habitacionais] ficaram a cargo das equipes

---

[70] Incumbido do plano diretor da aglomeração da cidade com os subúrbios, May foi condicionado pelos limites do território da comuna, o que explica o "estado inacabado" de alguns *Siedlungen*, mas o princípio da descentralização levou-o a imaginar o planejamento regional e a criação de cidades-satélite em uma zona que vai de Wiesbaden a Harau e de Darmstadt a Nauheim.

de arquitetos municipais, que às vezes colaboravam com arquitetos independentes;
— arquitetura dos edifícios: a secretaria elaborava as plantas-tipo das unidades de habitação e aperfeiçoou os sistemas construtivos das partes principais das edificações (pré-fabricação pesada) e das partes acessórias ou secundárias (cozinhas padronizadas, carpintaria padronizada, desenho do mobiliário, etc.). Os projetos detalhados das moradias e dos equipamentos públicos geralmente eram estudados pela prefeitura, embora às vezes contasse com a ajuda de arquitetos independentes;[71]
— construção: a prefeitura criou fábricas para a pré-fabricação e testagem de materiais (concreto com pozolana);
— financiamento da construção (veja a seguir);
— gestão da implementação: assistência técnica e controle de qualidade para os *Siedlungen* executados pelas empreiteiras, administração direta das cooperativas municipais;
— informação pública: assim como em Breslau, mas em escala maior, Ernst May fundou uma revista, *Das neue Frankfurt* [A Nova Frankfurt], que regularmente apresentava os projetos e as intervenções na cidade, além das experiências de arquitetura moderna de outras cidades alemãs ou do exterior, e dedicava uma seção considerável à vida cultural internacional (experiências artísticas, teatro, cinema, pedagogia, esportes).[72]

Os *recursos financeiros e imobiliários* incluíam o apoio à construção de habitações populares e se manifestavam, além da assistência técnica, de várias maneiras:
— política fundiária: quando o projeto Nidda é lançado, a cidade já possuía 45% dos terrenos e continuou adquirindo-os por meio da desa-

---

[71] Os técnicos da prefeitura de Frankfurt definiram 18 tipos de moradia básica que poderiam ser ampliados. Para responder imediatamente à crise da habitação, foram construídas muitas unidades de habitação de dois cômodos que, quando posteriormente combinadas, poderiam formar moradias maiores (de quatro cômodos), e também fizeram alguns cômodos independentes das moradias, a fim de permitir a sublocação no primeiro momento. Veja E. May, "La politique de l'habitation à Francfort", em *L'Architecte* (Paris), janeiro de 1930; E. May, "Fünf Jahre Wohnungsbautatigkeit", em *Das neue Frankfurt* (Frankfurt), no. 7–8, fevereiro de 1930; veja também, no anexo, na p. 194, os colaboradores de May em Frankfurt.

[72] Imitando Frankfurt, outras cidades criaram suas revistas: *Das neue München, Das neue Leipzig, Das neue Berlin, Das Bild* (Hamburgo); os primeiros anos de *L'Architecture d'Aujourd'hui* (até o início da Segunda Guerra Mundial) devem muito à *Das neue Frankfurt*.

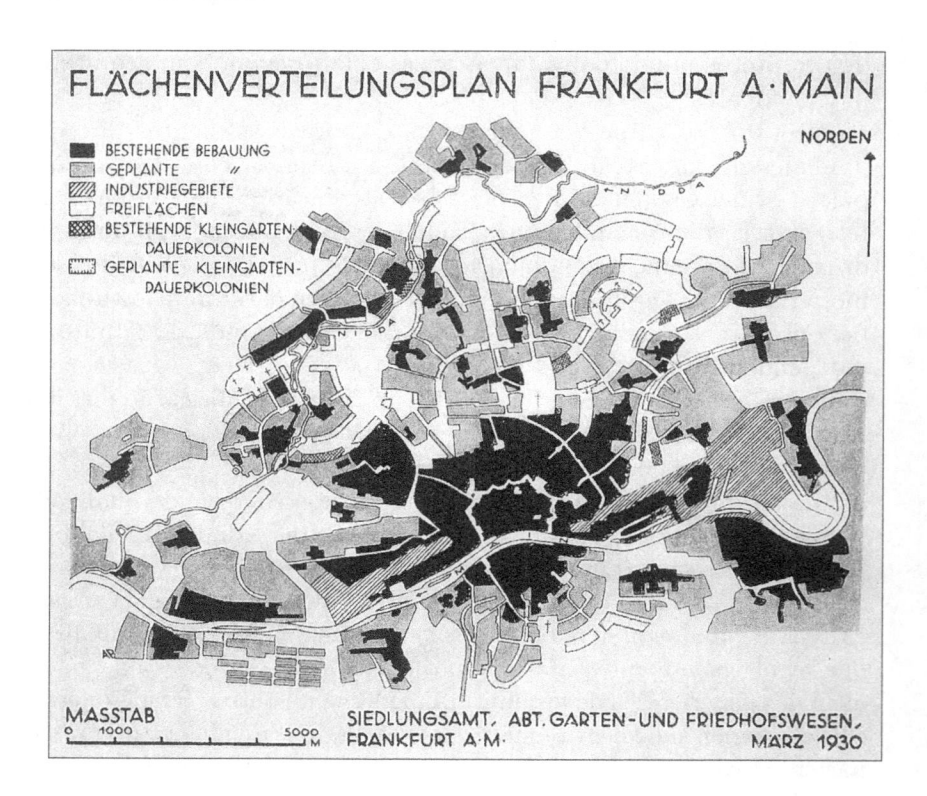

Figura 35 Ernst May: O plano diretor de Frankfurt (*Das neue Frankfurt*, no. 2/3, 1930).

A cidade antiga se torna o centro de um sistema urbano que integra os vilarejos próximos e os novos bairros de moradias populares.

propriação ou de permuta.[73] O solo adquirido desta maneira, e então protegido da especulação imobiliária, se destinava à habitação; juntos, os custos financeiros (que também incluíam as obras de infraestrutura urbana e uma quota dos equipamentos públicos), o custo dos projetos e o pagamento dos empréstimos representavam menos de 25% do custo total das moradias.

---

[73] O terreno seria desapropriado com uma compensação de 3,5 MK/m², contra os 15 MK solicitados; os *maraîchers* cedem o solo do *Siedlungen* em troca de novos lotes, reagrupados no vale (o rio fora canalizado e regularizado), formando cinturões agrícolas entre a cidade antiga e sua expansão.

— financiamento e gestão: ainda que não tenha sido total, a participação do município é importante; ela era exercida diretamente, por meio das cooperativas municipais e de empréstimos a cooperativas privadas, frequentemente dirigidas pelos sindicatos. A ajuda pública vinha na forma de empréstimos governamentais com baixas taxas de juros (3%, às vezes apenas 1% ao ano) oferecidas por meio de caixas econômicas, subsídios e avais para empréstimos.

A confiança nos princípios e o orgulho dos realizadores foram coroados com a escolha de Frankfurt como a sede do segundo CIAM em 1929.

Os *Siedlungen* de Frankfurt

A urgência em resolver os problemas leva à celeridade. Em Amsterdã, 15 anos se passaram entre a decisão de confiar a Berlage o estudo para a expansão da cidade e o início das obras. Em Frankfurt, um ano após ter sido nomeado para a chefia dos trabalhos, Ernst May já havia feito um programa de obras de curto e médio prazo, o plano diretor do conjunto e os projetos parciais que possibilitariam as primeiras intervenções.

Em três anos (1926-1928), 8 mil habitações populares estavam concluídas ou em obras, enquanto um segundo programa, elaborado em 1928, previu a realização, nos três anos seguintes, de outras 16 mil unidades.[74] Este programa não era apenas a resposta a uma demanda necessária; sua elaboração é indissociável da do plano diretor de Frankfurt, que determinava as implantações possíveis de acordo com uma política fundiária e propunha, junto com as moradias, zonas industrias e zonas verdes.

Os princípios que guiam o estabelecimento do plano diretor foram essencialmente os dos projetos de May para a expansão de Breslau (1921 e 1924), nos quais se observa a recusa em perpetuar o desenvolvimento radial e o desejo de introduzir áreas verdes na cidade. Essa urba-

---

[74] A distribuição anual é a seguinte:

1926	2.200 MORADIAS	
1927	3.000 MORADIAS	+ 200 PROVISÓRIAS
1928	2.500 MORADIAS	+ 100 PROVISÓRIAS
TOTAL	7.700 MORADIAS	+ 300 PROVISÓRIAS

O programa de 1928 foi brutalmente interrompido em 1930, com a demissão de Ernst May, em função das mudanças políticas e do exílio do arquiteto.

nização dispersa (*trabantenprinzip*) foi uma releitura da experiência de Unwin com o subúrbio-jardim Hampstead, do qual May havia participado. O plano diretor também se relacionava com o movimento teórico dos anos 1922–1926, que testemunharam o florescimento dos esquemas de cidades-satélite na Alemanha, influenciados pelas ideias de Howard e pelas obras da Werkbund, com a atuação de A. Räding, B. Taut e P. Wolf, amplamente divulgada nas edições alemãs e estrangeiras.[75] Este padrão de urbanização consagrava a prática do zoneamento: a concentração das indústrias ao longo do rio Main, a leste e oeste da cidade antiga, com prédios administrativos e comerciais no centro e moradias na periferia.

Os *Siedlungen* não eram concebidos como cidades autônomas de uma comunidade pastoril, seguindo o modelo das "colônias" norte-americanas que inspiraram Howard, e sim distritos habitacionais dentro de uma grande cidade industrial. Uma rede de transporte público conectava-os aos centros e às zonas de trabalho, e apenas um número mínimo de equipamentos públicos, que atendiam às necessidades mais básicas, era oferecido no nível local.

Ernst May queria preservar a unidade urbana. Ainda que criticasse o urbanismo do século XIX, o arquiteto estava profundamente arraigado à história de Frankfurt, onde o centro seria objeto de sua atenção, algo comprovado pelo projeto de desenvolvimento das docas do Main. Sem dúvida, não se tratava de um "Plan Voisin" para Frankfurt. As zonas verdes, compostas de terras agrícolas, reagrupamentos de jardins, florestas e parques públicos lhe serviram como meio para estruturar uma aglomeração demasiadamente vasta para o desenvolvimento contínuo, mas cuja existência não deveria ser negada. O crescimento descontínuo e a inovação tipológica são a resposta desta lógica de desenvolvimento urbano cujas origens se confundem com as da própria cidade. O *Siedlung* Römerstadt ilustra particularmente bem esta relação que May estabeleceu entre a cidade e suas ampliações: seu nome faz referência a suas origens romanas, orgulho de Frankfurt, a "muralha" que dialoga com o recinto fortificado da cidade antiga sobre o vale do Nidda e os subúrbios do século XIX.

---

[75] Veja C. Purdom, *The Building of Satellite Cities*, op. cit.; P. Wolf, *Wohnung und Siedlung*, Berlim, E. Wasmuth, 1926.

O projeto de ordenação do vale do Nidda

Embora apenas tenha sido executado em parte, o projeto do vale do Nidda é o que mostra de modo mais claro a aplicação dos princípios de May. O rio Nidda desemboca no rio Main formando um vale pouco profundo e sujeito a inundações, ao noroeste de Frankfurt, pouco antes de alcançar os contrafortes do Taunus. Ele é pontuado por alguns vilarejos: Rodelheim, Hausen, Praunheim, Hedderheim. Em 1925, os subúrbios de Frankfurt alcançavam o rio em apenas um ponto, na estrada que leva a Hedderheim, deixando um grande vazio urbano entre os vilarejos e Frankfurt.

O trabalho de Ernst May consistiu em dar forma e *status* a esta parcela do território, que se tornou um parque público, à imagem dos grandes parques londrinos. Ao redor do parque, os vilarejos, conectados pelos *Siedlungen*, formaram um anel de urbanização, pontuado por espaços abertos secundários. Os jardins e caminhos formam um sistema contínuo e independente da rede viária, antecipando a teoria das 7V que 30 anos depois seria aplicada em Chandigarh por Le Corbusier.

Em primeiro lugar, May procurou definir claramente os limites do parque. Ao norte é limitado pelos *Siedlungen* Römerstadt, Praunheim e Westhausen, mas o projeto previa isolar o parque dos subúrbios do século XIX por meio de um cinturão de pequenos *Siedlungen*, a fim de controlar totalmente os limites da cidade. Os *Siedlungen* Höhenblick, Raimundstrasse e Miquelstrasse apenas podem ser compreendidos como parte de uma visão global: implantados nas extremidades da área urbanizada, eles formam esta nova "frente" para o parque. O projeto do Nidda, na verdade, começa nos bulevares do século XIX, como um prolongamento do jardim botânico e do parque Gruneburg.

Hoje, a cidade apenas nos dá uma leve ideia do que havia sido previsto. As partes norte dos *Siedlungen* Praunheim e Römerstadt não foram executadas, e o recente centro comercial de Norweststadt contradiz o projeto de May. A área livre central se tornou uma "terra de ninguém" atacada em suas margens pela urbanização descontrolada. Somente o tratamento da margem direita do rio Nidda, ao longo de não mais de 500 m, nos permite reconstituir o conjunto. Para uma melhor compreensão, analisaremos em detalhes os *Siedlungen* Römerstadt e Westhausen, dando atenção especial ao plano geral e à articulação dos bairros, assim como ao tratamento das vias e bordas.

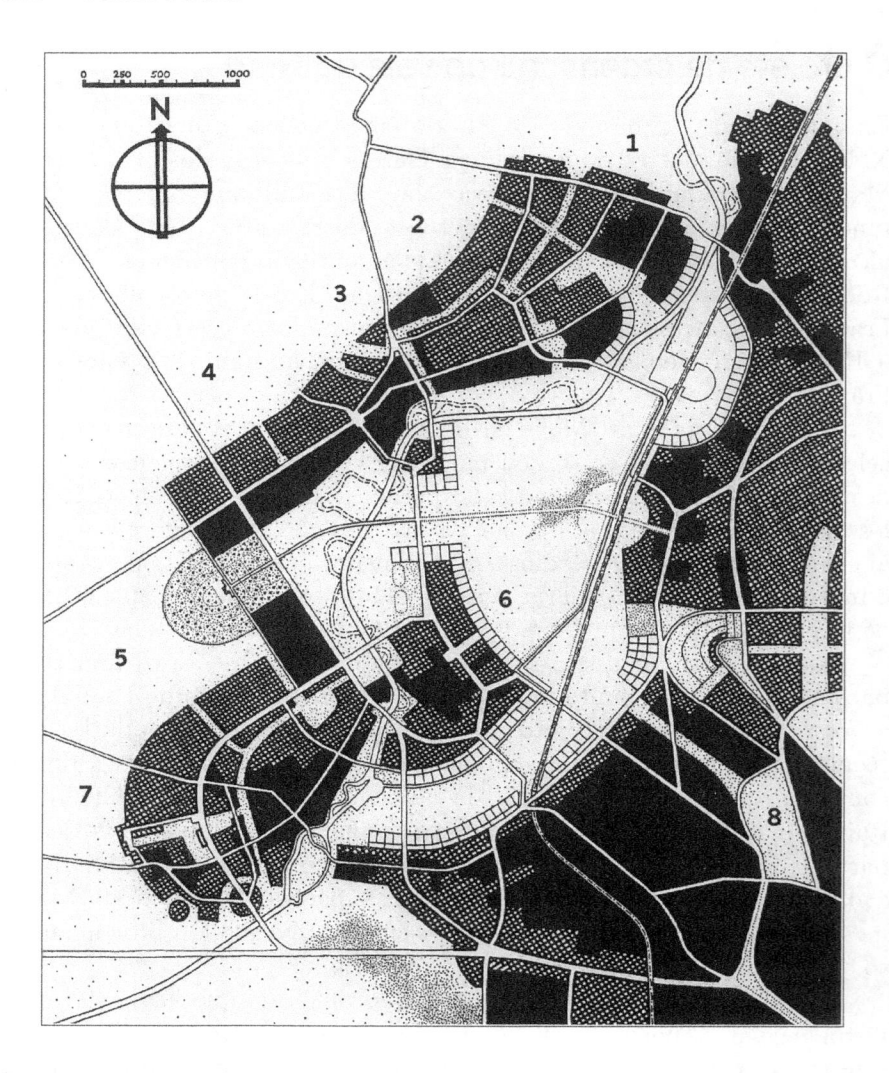

Figura 36 Ernst May: Plano de urbanização do vale do rio Nidda (*Das neue Frankfurt*, no. 2/3, 1930).

Em negrito: a urbanização antiga e os *Siedlungen* realizados; hachurados: as intervenções planejadas.
1. Hedderheim (vilarejo)
2. Römerstadt (*Siedlung*)
3. Alt Praunheim (vilarejo)
4. Praunheim (*Siedlung*)
5. Westhausen (*Siedlung*)
6. Hausen (vilarejo)
7. Rödelheim (vilarejo e *Siedlung*)
8. Jardim botânico

O *Siedlung* Römerstadt

O Römerstadt, a primeira parte de um conjunto muito grande que jamais será concluído, foi construído de 1927 a 1928 pela empresa Gartenstadt A. G. e engloba 1.220 moradias.[76] Assim como no projeto do Nidda, Ernst May colaborou diretamente neste projeto, com H. Böhm e W. Bangert no plano geral e com C. H. Rudloff na arquitetura dos prédios. Os arquitetos Blattner, Schaupp e Schüster ficaram encarregados das escolas.

O *Siedlung* está localizado entre a estrada "In der Römerstadt", que conecta o rio Nidda aos vilarejos de Praunheim e Hedderheim. O princípio geral é bastante simples. Perpendicularmente à estrada, uma via distribuidora reúne os equipamentos públicos, como lojas e escolas. Em ambos os lados há ruas com moradias, paralelas ao vale e ligeiramente escalonadas, cortadas por alguns caminhos que formam uma série de belvederes com vistas para os jardins nas margens do Nidda.

May submeteu este esquema a certas deformações a fim de adaptá-lo ao terreno e diferenciar os bairros, segundo os princípios de urbanismo pitorescos de Unwin.

A via de distribuição, a Hadrianstrasse, forma duas curvas sucessivas, cujas partes internas foram ocupadas por edifícios contínuos e, de frente a eles, as ruas perpendiculares foram distribuídas em ziguezague. Este leiaute de curvas opostas e ziguezagues, que interrompia as perspectivas, ressalta o caráter privado dessas vias secundárias. Em ambos os lados da Hadrianstrasse, as vias apresentam duas geometrias diferentes: uma rua contínua e curvilínea a nordeste (im Heifeld, an der Ringmauer), fragmentada e retangular ao sudeste (Mithrastrasse, im Burgfeld) – duas maneiras diferentes de indicar que são apenas vias de acesso local.

---

[76] A distribuição das unidades de moradia em Römerstadt é a seguinte:

NÚMERO DE CÔMODOS					m^2	ALUGUEL MENSAL (*RENTENMARK* DE 1930)	TIPO DE MORADIA
1	2	3	4	5			
	240				48	52	APARTAMENTO
	308				66	69	
		226			75	90	CASA UNIFAMILIAR
		395			88	100	
		49			106	125	
				9	130	160	

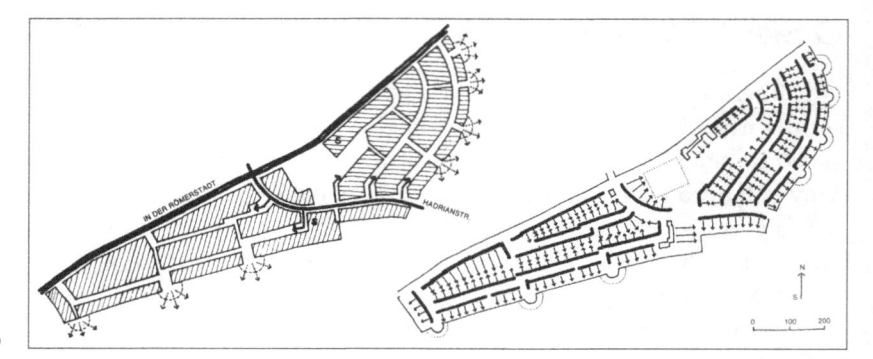

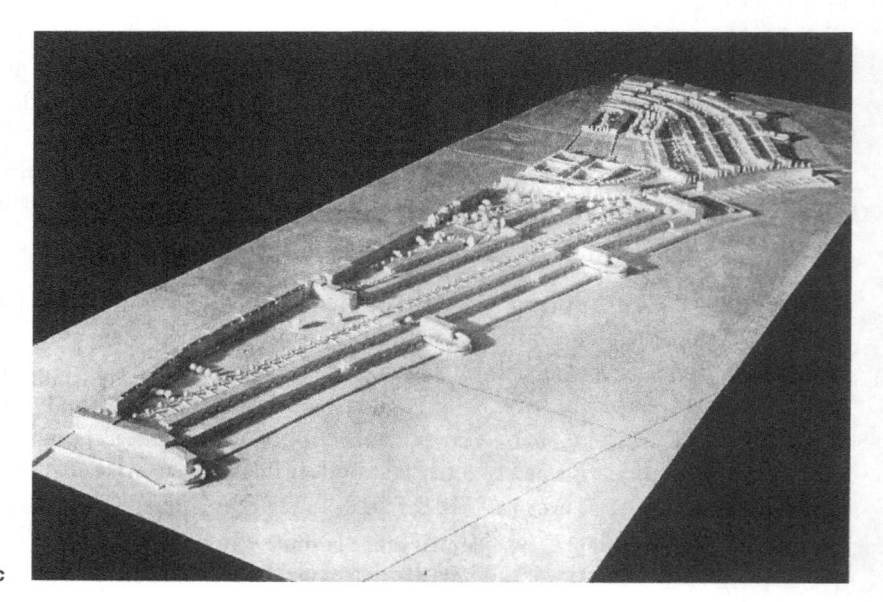

Figura 37 Ernst May: o *Siedlung* Römerstadt.
    a. Distribuição das unidades.
    b. *Status* dos espaços. Ainda que as edificações estejam isoladas entre si, o conjunto funciona como um "tecido urbano" tradicional, mostrando claramente as diferenças e os contrastes entre frentes e fundos.
    c. A grande "muralha" da periferia do vale corresponde ao fechamento da cidade antiga (fotografia de uma maquete).

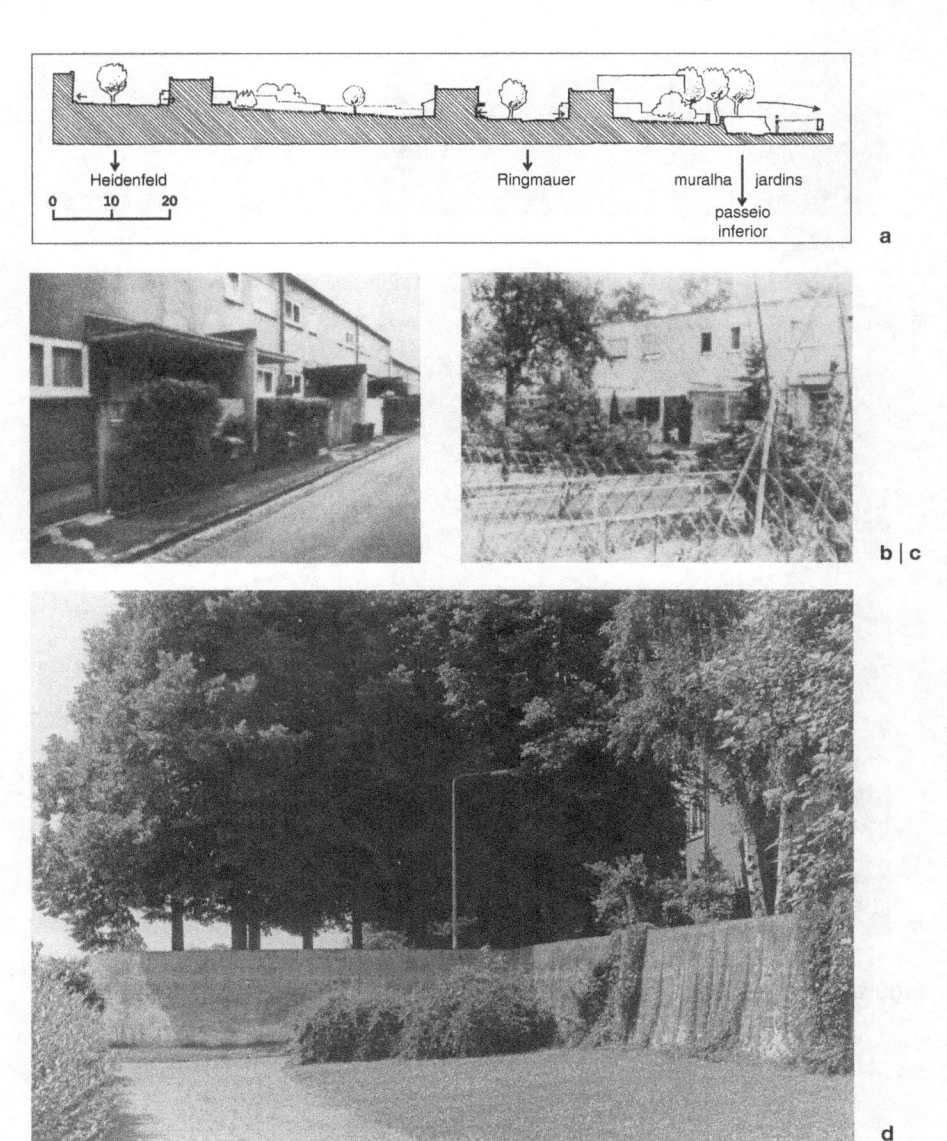

Capítulo 4   A nova Frankfurt e Ernst May: 1925-1930   **127**

Figura 38   Ernst May: o *Siedlung* Römerstadt e suas faixas.
    a. Corte esquemático das casas em fita, mostrando o declive do terreno.
    b-c. O contraste entre as fachadas principais e as dos jardins de fundos.
    d. A muralha que delimita o *Siedlung*, com seu passeio panorâmico e os pés de tília.

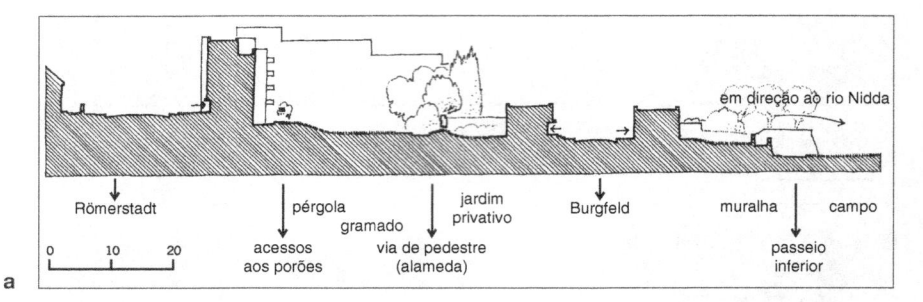

Figura 39 Ernst May: o *Siedlung* Römerstadt, edifícios altos.
  a. Corte esquemático mostrando a adaptação ao relevo do terreno.
  b. Uso coletivo do interior da quadra: o anteparo formado pela pérgola isola a parte "suja" ou de serviço (saída dos porões, lixeiras, pingos de óleo dos ciclomotores) do jardim.

Dentro dos dois bairros há um grande número de unidades: séries de casas em fita ou edifícios com apartamentos associados aos jardins, separados por caminhos que levam aos belvederes, gerando variações no tema da quadra.

As fileiras de sobrados, cuidadosamente orientadas em relação às ruas, determinam um espaço interno ocupado por jardins privativos, inacessíveis pela parte noroeste e atravessados por uma alameda na parte sudoeste. Nas últimas duas fileiras de casas, no limite do vale, os jardins estão voltados para alamedas, formando um passeio no alto da muralha; a extremidade de cada fileira é marcada por um prédio de apartamentos mais alto, voltado para a esplanada. Além disso, os acessos em ziguezague que saem da Hadrianstrasse são marcados por edifícios, repetindo a solução inglesa de mudar o tipo de unidade no final dos casarios. Ao longo da via "In der Römerstadt" e da Hadrianstrasse, os prédios enfatizam a orientação das fachadas. As fachadas onde estão os acessos para a rua contrastam com as posteriores, marcadas por balcões. A cor dos rebocos externos também reforça a diferenciação: eles são vermelhos na "In der Römerstadt" e brancos na fachada posterior. O espaço interno, embora seja acessível pelas extremidades, faz outro contraste com a rua. Ele é fracionado em zonas distintas, cada zona governada por suas próprias regras: a parte "suja" (de serviço) está relacionada com os porões e é mascarada pelo talude e pelas pérgolas; a parte de lazer e passeio, com gramados e passeios (alamedas) é circundada por grupos de jardins privativos (para os inquilinos dos apartamentos), tratados como pequenos bosques de um parque clássico.

O *Siedlung* Westhausen

Previsto para 1.532 moradias,[77] o Westhausen jamais seria concluído por Ernst May. Sua construção (1929–1931) estava ao cargo de duas em-

---

[77] A distribuição das unidades de moradia em Westhausen é a seguinte:

	NÚMERO DE CÔMODOS					m^2	TIPO DE MORADIA
	1	2	3	4	5		
1929			210			41	CASA PARA DUAS FAMÍLIAS
			216			47	APARTAMENTO
1930			754			41	CASA PARA DUAS FAMÍLIAS
			180			47	APARTAMENTO
1931			190			45	APARTAMENTO
				40		61	CASA UNIFAMILIAR
				32		57	

O aluguel mensal corresponde a 1,20 M/m^2, e as superfícies são sensivelmente reduzidas em relação ao Römerstadt. Fonte: *Das neue Frankfurt*, 2-3 de fevereiro/março de 1930.

presas: a Gartenstadt A. G., que já mencionamos no Römerstadt, e a Nassarische Heimstatte. Embora os mesmos colaboradores tenham se envolvido com o projeto do conjunto, já que ele faz parte do projeto do Nidda, a arquitetura das edificações estava a cargo de outro grupo, E. Kaufmann, F. Krammer e Blanck, com a participação de arquitetos privados, O. Fuster e F. Schüster. Este conjunto habitacional foi seriamente danificado com os bombardeios de 1944, e suas partes destruídas foram reconstruídas em 1949 de acordo com o projeto original.

O conjunto Westhausen, um bom exemplo dos princípios racionalistas, se localiza ao longo da Ludwig Landmannstrasse (antiga Hindenburgstrasse), uma via principal norte-sul que leva ao centro de Frankfurt e cuja faixa central acomoda uma linha de bonde. A partir da via principal, duas vias secundárias levam a uma grelha regular formada por duas vias norte-sul (Zillestrasse e Kollwitzstrasse) e quatro leste-oeste (Egestrasse, G. Schollstrasse, J. Kirchnerstrasse e S. Heisestrasse).

Os edifícios mais altos

O limite leste, ao longo da via principal, é ocupado por prédios relativamente altos (quatro pavimentos), distribuídos ao longo de vias de pedestre, equidistantes e perpendiculares às vias. O *status* dos espaços entre os prédios está diretamente relacionado ao problema do acesso: a zona "limpa" e uniforme fica no lado norte, acompanhando a via de acesso; já a zona fragmentada, ajardinada e oculta no lado sul, corresponde aos jardins apropriados pelos apartamentos térreos. Entre esses jardins e a zona de entrada do prédio adjacente, havia outra série de jardins privativos para os moradores dos pavimentos superiores. Algumas cercas-vivas bastante altas evitavam os conflitos entre frente e fundos que a disposição do conjunto provocaria. Da mesma maneira, ao sul, haveria outros prédios alinhados com a via principal, mas sua realização tardia e incompletude não permitem que fiquem bem distintos.

As casas em fita

O resto deste *Siedlung* é composto de casas em fita norte-sul servidas por vias de acesso local perpendiculares às de distribuição. Cada casa acomoda duas famílias.[78] No lado contrário ao das vias de acesso local, há dois

---

[78] Alojar várias famílias sob o mesmo "teto" é parte da tradição da classe operária alemã. Tenhamos em consideração que as medidas implementadas por Ernst May para resolver a crise habitacional incluíam construir rapidamente um grande número de pequenas moradias que posteriormente poderiam ser conectadas para formar unidades maiores.

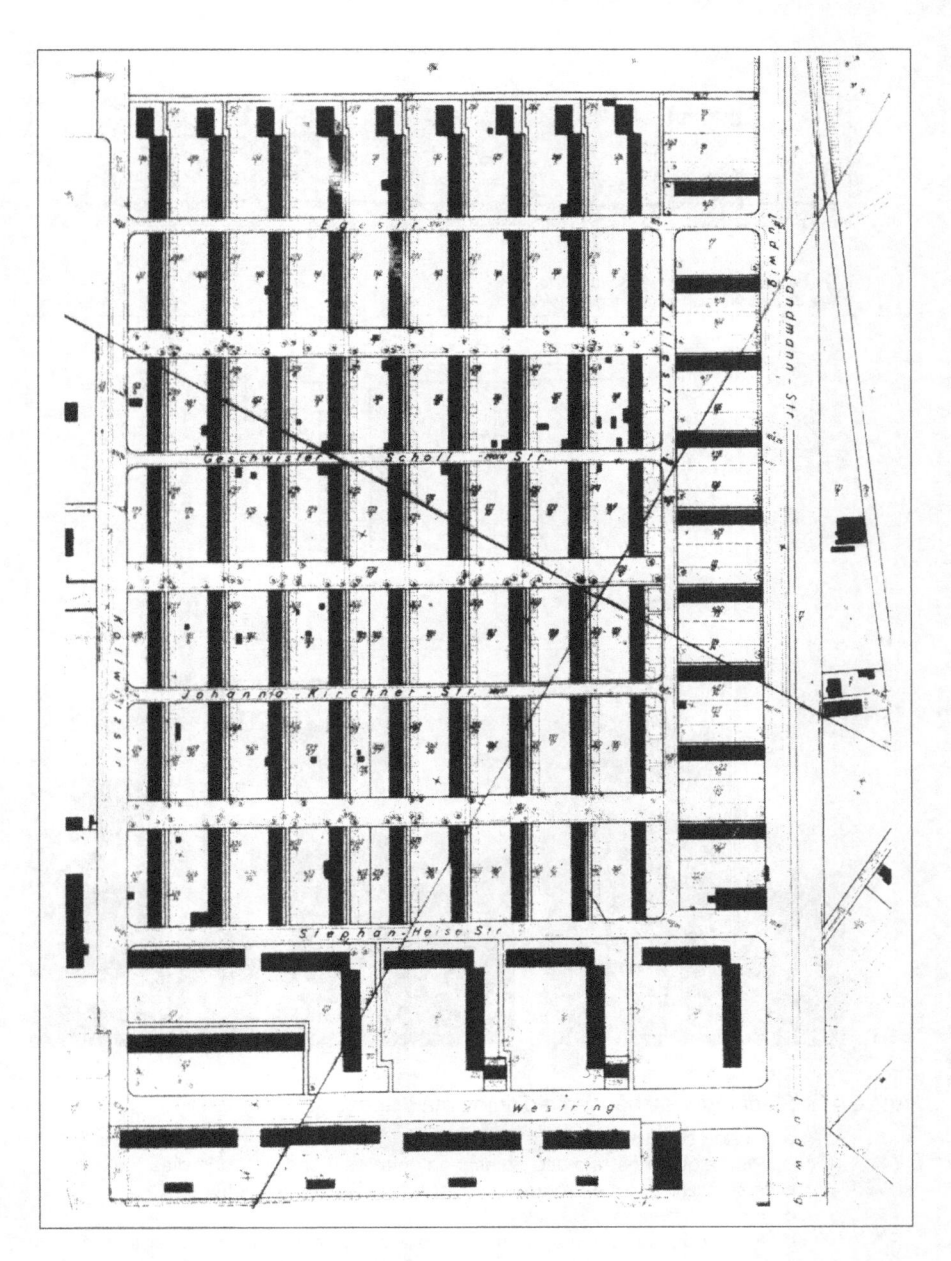

Figura 40 Ernst May: o *Siedlung* Westhausen (planta cadastral atual).
As soluções pitorescas de Römerstadt aqui dão lugar a uma organização sistemática, como um prenúncio da Carta de Atenas.

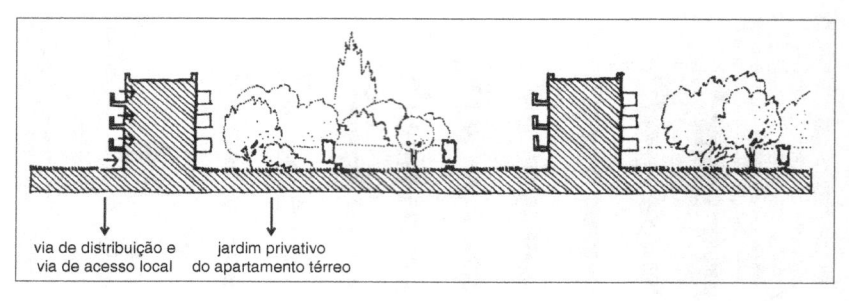

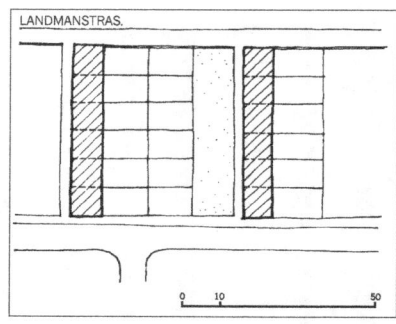

Figura 41 *Siedlung* Westhausen: edifícios mais altos.
a. Corte esquemático.
b. Planta que mostra o uso do espaço entre os blocos de moradias horizontalizados, que produzem os jardins privativos e coletivos.
c. Fachada principal (de acesso).
d. Fachada posterior: a apropriação do jardim por parte dos apartamentos térreos devolve ao prédio uma "orientação", conferindo privacidade à parte de trás.

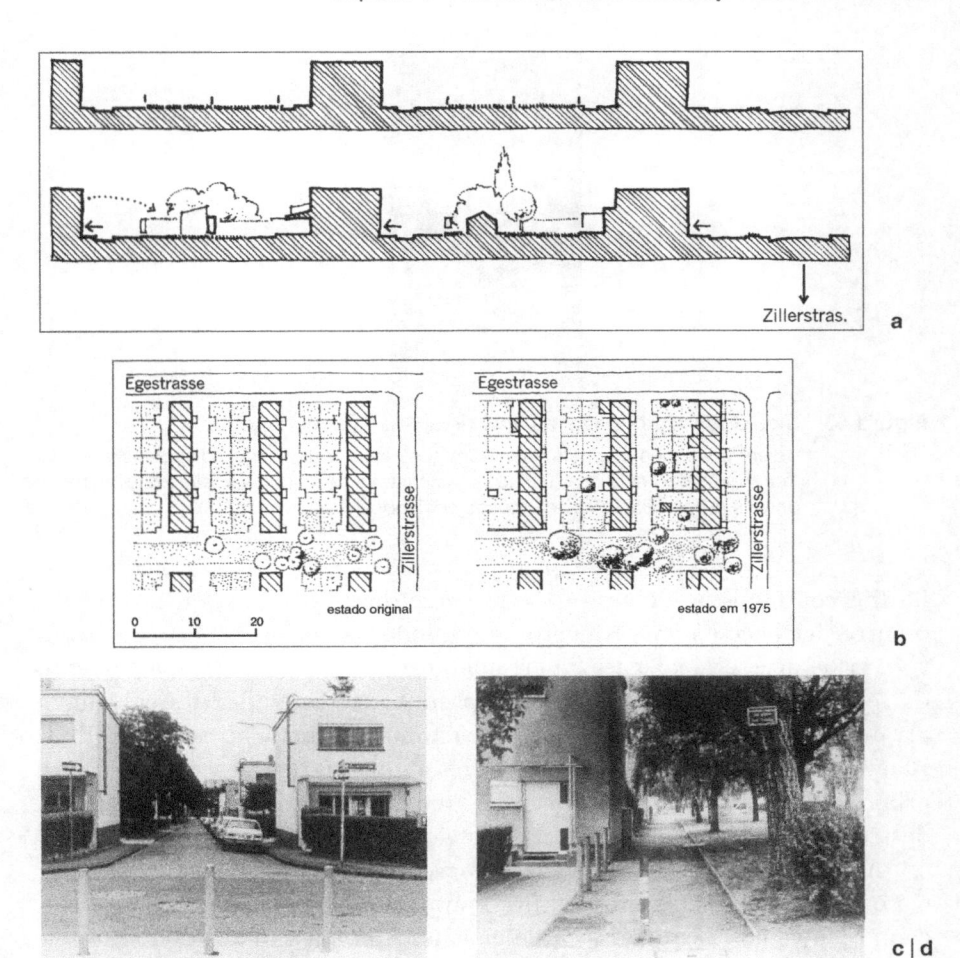

Capítulo 4 A nova Frankfurt e Ernst May: 1925–1930

Figura 42 *Siedlung* Westhausen: as casas em fita, com dois apartamentos por unidade.

a-b. Estes croquis mostram as modificações introduzidas na organização do jardim ao longo de 50 anos de uso: as vias arborizadas são mantidas junto às fachadas principais, mas desaparecem nos fundos. Os moradores dos apartamentos térreos se apropriaram dos jardins contíguos ao fundo, onde construíram anexos ou depósitos.
c-d. Lotes de esquina: o comércio se beneficia da possibilidade de ampliação oferecida pelo jardim conectado às vias de circulação.

Figura 43 *Siedlung* Westhausen: as vias de acesso às moradias.

As entradas, que originalmente eram aos pares, foram separadas pelos moradores por meio de canteiros. A circulação de veículos é feita por uma rede de vias perpendiculares aos blocos edificados.

jardins contíguos; um é um prolongamento direto do apartamento térreo, o outro pertence ao apartamento do segundo pavimento. A sequência entre via de acesso local/casa/apartamento térreo/jardim do apartamento do segundo pavimento, que é repetida em todas as unidades, reproduz o arranjo observado nos edifícios de apartamentos mais altos. Entre duas ruas e perpendiculares aos casarios, há alguns vazios bastante grandes, arborizados, atravessando o *Siedlung*, que criam uma rede de vias de pedestre e áreas de lazer para as crianças.

Aqui já não existe a variedade que observamos no *Siedlung* Römerstadt, e a organização dos casarios em fita tem uma relação muito fraca em relação à que vemos nas quadras tradicionais. Ainda assim, a orientação das fachadas se mantém e se favorece a apropriação de jardins.[79] Neste leiaute, aparecem três problemas: a relação entre os jardins e as habitações dos pavimentos superiores, as vias de acesso e as quinas.

Originariamente, havia uma via de pedestre entre as moradias e os jardins dos apartamentos térreos, e o espaço entre as duas faixas era considerado um grupo de hortas. Os moradores do pavimento térreo rapidamente decidiram impedir a circulação de pessoas junto a suas unidades e se apropriaram dessas vias, incorporando esses espaços a suas moradias e até mesmo construindo uma área de estar externa ou um prolongamento

---

[79] O programa de manutenção recente retirou progressivamente todas as ampliações, varandas e pérgolas que haviam surgido nas fachadas posteriores e que ainda podiam ser vistas em 1973.

de suas salas de estar, o que as pérgolas com estrutura de aço facilitaram. As "hortas" passaram para o fundo dos jardins.

A situação dos jardins pertencentes aos apartamentos do segundo pavimento era diferente, pois não tinham como fazer uma ampliação direta de seus espaços de estar. Em alguns casos, eles foram negligenciados, abandonados ou anexados pelos jardins dos apartamentos térreos. Às vezes também foram utilizados de modo bastante utilitário para o cultivo de legumes ou para a construção de um depósito. Nos casos em que foram efetivamente aproveitados como jardins, com espaços de estar, bancos, pérgolas, balanços, etc., foram voltados para a via de pedestre e criaram uma frente para aquele lado do jardim. No primeiro bloco de casas em fita da Zillestrasse, os jardins dos segundos pavimentos ficam na frente do bloco, e, excepcionalmente, o acesso pode ser feito pelas vias de pedestre no eixo das portas. Muito expostos ao olhar dos transeuntes, esses jardins foram reduzidos a gramados ornamentados com algumas plantas decorativas e desempenham um papel meramente representacional.

O *status* das vias de pedestre é ambíguo, pois elas correm por trás dos jardins. As entradas das moradias, agrupadas aos pares e marcadas por alguns degraus, definem um espaço frontal enfatizado por uma floreira, que confere certa privacidade às janelas dos apartamentos térreos. Na frente de cada entrada, um espaço fechado no jardim oculta as latas de lixo. Às vezes os moradores não gostam dessa disposição e tentam esconder este espaço e colocar o lixo em outro local.

Ao contrário dos *Siedlungen* anteriores, Ernst May não previu uma unidade diferente na extremidade de cada casario, nem qualquer mureta curva nas esquinas, como fizera na última fase de Praunheim.[80] Assim, o jardim do último lote é diretamente visível da rua, e os moradores resolveram o problema plantando cercas-vivas ou construindo muretas. No entanto, o lote de esquina, por ser bastante acessível e o único diretamente atendido por veículos, se tornou o lugar ideal para o comércio. Das cinco lojas que foram abertas em Westhausen (e que não haviam sido originalmente previstas), cinco se localizam em lotes de esquina, e uma fica na Zillerstrasse, ou seja, no único bloco com fachada para uma via de automóveis.

---

[80] Nas extremidades dos blocos ao longo da Messel Weg, C. Sitte Weg, H. Tessenov Weg, etc., a última ou as duas últimas casas são levemente maiores que as demais, o que resulta em um volume posterior saliente. Um muro de concreto de cerca de 2 × 2 m prolonga a empena e evita as vistas laterais. Os moradores muitas vezes ampliaram este muro, consequentemente também aumentando suas privacidades. Em outros casos, o utilizaram para apoiar uma cobertura, criando um terraço coberto, ou seja, um cômodo extra.

A quadra em Frankfurt

Ampliação e dissolução do conceito de quadra

A fim de avaliar o caráter experimental das propostas de Ernst May e a evolução dos modelos de arquitetura postos em prática em Frankfurt, é preciso examinar a cronologia dos projetos e das execuções, distinguindo, de um lado, suas plantas e volumes e, de outro, seu vocabulário formal. Esta distinção é útil: a passagem da cidade-jardim ao racionalismo ocorreu paulatinamente, às vezes em um aspecto e às vezes em outro. Da mesma maneira, Watergraafsmeer (Betondorp), em Amsterdã, construída a partir de 1922, apresenta em planta as características da cidade-jardim tradicional e não difere das outras cidades-satélite previstas no plano de Berlage. Todavia, os prédios projetados por J. B. van Loghem, W. Greve e, sobretudo, D. Greiner já empregavam todo o vocabulário e as técnicas de construção da arquitetura moderna e, portanto, rompiam deliberadamente com a Escola de Amsterdã.[81]

Por outro lado, o *Siedlung* Freidorf, na Basileia (Suíça), uma obra de Hannes Meyer um pouco anterior (1919–1921) conjuga um vocabulário formal bastante convencional (similar ao de May em Breslau, na mesma época) para uma racionalização dos tipos de construção e, principalmente, da implantação, que, seguindo o exemplo das vilas operárias das fábricas Krupp, anunciam Praunheim 3 e Westhausen. Essa obra de H. Meyer marca uma ruptura com a influência da cidade-jardim inglesa, ainda muito forte no seu projeto anterior, do *Siedlung* Margarethenhole (Essen, 1916).[82] A partir de 1925, May avançou em duas direções ao mesmo tempo: a definição clara dos princípios de urbanismo de uma vez por todas e a realização de experiências únicas em cada um de seus projetos.

Com uma exceção (o *Siedlung* Riederwald), a primeira fase de implementação, iniciada em 1926 com a definição de um plano geral, representou uma intervenção no tecido urbano existente. Assim como Berlage sugeriu em Amsterdã, o plano propunha continuar o desenvolvimento

---

[81] Este empreendimento, que marca um passo importante na evolução da arquitetura habitacional da década de 1920, talvez tenha inspirado May: ele já estava completo na época do congresso de 1924 e era amplamente apresentado como a experiência do momento. Assim, parece improvável que May não o tenha visitado.

[82] Hannes Meyer, assim como Ernst May, passou um período na Inglaterra (1912–1913). Seu interesse principal era a questão das cidades-jardins. C. Schnaidt, *Hannes Meyer, Bauten, Projekte und Schriften*, Teufen, A. Niggli, 1965.

urbano do século XIX (Niederrad, Bornheimerhang, Höhenblick), delimitá-la com clareza, dar-lhe uma "fachada" contínua. A primeira fase de Praunheim, do outro lado da cidade, junto à margem direita do rio Nidda, ainda que não seja uma área propriamente urbana, pode ser considerada como o início para o desenvolvimento do vilarejo. Em todos esses casos, o traçado viário, respondendo ao contexto, conectava as vias existentes e reforçava a hierarquia dos espaços; a volumetria seguia o traçado, por meio de alguns recursos que nos sugerem influências holandesas: marcação das esquinas, tratamento das praças, continuação nas fachadas principais, etc. O vocabulário formal, já racionalizado, ainda mostrava alguns elementos pitorescos, como a entrada na Bornheimerhang, a torre e as esquinas da Niederrad, a disposição e os ritmos das aberturas; mas essas primeiras experiências ofereceram para May a oportunidade de testar seus "tipos" e de começar a produção industrial dos elementos construtivos.

Esta primeira fase urbana foi sucedida por um conjunto de *Siedlungen* no qual May fez uma síntese entre a ambiência da cidade-jardim e o vocabulário da arquitetura moderna. Römerstad e Praunheim, para citar dois exemplos mais significativos deste período, são extensões diretas dos princípios de Unwin.

Na verdade, as diferenças que caracterizam estas duas primeiras fases derivam mais do contexto e da implantação dos projetos em relação à cidade do que de uma mudança na teoria. A proximidade das datas dos projetos e a presença dos mesmos colaboradores (H. Böhm, C. H. Rudloff) mostram que se trata de duas vertentes do mesmo pensamento. Não havia contradição, mas complementaridades entre as quadras densas de Niederrad e o tratamento "paisagístico" de Römerstadt. Em ambos os casos, a referência ao contexto e a preocupação em obter certa variedade contavam tanto quanto o desejo de racionalização.

Se nos ativermos apenas aos grandes *Siedlungen*, tudo mudou após Riedhof-West (1927-1930), que mostrou a transição, ao ser racionalista nos detalhes, embora ainda claramente fizesse referências urbanas. Com a última fase de Praunheim (1928), os princípios racionalistas se sobrepuseram ao tratamento pitoresco da cidade-jardim. Pouco a pouco são abandonadas as exceções, os prédios escalonados, as marcações das esquinas ou o tratamento das extremidades dos blocos e passou-se à industrialização e padronização. Os grandes *Siedlungen* deixaram de jogar com as diferenças na rede viária interna a um empreendimento, como acontecia nas fases anteriores, ou com a reafirmação de uma ordem urbana preexistente, e passaram à repetição sistemática de uma unidade (a casa em fita

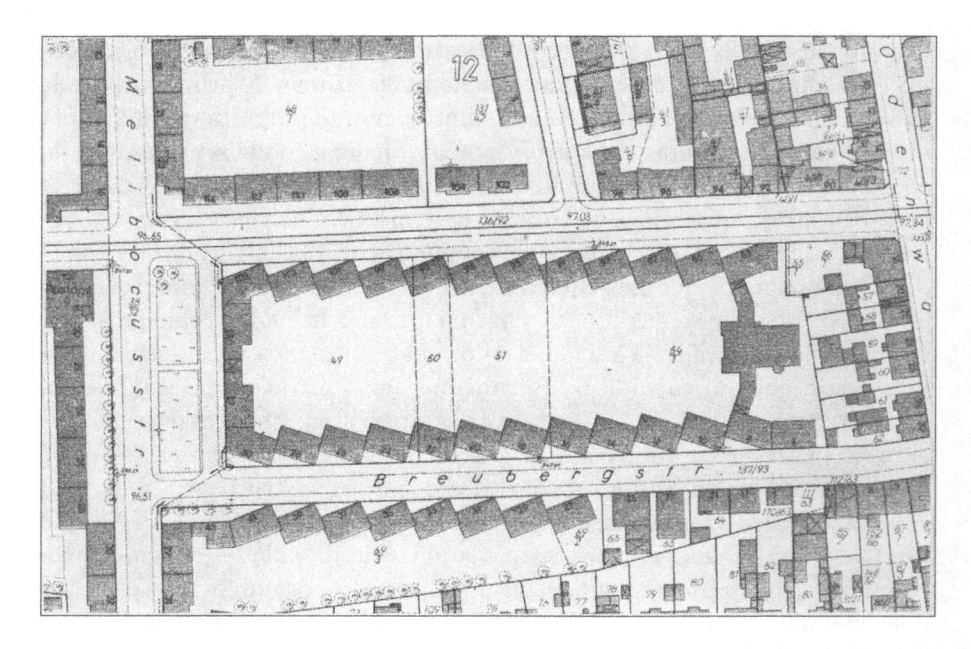

Figura 44 Ernst May: *Siedlung* Niederrad.
Planta de localização e vista do interior da quadra chamada "Zig-zag Häusen". Em uma zona suburbana caótica, o fechamento da quadra cria um jardim coletivo e protegido do tráfego.

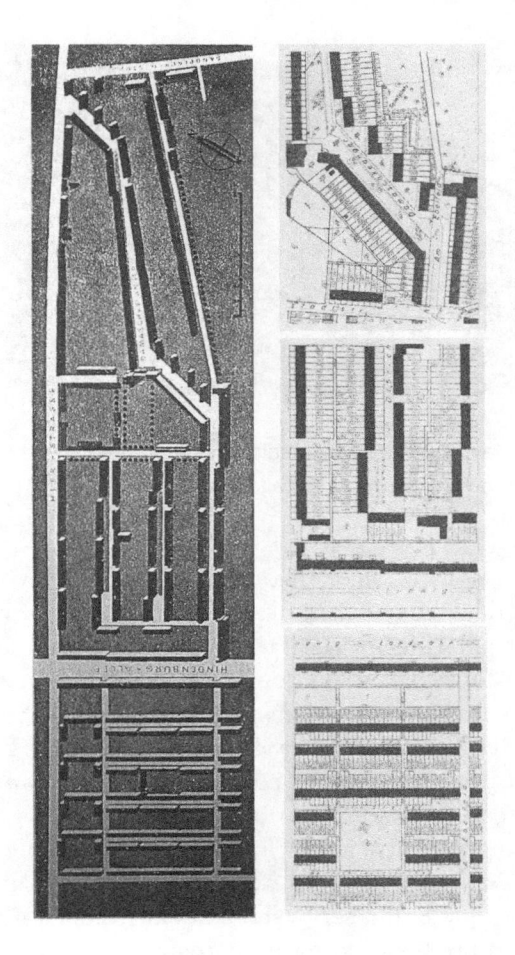

Figura 45 Ernst May: *Siedlung* Praunheim.
As três etapas da execução, ainda que pertençam a um só conceito, marcam a passagem progressiva do "pitoresco" ao "racional".

ou o edifício de apartamentos horizontalizado), desconsiderando o contexto. Eles recorriam a uma lógica combinatória simples, suprimindo todos os vestígios da quadra. Westhausen (1929), Lindenbaum (Gropius, 1930), Miquelstrasse Tornow-Gelände e Bornheimerhang 3 (1930) marcam esta evolução, cujo apogeu pode ser observado no projeto não executado do *Siedlung* Goldstein e que anunciou os planos do período soviético. Esta nova tendência, que não teve tempo de florescer em Frankfurt, correspon-

Figura 46 Ernst May: *Siedlung* Praunheim.
Edifícios de apartamentos na Landmannstrasse.

de à ascensão do espírito racionalista que seguiu no Movimento Moderno alemão, sucedendo o romantismo expressionista dos primeiros tempos. Gropius, a princípio indeciso, na mesma época se uniu ao grupo (1927–1928), com suas obras em Dammerstock e Torten, enquanto Hannes Meyer assumiu a direção da Bauhaus (1º de abril de 1928). Em La Sarraz, a fundação do CIAM já anunciava a Carta de Atenas. Em Frankfurt, a chegada de Mart Stam acelerou esta evolução, e o *Siedlung* Hellerhof, que ele próprio começou em 1929, é um bom exemplo.

A partir deste momento, a relação entre a edificação e seu contexto já não é a mesma. Nos edifícios mais altos, desaparece a sutil diferenciação entre as fachadas, que podia ser observada em Römerstadt. Em Hellerhof e Miquelstrasse, o prédio se torna indiferente ao terreno; o espaço externo, que deixa de estar orientado, perde seu *status*. Nas casas em fita ou nos prédios horizontalizados com poucos pavimentos, a desintegração do tecido não é tão grave, mas o espaço central da quadra, aquela zona intermediária com privacidade e diferenciada do domínio público, deixa de existir.

Falar destas condições seria muito arriscado, se o próprio May não houvesse exposto de modo absolutamente claro sua problemática no esquema publicado em um artigo de 1930, onde explicou sua intervenção.[83] Em quatro desenhos, com um resumo bastante surpreendente, May esbo-

---

[83] *Das neue Frankfurt*, 2–3 de fevereiro/março de 1930.

ça a história do tecido urbano no início do século XX. A série de blocos de casas em fita ou edifícios habitacionais horizontalizados, o tipo de agrupamento preferido pelos arquitetos alemães entre 1927 e 1930, é apresentada como um resultado lógico da evolução da quadra.

O ponto de partida é a quadra do século XIX, densa e compacta, próxima da quadra de Haussmann. A segunda fase marca o esvaziamento do centro, o fracionamento da trama e a organização da periferia da quadra: é o tipo que observamos em Amsterdã ou, com algumas variações, em Niederrad. A terceira fase testemunhou a abertura das extremidades e a redução da densidade: a quadra se resume a uma combinação de fundos de dois blocos de habitação que configuram jardins, como em Römerstadt e Praunheim e a obra de Gropius em Dammerstock. Assim, da antiga sequência:

RUA	EDIFICAÇÃO	PÁTIO	PÁTIO	EDIFICAÇÃO	RUA
PÚBLICA	PRIVATIVO/A		PRIVATIVO/A		PÚBLICA

houve uma modificação inicial, que abriu uma zona, até então oculta e privativa, criando um jardim de uso comum:

RUA	EDIFICAÇÃO	JARDIM	EDIFICAÇÃO	RUA
PÚBLICA	PRIVATIVA	COLETIVO	PRIVATIVA	PÚBLICA

ou alguns pequenos jardins conectados por uma via de pedestre:

RUA	EDIFICAÇÃO	PEQUENO JARDIM	VIA DE PEDESTRE	PEQUENO JARDIM	EDIFICAÇÃO	RUA
PÚBLICA	PRIVATIVA/O		COLETIVA	PRIVATIVA/O		PÚBLICA

então os blocos de casas em fita ou blocos habitacionais horizontalizados se tornaram autônomos, implantados em função da orientação solar, atendidos por vias de pedestres perpendiculares às ruas, que de repente se reduzem a meras vias para veículos automotores (Westhausen):

VIA DE PEDESTRE	EDIFICAÇÃO	PEQUENO JARDIM	VIA DE PEDESTRE	EDIFICAÇÃO	PEQUENO JARDIM
PÚBLICA	PRIVATIVA/O		PÚBLICA	PRIVATIVA/O	

Da quadra tradicional, permanecem dois princípios:

— há uma clara relação entre a edificação e seu terreno; a prática confirma isso reintegrando os lotes (não por meio da propriedade, mas pelo direito ao uso) onde eles não existem;

— as fachadas são diferenciadas; a prática também confirma isso controlando as fachadas principais (de acesso) e aceitando interferências pessoais nas fachadas posteriores.

Por outro lado, são abandonadas a continuidade, sua relação com a rua, sua existência e a referência à cidade.

A posterior eliminação dos jardins privativos em favor de um gramado de uso comum foi acompanhada de uma diferenciação cada vez menor entre as fachadas opostas, ao mesmo tempo que a generalização do edifício de apartamentos transforma as plantas iguais:

VIA DE PEDESTRE	EDIFICAÇÃO	VIA DE PEDESTRE	GRAMADO	VIA DE PEDESTRE	EDIFICAÇÃO
PÚBLICA	PRIVATIVA	+	PÚBLICO	+	PRIVATIVA

Os espaços privativos então se limitaram ao interior das moradias e aos balcões, enquanto o espaço público, cada vez menos diferenciado, ocupa todo o terreno não edificado.

Assim, a quadra de Frankfurt se mostra como uma ampliação do conceito tradicional (que não deixa de lado o agrupamento inglês): um agrupamento elementar de edificações sobre um terreno cujo *status* espacial é determinado pela forma edificada. A partir de 1929, a experimentação consciente da quadra rapidamente levou ao seu abandono em prol de uma combinação de edificações e vias organizadas segundo uma lógica abstrata na qual o solo se torna totalmente irreal. Fascinados com as edificações altas, os arquitetos do Movimento Moderno não demoraram para abolir as últimas distinções entre as fachadas e os diferentes pavimentos em nome da seriação, padronização e normalização. As propostas de Gropius para "edifícios lamelares" (1930–1931) já eram um prenúncio do predomínio dos conjuntos habitacionais monumentais.

Capítulo 5

Le Corbusier e a cidade radiante

A cidade radiante é um mito. Assim como as cidades ideais do Renascimento Europeu expressavam o repúdio às cidades ideais da Idade Média, que consideravam desordenadas, a cidade radiante expressa o repúdio à cidade. A cidade radiante não tem nome nem lugar – ela não existe, é um esquema. Sua seleção deve-se a nosso desejo de mostrar o ponto culminante do processo de desintegração do tecido urbano.

Exemplar pela redução teórica que faz do espaço urbano, a cidade radiante também é sintomática pela influência que teve no pensamento urbanístico dos arquitetos do pós-guerra. Mais exuberante que os grandes conjuntos que indiretamente originou e nos quais foram feitas adaptações para a localização específica, a cidade radiante é a imagem abstrata e absoluta, a ficção de um outro urbanismo.

A cidade radiante contra a cidade

H. Raymond e M. Segaud evidenciaram de modo claro os conceitos que sustentam os escritos e os desenhos de Le Corbusier para que aqui não precisemos fazer uma crítica da ideologia do arquiteto.[84] Suas duas referências favoritas em matéria de habitação, o navio transatlântico e o monastério, confirmam a obsessão pela ordem e esclarecem as relações entre a arquitetura e a cidade, entre o habitante e sua própria cultura.[85]

Com a Unidade de Habitação de Marselha, Le Corbusier materializa, ainda que parcialmente, uma ideia bastante antiga: o controle total que o arquiteto – ou a arquitetura – teria sobre a cidade, perceptível já em

---
[84] H. Raymond e M. Segaud, *Analyse de l'espace architectural*, Paris, RAUC, 1970.
[85] Sobre as referências de *Le Corbusier*, veja: S. von Moos, Le Corbusier, *l'architecte et son mythe*, Paris, Horizon de France, 1971.

1922 no projeto feito por Le Corbusier de uma Cidade para Três Milhões de Habitantes.

A mesma lógica do Plan Voisin (1925) permanece, que imagina a demolição do centro de Paris, mantendo apenas seus monumentos, aos múltiplos projetos de "cidade radiante",[86] com sua implantação abstrata, uma lógica que supera a negação da cidade para recusar qualquer condicionante imposto pela implantação. Com a exceção de Veneza, este é o reino do "padrão", ou seja, o terreno não é mais que uma plataforma para a apresentação de um objeto, uma máquina-escultura, determinada de modo abstrato. Le Corbusier não respeita o meio rural: "Apenas algumas belas casas de campo, alguns belos celeiros, certos estábulos recentemente construídos são aceitáveis e devem ser preservados, o resto deve ser demolido e reconstruído de maior tamanho."[87]

É preciso fazer uma "tábula rasa", manter apenas alguns testemunhos monumentais do passado, perante os quais é necessário erguer as unidades de habitação, como os monumentos do presente. A cidade é reduzida a seus monumentos, à arquitetura, ao seu aspecto monumental. O terreno é limitado a alguns dados elementares: sol, áreas verdes, montanha, horizonte; o espaço já não é apreendido em termos de diferenças, mas de valores absolutos, eternos. O habitante, denominado usuário, é um nômade cuja vida cotidiana se limita a alguns gestos funcionais e calibrados: 1,13 m, 2,26 m.[88]

Parece-nos que o projeto para uma cidade radiante perto de Meaux (1956) é um bom exemplo de aplicação dos princípios de Le Corbusier. Sua publicação no volume das *Oevres Complètes* [Obras completas], ao

---

[86] Para Le Corbusier, o edifício isolado a princípio não é mais que um arranha-céu de escritórios. No Projeto de uma Cidade para Três Milhões de Habitantes, as casas são projetadas dentro de blocos escalonados ou como vilas que retomam o princípio da quadra, do mesmo modo que ocorre em todos os projetos de urbanismo até a Guerra. Será preciso esperar até o edifício Clarté, de Genebra (1930– 1932) para ver uma edificação isolada destinada a moradias, obra simultânea ao Pavilhão Suíço da Cidade Universitária. Assim, o edifício isolado não estará sujeito a qualquer processo de sistematização, e o princípio da unidade de habitação não assumirá sua forma definitiva até 1945, com o projeto de urbanização de Saint-Dié, simultaneamente aos estudos preliminares para Marselha, para depois seguir com os projetos de urbanização de La Rochelle-Pallice (1946), Marseille-Veyres (1947), etc. Contudo, a Cidade Universitária do Rio de Janeiro (1936) foi um prelúdio para a implantação sistemática de uma série de prédios isolados. Mas ela chega com atraso, pois já haviam sido feitos os contatos com o CIAM e a União Soviética, que precederam o racionalismo alemão. Veja Le Corbusier, *Oeuvres complètes*, Zurique, Éd. d'Architecture, 8 vol.

[87] Le Corbusier, *Les trois établissements humains* [1945], Paris, Éditions de Minuit, 1959.

[88] Le Corbusier, *Le Modulor*, Paris, Éditions de l'Architecture d'Aujourd'hui, 1948 e 1955, 2 vol.

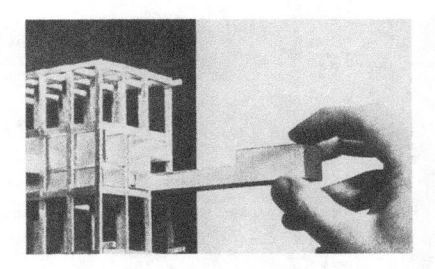

Figura 47 Le Corbusier: o princípio da unidade de habitação.

final do capítulo dedicado às unidades de habitação, e no "Trois Établissements Humains" demonstra que é um projeto que seu autor julgava exemplar. Cinco "unidades de habitação de tamanho uniforme", rigorosamente orientadas com as fachadas maiores para o norte e o sul, e dois cilindros, as "torres dos solteiros", são lançadas sobre um tapete onde se cruzam as diferentes vias (vias expressas e locais para automóveis, ciclovias e vias de pedestre) que comunicam as unidades aos equipamentos urbanos e à autoestrada que leva a Paris (RN 3).

Não é nosso propósito nos estendermos na discussão sobre a segregação das diferentes atividades que resulta deste zoneamento nem sobre a incapacidade que a arquitetura demonstra em atender a várias funções com apenas uma forma. O que nos interessa é a inversão completa de perspectiva deste projeto em relação à cidade tradicional, bem como a outros exemplos que anteriormente estudamos.[89] Cada edifício é concebido isoladamente, com uma postura arrogante e de natureza abstrata; a "composição" do conjunto deriva diretamente de uma prática pictórica que já não faz referência à organização de um tecido urbano que respeite o sítio preexistente. A partir deste momento, a cidade, vista em uma perspectiva aérea, é como uma maquete: uma coletânea de objetos que são manipulados como se fossem isqueiros expostos em uma prateleira.

---

[89] Esta mudança de perspectiva não encontra equivalente anterior, exceto nos projetos soviéticos de casas comunitárias (1929) que evidentemente influenciaram bastante Le Corbusier quando definiu a unidade de habitação, bem como, ainda que em grau menor, os edifícios lamelares de Gropius (1931).

146 Formas Urbanas

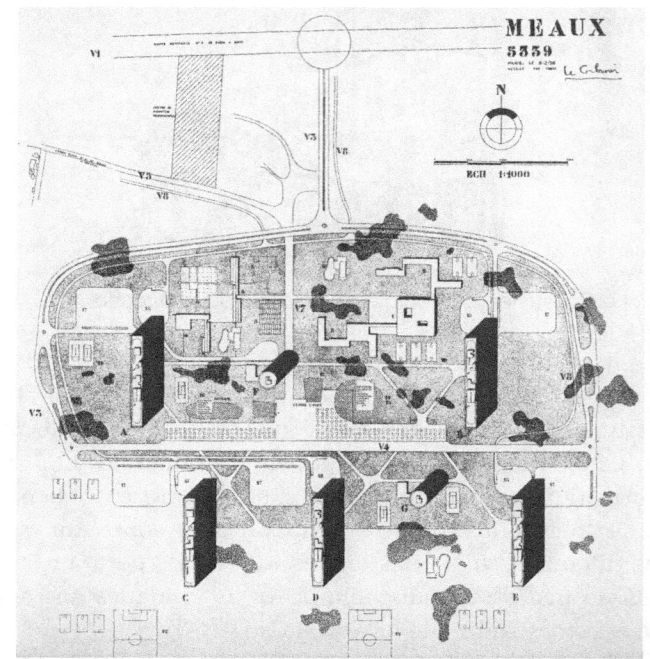

Figura 48 Le Corbusier.
    a. A Cidade Radiante (projeto para Meaux).
    b. Unidade de Habitação de Marselha.

A quadra vertical

A indiferença de Le Corbusier perante o contexto costuma ficar oculta por seu discurso de uma visão espetacular na qual a paisagem é tudo. Para que possamos avaliar concretamente este desdém, é preciso começar pelo solo. Assim como a cidade radiante não tem nome nem lugar, a Unidade de Habitação não tem solo, ou seja, ela o recusa, se distancia dele, se eleva por meio dos pilotis, se abstrai. Esta negação do solo, previamente expressa na Vila Savoye ou nos projetos Dom-ino, alcançará seu apogeu em La Tourette, "concebida a partir do céu". Os pilotis não são apenas um meio para elevar o edifício, torná-lo mais visível: implicam também a recusa, no nível do pedestre, de qualquer relação possível que não seja a pura contemplação.

Tudo deriva disso: os pilotis vêm junto com a recusa à "rua-corredor", a rua explode em autoestradas exclusivas para os automóveis e em "ruas internas" – a rua deixa de ser um corredor, o corredor se transforma em rua. Os elementos tradicionais da quadra são recortados, repensados e reconsiderados nesta nova unidade que nos é apresentada como uma quadra vertical[90] onde se invertem e se contradizem todas as relações.

A tabela a seguir, sem ser exaustiva, apresenta a nova proposta de "montagem":

	TECIDO URBANO TRADICIONAL	LE CORBUSIER
ACESSO À MORADIA	NA FACHADA E AO AR LIVRE	CENTRAL E ESCURO
COMÉRCIO	PAVIMENTO TÉRREO, NA RUA	PAVIMENTO ELEVADO, COM GALERIA
EQUIPAMENTOS URBANOS	PAVIMENTO TÉRREO, NA RUA, OU NO FUNDO DE UM LOTE	NO ALTO (CRECHES) OU EM UM "ESPAÇO VERDE"
ESPAÇO LIVRE	INTERIOR E OCULTO (PÁTIOS)	EXTERIOR E À VISTA (PILOTIS)
RUA	EXTERNA	INTERNA

Sentimo-nos inclinados a pensar que tal inversão proíbe o desenvolvimento de um estilo de vida segundo os hábitos estabelecidos; e o projeto social de Le Corbusier sem dúvida implica uma transformação completa na vida dos habitantes. Toda referência a uma vida urbana, à

---

[90] A densidade urbana tradicional em uma quadra de 200 × 200 m (4 ha) era de 1.600 habitantes. Nos textos dos CIAM, este esquema de quadra é frequentemente citado.

vida da quadra tradicional, é abolida: desaparecem as ideias de "esquema", de "outro lado da rua" ou "casa ao lado".

De Marselha a Firminy, ou a desmaterialização da parede

A inversão dos espaços que citamos se manifesta no nível da célula e culmina com o papel outorgado às paredes. O prolongamento das moradias, antes ocultas (fachada para o pátio, jardim individual), se torna a fachada do edifício que será compreendido em dois níveis: o nível global e do exterior e o nível individual e do interior.

No primeiro nível, o global, o importante é o desenho da fachada. Aqui se revela o repertório formal de Le Corbusier no pós-guerra: concreto aparente, parapeitos com elementos vazados, brises que conferem ao prédio uma imagem de força e estabilidade. Em Marselha, as variações rítmicas das diferentes vigas de borda e as lâminas verticais da galeria comercial criam uma complexidade que desde o início chama a atenção; a composição do arquiteto para este "edifício-quadra" leva em conta a variedade, um atributo que em outros momentos era consequência da justaposição de diferentes edificações. Nantes (1952) marca o início de um processo de simplificação do projeto provocado por motivos econômicos na construção: elimina-se a galeria comercial, que não é rentável, e simplificam-se as tramas. O processo continua em Briey (1957) e culmina em Firminy (1967), com um desenho de fachada resumido à retícula frontal das lajes de piso e paredes divisórias cortadas pelas linhas de parapeitos e a horizontalidade dos brises. Não é de estranhar que Firminy tenha sido construído após o falecimento de Le Corbusier (1965).

As consequências deste empobrecimento não são de ordem somente estética – elas também condicionam a prática. Sua avaliação implica a análise do interior da fachada, da "cara e da coroa", deste espaço da parede que faz a transição entre a moradia e o exterior. A visão global da fachada, que ocorre do exterior, dá lugar a uma visão individual. A galeria, um prolongamento da moradia, substitui o jardim, de acordo com a abordagem apresentada no pavilhão do Espírito Novo e na "cidade-jardim vertical" (1925). Tanto em Marselha como em Nantes, a segunda fachada (entre a galeria e a moradia), é projetada com extremo cuidado, de modo a aceitar variações e ser modificável. Um parapeito maciço esconde do ex-

Figura 49 Indiferença.
   a-b. Unidades de habitação de Nantes e Firminy.
   c-d. Os pilotis de Nantes e Briey.

terior a parte baixa da galeria, de modo parecido como a fachada interna confere privacidade à sala de estar. A fachada funciona para o morador como uma "frente" (vista) e um "fundo" (reservado, oculto), sobretudo como este último, devido à distância que o separa do sol. A fachada consegue, com relativo sucesso, "absorver" esta ambivalência. Todavia, a própria disposição interna dos apartamentos registra uma "desorientação".[91] O brise, acessível das moradias, é empregado como um balcão adicional, como suporte para plantas que ficam à vista (ao contrário das plantas da galeria, que ficam ocultas). A espessura e a divisão das paredes fazem com que estas sejam um espaço sucessível a adaptações, permitindo que o morador exerça certo grau de controle sobre sua relação com o exte-

---

[91] H. Raymond et N. Haumont, *Habitat et pratique de l'espace*, Paris, ISU, 1972, várias tiragens.

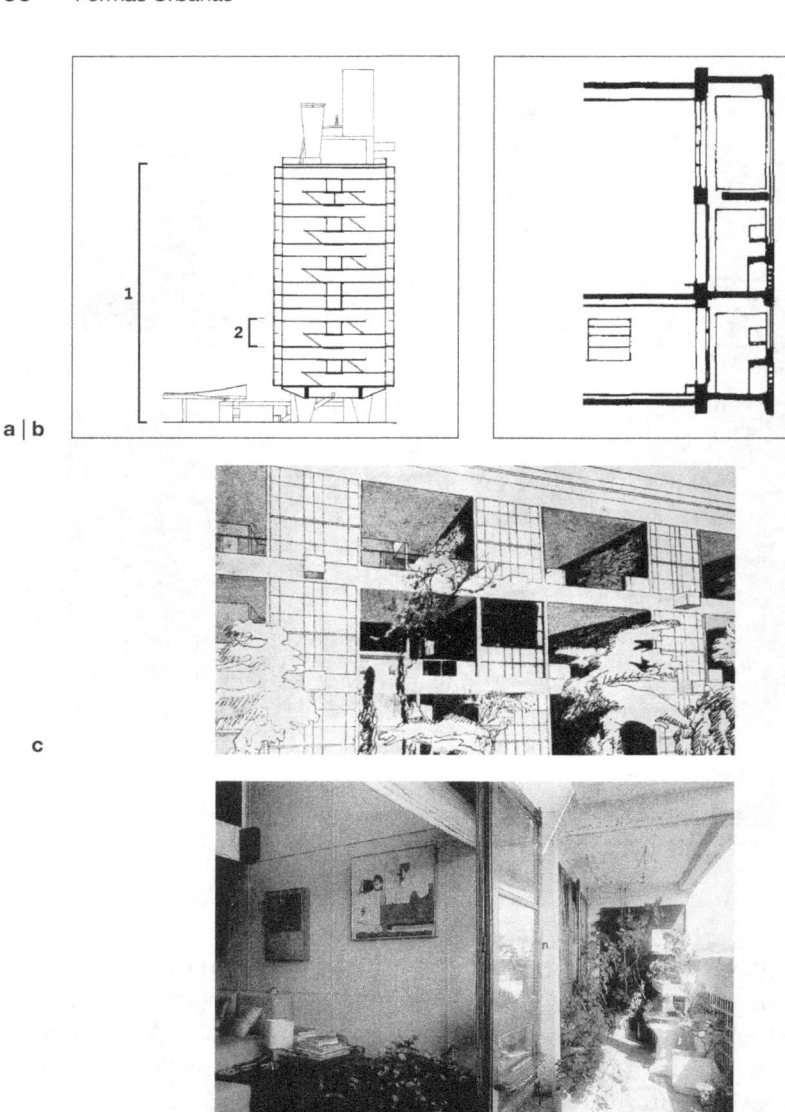

Figura 50 A Unidade de Habitação.
 a. As duas escalas: 1. A Unidade de Habitação; 2. A célula.
 b. Corte pela galeria.
 c. A cidade-jardim vertical (fotomontagem com base na fachada do Pavilhão do Espírito Novo).
 d. O espaço da galeria (Marselha).

rior. Assim previu Le Corbusier, embora não tenha entendido todas as consequências e as tenha reduzido a meras preocupações funcionais: o "balcão-brise, convertido em pórtico, galeria, permite que cada um controle suas vidraças por dentro e por fora – a limpeza dos vidros, a escolha de cortinas".[92]

A sobreposição destas duas escalas, a do edifício e a da moradia, é viabilizada graças à espessura da vedação externa e do projeto deliberado da fachada do prédio, formando, como já mencionamos, uma imagem suficientemente forte para que as variações individuais não afetem a unidade. Efetivamente, é necessária uma análise meticulosa para identificar nas fachadas da Unidade de Habitação de Marselha as modificações realizadas pelos moradores em seus espaços. O projeto mais rudimentar de Briey não aceita bem as mudanças, e a simplificação das fachadas internas, sem as sutilezas de Nantes ou Marselha, tampouco ajuda. Em Firminy, a substituição dos parapeitos de concreto por elementos metálicos faz com que, do exterior, todas as alterações fiquem visíveis, inclusive o uso dado à galeria, escancarando o que antes estava protegido.

O motivo pelo qual insistimos no papel da parede não se limita a evidenciar as qualidades da arquitetura de Le Corbusier – que não vemos na obra de seus imitadores e que também começam a se perder em suas últimas obras, devido a questões econômicas. O estudo da Unidade de Habitação serve para constatar que os problemas que antes eram solucionados pela simples lógica do tecido urbano agora passam ao nível da arquitetura das edificações individuais.

Uma redução necessária

A Unidade de Habitação marca uma nova etapa, ou melhor, a última, na perda das diferenças que caracterizam o espaço urbano. A sequência hierárquica rua/borda/área privativa/quintal que ordena o tecido urbano antigo minguou na época de Haussmann e em Amsterdã, foi relativizada em Londres e totalmente abolida em Frankfurt. Desaparece a oposição entre fachadas; a única coisa que diferencia a fachada leste da oeste é a expressão vertical da caixa de escada. Dentro deste espaço neutro, as possibilidades reais de desenvolvimento ou modificação são nulas ou restritas ao interior das moradias. Não obstante o discurso, os pilotis são estéreis,

---

[92] *Le Modulor*, op. cit.

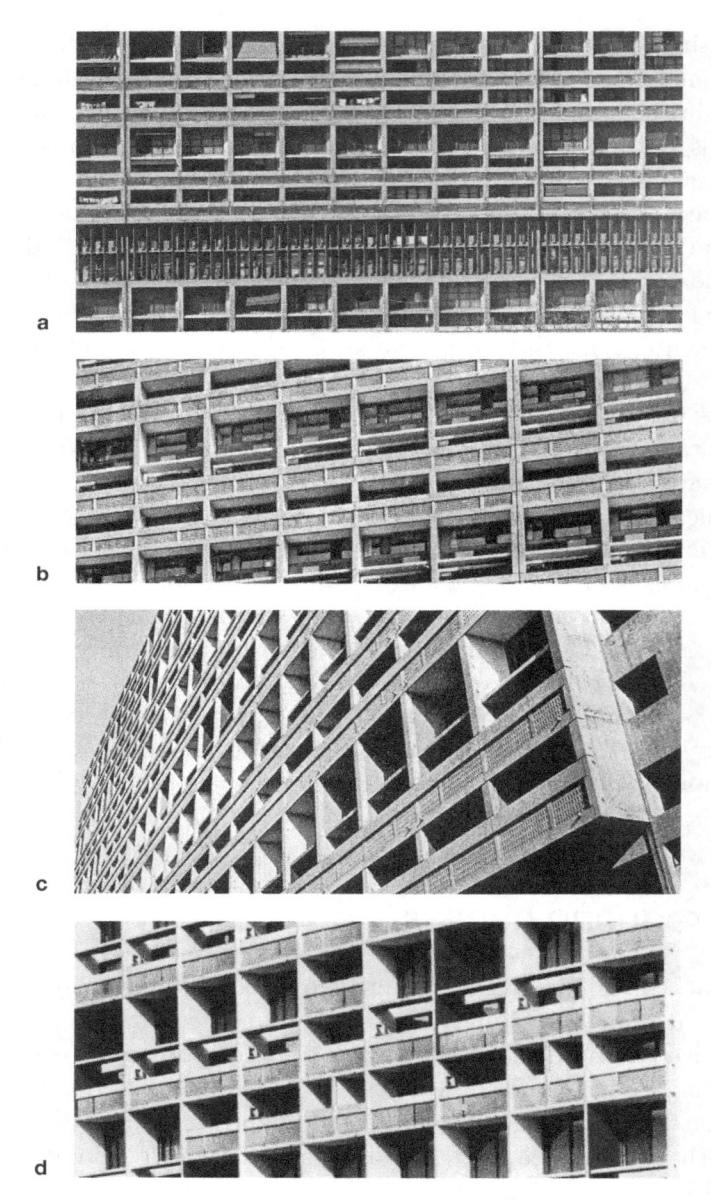

Figura 51 A desmaterialização da parede.
  a. Marselha.
  b. Nantes.
  c. Briey.
  d. Firminy.

incapazes de cumprir o papel que antigamente era atribuído ao pavimento térreo e que agora, desvinculado da rua, se converte pouco a pouco em um estacionamento, em franca contradição com a teoria de que o solo estava sendo devolvido aos pedestres.

A rua interna não funciona nem como um patamar – pois está em demasia a serviço dos apartamentos – nem como uma rua (não há fenestração, não ocorrem os encontros "cara a cara", é proibido brincar, etc.). Ela é um "ponto de passagem cosmopolita obrigatório".[93]

Assim, a Unidade de Habitação se mostra como a negação da cidade e a última transformação da quadra. Ela é a negação da cidade porque exclui toda referência a uma continuidade e proximidade espacial e porque desaparece o *status* diferenciador dos espaços, que já não são entendidos em termos funcionais. A ausência de articulação é cruelmente sentida quando se impossibilita todo tipo de modificação que não seja a adição de outras unidades ou a adaptação pessoal e limitada da célula de habitação. Desvinculada de todo o contexto – e a imagem do navio transatlântico surge com força total –, a Unidade de Habitação implica a seus moradores uma mudança radical em seu estilo de vida.

Porém, simultaneamente, dentro de sua abstração, a Unidade de Habitação deixa extremamente claro o problema da quadra, ou seja, a questão da reunião elementar de edificações cuja associação resulta no tecido urbano. Gostaríamos de terminar a exposição deste tema mencionando as críticas feitas pelos arquitetos ingleses da década de 1950 à Unidade de Habitação, o que nos remete a Reyner Banham.[94] Para Banham, Le Corbusier é o primeiro arquiteto que rompe com as convenções da "arquitetura moderna", ao recusar, em 1945, a seguir os dogmas que os CIAM haviam elaborado 10 anos antes em um contexto econômico e cultural completamente diferente. Esses arquitetos, baseados em meio século de cidades-jardins, consideram a Unidade de Habitação de Marselha "a primeira construção do pós-guerra que se destaca do que foi feito antes de 1939", a revelação de que algo audacioso é possível. Nesta admiração, mistura-se tanto a sensação de que a mudança de escala dos problemas urbanos não é resolvida com um alinhamento de casas de tipologia rural nem com a atração pelo concreto aparente.

---

[93] J. Ion, *Production et pratiques sociales de l'espace du logement*, CRESAL, Saint-Étienne, 1975, p. 108–110, várias tiragens.
[94] R. Banham, *Le brutalisme en architecture*, Paris, Dunod, 1970.

154 Formas Urbanas

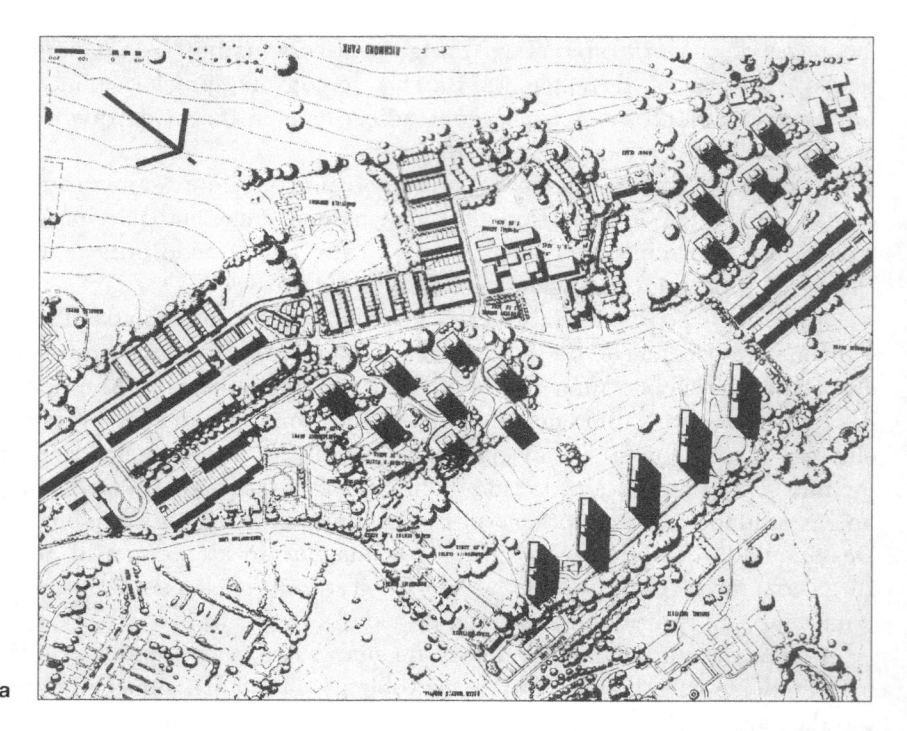

Figura 52 O sonho de Le Corbusier realizado: Londres, Alton West, 1959.
    a. Implantação dos volumes.
    b. Como grandes navios em um parque.

Com Banham, entendemos bem a postura dos brutalistas que tentam redescobrir um novo espaço urbano com base na Unidade de Habitação, esta redução necessária. Sua crítica inicia com a rua interna. Escura, ela não leva a lugar algum; na verdade não passa de um grande corredor de hotel. Mas quando ela é transferida para a fachada, ao ar livre, reorienta a edificação: as moradias têm uma fachada de acesso com portas e janelas através das quais se pode ver o exterior; o duplex, abstrato, se transforma em uma casa em fita. Esta galeria coberta "onde as crianças pequenas podem andar de bicicleta como antes faziam nas calçadas" se transforma em um dos principais temas da arquitetura inglesa desde os projetos dos Smithson para Golden Lane (1952) ou para os concursos da Universidade de Sheffield (1953) até as moradias de Stirling em Runcorn (1967), passando por todos os conjuntos habitacionais da prefeitura de Londres.

Reorientada, a unidade teria permanecido isolada, como em Roehampton, se não fosse pela ideia de estender a galeria coberta de um prédio a outro, criando uma verdadeira rua aérea na qual seriam integrados equipamentos urbanos, aumentados os tamanhos das pracinhas, o que permitiu que se resgatasse a continuidade que os CIAM haviam recusado. O edifício Spangen, projetado por M. Brinkman em Roterdã (1919), e as ainda mais antigas construções com galerias feitas pelo London County Council[95] trabalham uma arquitetura da moradia que, depois de Le Corbusier, descobriria a noção de tecido urbano.

---

[95] Sobre a origem da passarela e das primeiras experiências, veja J. N. Tarn, *Working-class Housing in 19th Century, Britain*, Londres, Lund & Humphries, 1971.

Capítulo **6**

A metamorfose da quadra e o uso do espaço

A propósito do uso do espaço ou do espaço útil ou concreto, o aspecto espacial da prática social, antes de tudo recordemos o que escreveu Henri Lefebvre: "gestos, caminhos, corpos e memória, símbolo e sentido".[96] Ainda que se manifeste por meio dos fenômenos de apropriação dentro das situações concretas ou da configuração do espaço onde tem importância, o uso (e também podemos falar dos sistemas espacial-simbólicos) está vinculado a costumes ou conjuntos de disposições[97] que são típicos das formas de sociabilidade que dependem das peculiaridades sociais e das culturas regionais ou nacionais. O espaço, portanto, tem sua história.

A quadra, uma unidade de parcelamento constitutiva do tecido urbano, é, por acaso, uma unidade do uso? Ela poderia ser considerada pertencente a um uso específico? Ela já foi típica de um uso ou continua sendo? Essas questões, as primeiras que surgem do ponto de vista do uso do espaço cuja evolução estudamos, pertencem a um questionamento mais geral: saber se um elemento da cidade identificado por meio da análise morfológica cobre um conjunto de usos identificáveis e, portanto, quais possibilidades de uso são oferecidas; que tipo de articulação o elemento permite com outros, analisando-os em diferentes níveis. No caso da quadra, é preciso que questionemos se ela permite, por meio do jogo de diferenças e continuidades, a transição entre o espaço "pequeno" – a moradia, por exemplo – e os outros espaços próximos e também o espaço urbano "grande".

---

[96] Henri Lefebvre, *La révolution urbaine*, Paris, Gallimard, 1971, p. 240.
[97] Conforme P. Bourdieu, em *Esquisse d'une théorie de la pratique*, Paris-Genebra, 1972, escreveu: "A palavra disposição parece particularmente apropriada para exprimir o que está por trás do conceito de hábitos (definidos como um sistema de disposições). De fato, ela expressa em primeiro lugar o resultado de uma ação organizadora, que então tem um significado muito similar ao de palavras como estrutura; assim, designa um modo de ser, um estado habitual (especialmente do corpo) e, em particular, uma pré-disposição, tendência, propensão ou inclinação."

Antes de investigar a pertinência destas questões, é necessário que tomemos duas precauções. Em primeiro lugar, é preciso distinguir, tanto quanto possível, a prática contemporânea da produção dos elementos urbanos do passado que estudamos e daqueles que atualmente podemos observar. Esses elementos apresentam diferenças, e sua comparação nos oferecerá a oportunidade de avaliar a capacidade do espaço de suportar diferentes usos, ou seja, seu grau de abertura a mudanças. Além disso, devemos empregar as hipóteses relativas aos sistemas espaço-simbólicos da vida de uma cultura a outra, dentro dos limites que nos parecem confiáveis.

O período de nosso estudo pertence à história das formações econômicas e sociais capitalistas, depende das transformações urbanas relacionadas com a Revolução Industrial e suas consequências (mesmo quando foram efeito imediato de um programa de industrialização, ou seja, da implantação de indústrias, como é o caso de Paris, a capital política e financeira da França, cujas transformações econômicas aquela controlava, ou de Amsterdã, cujo crescimento – sem dúvida inferior ao de Roterdã – acompanhou o desenvolvimento econômico da Europa e especialmente da Alemanha). Este movimento, com suas características específicas e seus sistemas particulares, apesar de algumas diferenças de tempo, tende a recompor o espaço social e, ao mesmo tempo, a separação dos eventos da vida cotidiana, especialmente no que tange a autonomia daqueles que não estão diretamente envolvidos com o trabalho.

Este é o pano de fundo dos fenômenos que consideramos neste livro, mas também levamos em conta o desenvolvimento histórico propriamente dito e a possibilidade de eventuais "sobrevivências" de instituições que reproduzem as formas da vida social e das características sociais específicas. Um exemplo é dado pela observação feita por B. Pingaud ao descrever a Holanda dos anos 1950 em termos da habitação, a qual pelo menos devemos considerar como uma hipótese: os holandeses são pessoas que tendem a fazer separações em suas atividades – a divisão do trabalho é tão internalizada por eles que não se interessam muito pela bricolagem, algo que sem dúvida tem consequências no uso do espaço e nas formas de sua apropriação.[98] Ele também afirma que "em nenhum outro lugar a vida privada é tão sólida e impenetrável", uma ideia que deve ser contrastada com o aparente fato contraditório de que nos Países Baixos são usadas

---

[98] B. Pingaud, *Hollande*, Paris, Le Seuil, 1954. Para uma comparação com a França, veja M. G. Raymond, N. Haumont, R. Raymond, A. Haumont, *L'habitat pavillonnaire*, Paris, CRU, 1966.

grandes aberturas sem cortinas e grandes vidraças transparentes. Neste caso, não vemos o mesmo antagonismo que há na França, o que há é um sistema espaço-simbólico diferente (ou a internalização e exteriorização dos espaços da vida privada é feita de modo diferente) com o qual estamos acostumados.

Transformações nos usos e nas quadras

Com Haussmann, como já vimos, ocorre uma ruptura estratégica: a cidade é globalmente submetida à iluminação, à especialização, ao zoneamento. O trabalho e os operários são expulsos do centro, e a segregação social se inscreve horizontalmente dentro do espaço urbano. Todavia, é preciso corrigir a ideia sustentada pela imagem do imóvel "pré-haussmanniano" de que anteriormente a pirâmide social, isto é, proprietários ricos e trabalhadores manuais, costureiras e lojistas, moravam nos mesmos locais, sem limites bem definidos, de que o mundo anterior às intervenções de Haussmann não era segregador. Esta visão é enfaticamente refutada por A. Daumard: "Ao contrário de algumas afirmações superficiais, a escada não era um lugar de encontro para as diferentes classes sociais [...]. A dimensão e o luxo dos apartamentos diminuíam a cada pavimento acima, sobretudo nas construções anteriores ao Segundo Império, embora os inquilinos de um mesmo prédio costumassem pertencer a meios relativamente homogêneos. Com a Monarquia de Julho, o contraste entre as duas Paris fica evidente: a aristocracia da fortuna, dos cargos públicos e do berço se estabelece a oeste da cidade; o leste é o domínio dos artistas, dos trabalhadores manuais – do povão e dos miseráveis. Contudo, ruas sórdidas conectavam o meio dos bairros elegantes ou abastados, quadras residenciais emergiam nos bairros mais miseráveis e, sobretudo, em toda a capital representantes das classes médias garantiam a presença da pequena e média burguesia."[99]

---

[99] Adeline Daumard, "Conditions de logement et position sociale", em *Le Parisien chez lui au XIXe siècle*, catálogo de exposição, Paris, Arquivos Nacionais, 1976. Veja também P. Bleton, *La vie sociale sous le Second Empire*, Paris, Éditions ouvrières, 1963: "Ao contrário do que geralmente tem se escrito sobre Paris antes de Haussmann, não parece, antes de ler a Condessa [de Ségur], que a alta burguesia, os empregados modestos ou os simples trabalhadores moravam nos mesmos prédios. Esta integração de local [...] pode, no máximo, ser realidade para os comerciantes e seus empregados [...], pois ambos precisam estar pertos uns dos outros, bem como de seu local de trabalho" (p. 21).

Na verdade, com Haussmann, uma tendência se torna sistemática: a segregação que já existia vertical ou mesmo horizontalmente é organizada de modo ainda mais global, na escala da cidade, por meio da homogeneização dos bairros e, em certo momento, também em grau menor com a diferenciação das edificações em um mesmo lote, segundo um processo no qual a hierarquia social se refletia no posicionamento em relação à rua: o *status* social diminuía da fachada da rua em direção ao fundo do pátio da quadra. E, mesmo no caso de certa sobreposição social, as escadas de serviço e a social, com a ajuda do porteiro, garantiam uma impermeabilidade rigorosa.

Do ponto de vista do uso do espaço, se observa um fenômeno importantíssimo: a remodelação da quadra é contemporânea à codificação social, explícita nos tratados de arquitetura, que cristalizou o modo de vida da burguesia.[100] Esta codificação resultou de uma longa transformação de um sistema no qual as partes da casa eram identificadas conforme a vida cotidiana, sem um conjunto de diferenças fixas de acordo com a função. Surge um novo universo: na cozinha não se fala de dinheiro, e ninguém se suicida no gabinete.[101] A vida familiar privada fica limitada a locais específicos, e cômodos com denominações mais específicas substituem palavras genéricas (sala de jantar em vez de sala, quarto de dormir em vez de quarto, etc.), bem como a hierarquização das relações sociais que estes cômodos permitem (da intimidade à formalidade). A moradia em si passa a funcionar em um relacionamento antagônico com o exterior. Esses resultados – Ariès[102] descreve o longo processo que conduziu a eles, no qual a família e as crianças são "inventadas" ou aparece o "homem privado"[103] – correspondem à ascensão de uma classe social. O novo conceito de casa, de lar, ao qual correspon-

---

[100] Adeline Daumard, em *Les Bourgeois de Paris au XIXe siècle*, Paris, Flammarion, 1970, mostra, para Paris, a extensão do conceito de burguesia na época (do "pequeno burguês" ao "grande investidor"). Ainda que o processo que mencionamos envolva a diversidade de burgueses, os cânones da vida cotidiana parecem ter sido vividos da maneira mais rígida possível por parte da burguesia média (funcionários públicos e membros das profissões liberais). Veja também o capítulo "En 1848, en France, la petite bourgeoisie, c'est la boutique" em C. Baudelot, R. Establet et Malemort, *La petite bourgeoisie en France*, Paris, Maspero, 1974.

[101] Assim aparece todo um novo universo ético e simbólico em *Pot-Bouille*, por meio de comentários "insignificantes".

[102] P. Ariès, *L'enfant et la vie familiale sous l'ancien régime*, Paris, Le Seuil, 1973.

[103] Veja W. Benjamin, "Paris, Capitale du XIXe siècle", em *L'Homme, le langage et la culture*, Paris, Denoël-Gonthier, 1974.

de uma expressão formal, implica no fato de que a moradia havia se tornado o local de uma vida cotidiana, destacando sua dupla acepção, a física e a moral. A. Daumard observa: "O lar era, por excelência, o centro da vida privada e familiar, bem como o lugar privilegiado da vida social".[104]

Contudo, para as classes operárias da mesma época, esta separação não existia. Suas vidas cotidianas não se centravam no lar; era a vida coletiva, urbana, que estruturava suas atividades produtivas. A transformação, que primeiramente afetou a burguesia, apenas aos poucos se generalizou. Esta mudança foi explicitamente visada nas políticas de habitação popular, que, ao tentar estabilizar uma força de trabalho volúvel, tentou eliminar aquelas práticas urbanas e coletivas das classes operárias que eram consideradas perigosas do ponto de vista da higiene, moralidade e paz social.

Seria, no entanto, exagerado sustentar que os programas de habitação popular viam o planejamento dos espaços (e os fins políticos relacionados) como um dispositivo que permitisse a criação de novas formas de sociabilidade e vida cotidiana, assim como de subjugação da classe operária. Isso também significaria esquecer o fato de que no século XIX a habitação popular ainda estava em fase de experimentação, algo muito limitado em Paris. Também implicaria desconsiderar as condições históricas nas quais se pôde conceber os objetivos corretivos e isolá-las dos processos mais globais que resultariam na definição de "um novo tipo de relação com os objetos e as pessoas, por meio da dissolução do modo antigo e especialmente por meio da imposição, a toda a população, de uma forma de organização da vida cotidiana – a família nuclear".[105]

O desenvolvimento da indústria pesada – e, de modo mais geral, do trabalho assalariado – transformaria as relações entre as atividades laborais e não laborais (esta incluiria o consumo), entre os momentos dedicados a uma e a outra e entre os locais onde elas ocorriam (local de trabalho *versus* moradia).[106] Uma recomposição (ou uma divisão) das práticas cotidianas substituiria as práticas muito bem socializadas, contínuas e sobrepostas que caracterizam a produção rural e artesanal. Esta mudança,

---

[104] Adeline Daumard, *op. cit.*
[105] J. Ion, *Production et pratiques sociales de l'espace du logement*, Saint-Étienne, CRESAL, 1975.
[106] Veja Susanna Magri, *Politique du logement et besoins en main-d'oeuvre*, Paris, CSU, 1972.

comum nas estruturas econômicas e sociais que estudamos, resultou na difusão geral de uma prática especificamente relacionada com a moradia, que progressivamente se tornou dominante e era diferenciada, hierárquica e controlada.

A quadra e suas diferenciações

A quadra pré-haussmanniana era um lugar de usos do espaço específicos? Recordemos que ela era o lugar de atividades que coexistiam e se sobrepunham: era onde se articulava o trabalho e as trocas sociais. Na obra *Assommoir* [*A Taverna*], de Émile Zola, há uma descrição do bairro operário Goutte-d'Or, situado na periferia de Paris, que Haussmann cortou em pedaços, e que mostra como o centro da quadra inclui diferentes usos. Um bulevar e uma rua são, na periferia de um bairro, lugares privilegiados para atividades mais coletivas, especialmente no final dos dias de trabalho. Já a quadra, sem ser o local para uma atividade específica, era parte contínua de um conjunto mais amplo, sem rupturas, onde se desenvolviam as atividades típicas da esfera urbana. A moradia, sem dúvida, era um elemento da quadra, mas não o mais importante, em função de sua precariedade. Também não havia uma diferenciação marcante ou um contraste entre a moradia e os espaços externos, e sim entre os espaços frequentados pelas mulheres (o lavadouro) e aqueles frequentados pelos homens, como a taverna. Apesar de o bairro Goutte-d'Or apresentar algumas diferenças, era mais sua multifuncionalidade e a homogeneidade de seus moradores que contrastavam com o resto de Paris (uma entidade na qual havia formalidades, capaz de fazer julgamentos: "o bairro declarava...", escreveu Zola).[107] Este contraste dependia de uma ruptura morfológica – o bulevar –, mas também incluía uma distância social (as "damas de Paris que vivem na Rue Faubourg Poissonnière" não são as mulheres do bairro).

A vida cotidiana dos pequenos comerciantes na obra de Zola *Au Bonheur des Dames* também é característica de uma relação entre moradias, lojas, fundo das lojas e ruas, a qual constitui uma realidade contínua, da mesma maneira que as relações familiares se estendiam ao comer-

---

[107] Veja G. Duveau, *La vie ouvrière en France au Second Empire*, Paris, Gallimard, 1946.

ciante e a seus empregados. A quadra de Haussmann excluía, ao menos de seu centro, as atividades diversificadas que anteriormente lá coexistiam, do mesmo modo que o processo de urbanização excluía algumas atividades do centro da cidade. O mais frequente é que apenas aquelas atividades relacionadas à habitação conseguissem encontrar espaço no interior de uma quadra, cujo caráter deriva, como já observamos, das necessidades sociais. Isso não trouxe grandes dificuldades para os habitantes, pois a quadra foi fragmentada em pátios, e a população dos imóveis era socialmente homogênea em sua maior parte.

Se novamente retomarmos as distinções feitas anteriormente entre o perímetro da quadra, que está em contato com a rua, e seu centro, constataremos que este funciona mais como um espaço de fundos, onde alguns dos aspectos da rua (estábulos, garagens) assumem a diferença entre as partes da moradia visíveis e as ocultas. Nos edifícios burgueses, era o lugar da falsa modéstia – veja *Pot-Bouille*, de Zola, e as variações que aparecem nas primeiras páginas sobre a "ostentação discreta" da fachada, mascarando "o esgoto interno". Quanto aos edifícios de apartamentos dos operários, eles continuaram, sem dúvida, como o terreno de uma forma mais aberta de socialização e de atividades que prolongam a vida do lar (crianças brincando no pátio; eventos familiares que ultrapassam os limites das moradias).

Outra questão que se aplica tanto ao século XIX quanto aos nossos dias: a quadra de Haussmann era percebida por seus habitantes como uma unidade urbana? Não há provas que justifiquem tal interpretação, salvo, evidentemente, quando uma quadra é ocupada por uma função importante, como um hospital, uma escola, um órgão da prefeitura, etc. Isso dependia da presença de equipamentos urbanos (que complementam outros equipamentos vizinhos), ainda que pudessem estar ausentes em alguns "desertos urbanos". A expressão *pâté de maisons* não se refere tanto à quadra como um todo, e sim ao conjunto de suas fachadas, seguindo a hierarquia das ruas do entorno que delimitam a quadra. O componente perceptivo parece estar presente nesta hierarquia.

De fato, é a partir da quadra de Haussmann, que consagrou em termos espaciais a separação da rua, que podemos mudar nosso ponto de vista. Já não devemos nos perguntar se a quadra é o lugar de uma experiência espacial específica que faz a mediação entre a cidade e a moradia, e sim tentar observar como a quadra permite a relação entre interior e exterior, entre a vida privada e o domínio público,[108] para entender como a quadra sustenta uma prática espacial derivada das diferenças hierárquicas e orientadas e até que ponto ela foi degradada e perdeu certas funções.

A "abertura" da quadra

A abertura física da quadra pode ser inicialmente encontrada na Inglaterra em duas modalidades. No primeiro caso – nas esquinas –, como vimos, os moradores reagiam fechando o espaço, levando em conta a possibilidade de entender como oculto e posterior aquilo que era vivenciado simbolicamente. Por outro lado, observamos a existência de acessos, independentes das casas, ao interior da quadra e a ambiguidade que isso implicava. Todavia, podemos nos perguntar se esta ambiguidade não é consequência dos critérios culturais que nós, observadores estrangeiros, utilizamos em nossa leitura, afinal há muito tempo já existia na Grã-Bretanha, não somente na organização das *mews* ["ruas de cocheiras"], mas também das moradias populares, acessos duplos (pela frente e pelos fundos) e hierarquizados, de acordo com a prática local (raros na França).

A fórmula do agrupamento de casas (*close*), com uma "frente" prolongada da rua, muitas vezes funciona como um espaço para socialização. Do ponto de vista espacial, acreditamos que isto é possível apenas quando os "fundos" permitem uma apropriação individual do solo. Já do ponto de vista social, esta organização opera em alguns extratos da sociedade (as classes médias), para os quais o agrupamento de casas é um instrumento que serve para expressar um sistema de afinidades. Por outro lado, no caso das moradias mais populares (na cidade-jardim Welwyn), as observações de Willmott e Young parecem apropriadas: o agrupamento, nos casos mais favoráveis, se expressa e se desenvolve em função da homogeneidade dos grupos etários e é reforçado por uma tendência matriarcal

---

[108] A quadra de Haussmann permite isso, na maneira pela qual uma pessoa claramente contrasta a fachada principal, da rua, que é exposta, com a fachada posterior, do pátio, que é oculta, onde esta oposição corresponde à divisão interna dos cômodos mais públicos e mais privados, os espaços mais "limpos" e os mais "sujos" (que também podem corresponder aos locais mais ventilados). Isso supõe a existência de um exterior e um interior, um perímetro e um centro (um conjunto de pátios contíguos). Contudo, existe uma dificuldade que já observamos e que encontraremos em outras formas, exacerbada: é o caso do pátio utilizado como local de passagem para um prédio situado no fundo do terreno.

que se mantém paralela ao desenvolvimento da lógica das relações sociais dominantes.[109]

A abertura da quadra, ou seja, a possível confusão, do ponto de vista do uso do espaço, entre frente e fundos, pode ser observada tanto em Amsterdã, onde o centro da quadra – em vez de ser o lugar de apropriação individual, como ocorreu no caso do jardim conectado a uma moradia térrea (não há relação visual com os pavimentos superiores) – se torna uma zona de passagem acessível do exterior ou quando uma parte era comum ou incluía os equipamentos públicos. Isto implicaria um uso coletivo com sua própria escala ou, no segundo caso, em uma escala maior (a do bairro). O mesmo ocorre em Frankfurt, quando a quadra, formada por dois prédios paralelos, não é fechada nas extremidades, mas onde ainda existe uma distinção entre a zona frontal (da rua) e a posterior (do centro da quadra), mesmo que esta já praticamente não tenha mais sentido.

Esta perda de distinção entre frente e fundos não se baseia na abolição completa das diferenças, mas na perda de algumas delas. A ambiguidade coloca uma questão que está implícita nos usos que pudemos observar por meio do processo de demarcação espacial: o espaço central pode, nas situações mais favoráveis, ser um lugar de apropriação coletiva que não negue as possibilidades de uso individual, ou seja, como um lugar socializado? Ele tem como desempenhar um papel comparável àquele papel coletivo, público, do agrupamento de moradias inglês? Considerando os vestígios visíveis de sua utilização, ele parece ser um equipamento coletivo (área verde para lazer, pracinha) ou um espaço que "congela" as manifestações individuais, bem como um lugar ambíguo (a apropriação dos espaços "sujos" coexiste com a dos espaços "limpos"). Domina o interior ou mesmo o exterior. A ambiguidade é ainda maior, como acontece em Frankfurt (Westhausen), quando as moradias dos pavimentos superiores correspondem a pequenos jardins, mas sem uma relação direta. Neste caso, é preciso distinguir dois tipos de edificação. De um lado há as edificações baixas, que, de acordo com o espírito inicial de Ernst May, seriam na época ocupadas provisoriamente por apenas uma família, com o último pavimento sendo acessado por uma escada interna e sendo ocupado por pessoas consideradas como seus inquilinos ou sublocatários. Uma vez solucionada a crise da habitação, essas moradias se tornariam unifamiliares, e as divisões do jardim seriam eliminadas. Por outro lado,

---

[109] Veja os trabalhos do "Institute of Community Studies" e R. Hoggart, *La culture du pauvre*, Paris, Éditions de Minuit, 1970.

há edificações cujo sistema de distribuição mostra que haviam sido concebidas para sempre serem condomínios de apartamentos sobrepostos. Neste caso, e dependendo do proprietário, os jardins, como vimos, poderiam ser meramente ornamentais, servir para a armazenagem de objetos ou como hortas – ambos os usos estavam de acordo com o projeto inicial de May e com as ideias dos teóricos das cidades-jardins (especialmente do apologista da jardinagem, o Dr. Schreber, pai dos jardins Schreber): os jardins não somente propiciavam um lugar "saudável" e uma fonte para complemento do salário, mas também, segundo ele, um recurso para épocas de crise econômica (os habitantes sempre teriam algumas cenouras para comer).

A fonte dos conflitos seria a ambiguidade ou mesmo a contradição? Como estamos apenas nos limitando a fazer comentários, não podemos decidir.[110]

A quadra à deriva e o uso desorientado

Os casos que agora veremos não mostram apenas a degradação morfológica da quadra, onde o centro surge como um terreno ambíguo com um uso onde as diferenças nem sempre haviam sido levadas em conta. Trata-se de uma verdadeira transformação, uma inversão não somente da quadra como unidade formal – abstrata – mas da quadra como um lugar para hábitos espaciais, de uma articulação hierárquica entre exterior e interior. Podemos observar isso quando a quadra "se contrai" e todas as edificações ou casas em fita têm as mesmas orientações: elas se tornaram desorientadas porque a "frente" de um prédio corresponde aos "fundos" do outro. Somente começando do interior da habitação podemos entender a maneira como o espaço é utilizado; na fachada, esta leitura fica limitada ao nível pelo qual as formas podem absorver as mudanças. Aquilo que na quadra tradicional se mantém oculto pode ficar em evidência – a contradição que se observa é tão grande que nem as intervenções de uso resolvem. A "quadra", neste caso, é uma unidade que separa de suas relações

---

[110] Sem dúvida, a resposta dependeria em parte da homogeneidade da população e da densidade das quadras. Parece-nos possível fazer uma comparação entre estes comentários e as observações feitas por Jean Rémy e Liliane Voyé sobre a eliminação, em alguns projetos holandeses, de cercas-vivas e muros entre jardins privativos que outrora havia resultado em uma divisão individual e não em uma apropriação coletiva. Veja *La ville et l'urbanisation*, Gembloux, Duculot, 1974, p. 102.

mais globais a lógica concreta da habitação e somente é compreensível por meio da proximidade das outras unidades. Em outras palavras, o uso é submetido à neutralidade, ao contrário das diferenças constitutivas do sistema espacial simbólico da habitação.

A cidade radiante é indiferente: o navio transatlântico pode navegar livremente e se orientar pelo sol. Já descrevemos a inversão: a rua é o centro e "os fundos" ficam no perímetro. No entanto, o perímetro é tão monumental que também parece ser uma frente.

Indiferença

Como vimos, a degradação das diferenças, sua neutralização e até mesmo inversão, pode ser descrita em termos espaciais. Já o uso contradiz essa situação: sempre que possível, ele parece querer corrigir sua lógica concreta. Sua definição não é apenas com base na maneira de ocupar o ambiente construído, mas no modo como dignifica, produz, qualifica os lugares que talvez não tenham sido previstos pelos planejadores. Porém, seu poder corre o risco de ser extremamente limitado, pois no espaço exterior "vazio" são exercidas outras coações, de caráter social: o controle, a regulamentação e até mesmo a recusa a uma imagem desfavorável que provocaria nos habitantes manifestações negativas (a neutralidade, a não intervenção traz este risco).

Partimos da quadra de Haussmann, que consagrou e codificou um novo uso do espaço, onde a moradia se tornou o lugar preferido de uma parte da vida que foi privatizada e que progressivamente se torna dominante. Então constatamos que, aos poucos e ao longo do período estudado, esta prática foi cada vez mais generalizada e constrangida por soluções nas quais as configurações negam quase totalmente as diferenças que caracterizam e estruturam a quadra. De maneira à princípio paradoxal, a multiplicação de entidades funcionais, sociais e espaciais, ou seja, de unidades separadas do ponto de vista da morfologia, onde o exterior é pensado abstratamente (e cuja utilidade social é problemática), assim como o interior, contradiz uma prática cujas origens tentamos buscar. É como se tivéssemos assistido à consumação da ruptura inicial, à mudança de suas premissas: a habitação se tornou limitada a si própria, foi definitivamente separada da rua, foi reduzida ao uso mínimo.

Onde está a rua, a cidade, o espaço urbano? Onde esses espaços começam? Existem para os habitantes alguns lugares – ao menos simboli-

Figura 53 Amsterdã. Interior de uma quadra.
Um espaço de apropriação individual dentro de um prédio coletivo.

camente – que garantem uma transição entre as diferentes escalas, uma familiarização gradual?[111] Essas perguntas provocam mais um questionamento: será que foi constituído um novo tipo de uso do espaço?

Como vimos, o estudo da quadra do ponto de vista do uso do espaço não nos levou a considerá-la isoladamente, mas em relação àqueles elementos adjacentes a ela – a habitação e o espaço urbano. Uma espécie de neutralidade em relação à situação urbana, de indiferença nos últimos tipos de quadra, parece sugerir a pontualidade (a "implantação") e a substituição (o espaço é uma moeda de troca, um *commodity*, um bem fungível) que caracterizam, segundo H. Raymond e M. Segaud, o que chamam de espaço dominante em nossa formação econômica e social.[112] Este ponto de vista é similar às considerações de C. Aymonino[113] sobre as "exigências quantitativas" da construção e seu impacto nos alinhamentos comuns, o isolamento das edificações na cidade contemporânea, onde "o instrumento de desenvolvimento urbano, convertido em uma ampliação mensurável e expressada por números, índices, regulamentos, funções, 'é' o lote particular de um terreno edificável" (aqui lote se torna sinônimo de parte, parcela ou mesmo bilhete de loteria).

Assim, parece que a quadra não escapa da lógica da produção de nossa sociedade e não somente porque seria a projeção das forças produtivas e o reflexo das condições técnicas de sua realização – mas não conseguimos entender por que os condicionantes impostos pelos movimentos de uma grua impliquem necessariamente a "desorientação" de um prédio! A quadra também provoca a questão da função social e dos instrumentos de execução: a função do trabalho da arquitetura na produção do espaço construído, os problemas da arquitetura, o "papel de representação" [formalidade] sobre o qual C. Aymonino se questiona, bem como as relações entre estas questões e o uso do espaço.

---

[111] Veja H. Raymond, *Espace urbain et image de la ville*, Paris, ISU, 1975.
[112] H. Raymond e M. Segaud, "L'espace architectural: approche sociologique", em *Une nouvelle civilisation*, Paris, Gallimard, 1973.
[113] C. Aymonino, M. Brussati, G. Fabbri, M. Lens, P. Lovero, S. Lucianetti, A. Rossi, *La città di Padova, saggio di analisi urbana*, Roma, Officina, 1970, p. 57.

Capítulo **7**

Elaboração e transmissão de modelos de arquitetura

História e modelos de arquitetura

Por meio de cinco exemplos estudados, vimos como uma resposta mais ou menos bem-sucedida a uma demanda social pode configurar um novo espaço. Abandonando progressivamente suas referências à cidade, a arquitetura ordinária, como da habitação e da vida cotidiana, passou a ser tratada como um monumento, um objeto. Essa evolução, que ocorreu junto com importantes modificações na economia europeia, foi ao mesmo tempo a consequência dessas modificações e um dos fatores que as promoveram, na medida em que a arquitetura, ao condicionar a vida cotidiana do habitante, acentua ou acelera as transformações sociais.

Ao longo desta evolução na história da arquitetura, que durou quase um século, o trabalho do arquiteto mudou, sua função social foi alterada, sua prática foi transformada. Ainda que a história da arquitetura não possa ser entendida desvinculada da história da sociedade, a arquitetura como produção se relaciona com a história do trabalho, como entende Manfredo Tafuri,[114] ela é uma parte deste trabalho e de um ângulo que nos interessa bastante. Em cada uma das intervenções que consideramos anteriormente, podem ser observadas as formas e operações que estruturam a composição. Essas formas se referem a grupos de conceitos, referências e técnicas com base nos quais o projeto é elaborado. Chamaremos esses grupos de modelos de arquitetura. A história da arquitetura compreende, entre outros, a história desses modelos, o estudo de sua elaboração, transmissão e deformação.

---

[114] M. Tafuri, *Théories et Histoire de l'architecture*, Paris, SADG, 1976.

Ao adotar este ponto de vista, fica claro que estamos operando com uma dupla redução. Em primeiro lugar, dentro do conjunto de obras da arquitetura, apenas consideraremos aquelas que implicam o trabalho do arquiteto e, dentro destas, somente a parte que trata da concepção. Devemos estar conscientes do risco de mitificação que esta postura pode representar, ou seja, o risco de retomarmos uma visão abstrata de arquitetura, similar àquela da história da arte tradicional. A história da arquitetura moderna acaba de começar: é a história dos mestres de obra e de seus canteiros de obra, de seus escritórios e suas técnicas. Dentro desta história – que não é a história das edificações, mas dos processos que as viabilizaram – não temos como deixar de nos interessar pelos modelos de arquitetura.

Seu estudo é delicado, pois elas não se reduzem apenas à exposição – quando possível – das teorias explicativas dos arquitetos ou de suas doutrinas. Os modelos de arquitetura constituem esquemas frequentemente subconscientes ou implícitos a partir dos quais ocorre uma concretização. Eles podem ser compartilhados por um grupo de arquitetos, uma "escola", ou, ao contrário, pertencer a um único teórico. Sem dúvida se relacionam com as condições gerais da época (o desenvolvimento da indústria e suas consequências para a urbanização, a habitação, os estilos de vida), mas, perante as condições econômicas, estão em uma posição relativamente autônoma.

Sua transmissão ocorre de várias maneiras:

— pelo contato direto entre os indivíduos, e, deste ponto de vista, é importante reconstruir as circunstâncias destes encontros: ensino, trabalho comum, conferências, participação em eventos (exposições, congressos), relações de amizade, etc.;
— por meio de publicações, livros e revistas, assim como exposições, que são os meios de transmitir tanto as teorias dos arquitetos como as imagens de suas obras; para estudar isso, referências, dedicatórias e agradecimentos, notas variadas, que são inseridas nos textos como citações literais;
— por meio das realizações – neste caso merece atenção particular a menção a viagens e períodos passados no exterior;
— e, por fim, podemos repetir o papel daqueles personagens que são os verdadeiros propagandistas de informação (Muthesius, Wijdeveld, Mart Stam).

Este vasto campo é muito frequentemente negligenciado pelas obras clássicas da história da arquitetura. Para estudá-lo, fizemos uma análise por agrupamentos, sem ter sempre a pretensão de retomar a documentação original ou nos envolvermos com uma pesquisa histórica, algo que exigiria meios e métodos dos quais já não dispomos (como o exame de arquivos ou correspondência pessoal, etc.). Por outro lado, após evidenciar semelhanças ou parentescos entre as configurações espaciais, tentamos justificar as comparações que propusemos, baseando nossas ideias na existência de uma relação ou um contato efetivo entre os autores. Desta maneira, esperamos demonstrar não somente que houve interesses comuns, como também em quais elementos específicos eles se basearam. Quando não conseguimos estabelecer claramente esta relação, ainda que a cronologia não refute especificamente sua existência, mantivemos a hipótese, abrindo desta forma um campo para pesquisas historiográficas corretas.

O estudo desses encontros e relacionamentos de certa maneira constitui um capítulo na história do movimento das ideias. Ele revela dois fenômenos aparentemente contraditórios. Por um lado, este movimento é condicionado pelos eventos econômicos e políticos: por exemplo, as estadias de May na Inglaterra correspondem aos esforços que os industrialistas alemães da época vinham fazendo para aprender com a experiência inglesa e que oficialmente se traduziram com as missões de Muthesius e resultaram na criação da Deutscher Werkbund. Por outro lado, devemos levar em consideração a existência de relações específicas do mundo da arquitetura e da urbanização que ultrapassam as divisões usuais. Este fenômeno, que frequentemente encontramos ao estudar o desenvolvimento de uma ciência, aqui assume significado particular, em função do papel das transmissões puramente visuais, que ultrapassam as barreiras da linguagem: os esquemas de Howard, os croquis de Camillo Sitte ou de Le Corbusier.

Esses fenômenos ilustram a autonomia relativa da forma evocada anteriormente. Contudo, a própria existência dos modos de transmissão nos remete a um *status* da arquitetura – iniciada no Renascimento – que consagra a divisão entre o trabalho intelectual (dos arquitetos) e aquele técnico, da execução. A elaboração e transmissão dos modelos de arquitetura se inscrevem em uma estrutura econômica determinada, ainda que às vezes se mostrem com elevado grau de autonomia.

A tradição clássica

Já vimos brevemente as influências sofridas por Haussmann, especialmente da França nos séculos XVII e XVIII.[115] Parece que entre o prefeito, os funcionários públicos (Alphand, Barillet, Belgrand, Deschamps) e os arquitetos das várias intervenções houve um profundo acordo no sentido de qualificar globalmente como "haussmannianas" as transformações da cidade.[116] Este acordo é revelador da sociedade francesa na segunda metade do século XIX. Napoleão III e Haussmann são os representantes da burguesia em ascensão, a burguesia empresarial, que lucraria com a modernização de Paris. Os arquitetos faziam parte da classe no poder, embora seu *status* como profissionais "liberais" tenda a ocultar esta condição; seus motivos e modelos culturais tendiam a ser os mesmos de seus clientes, e esta situação se manteve até o final do século. O urbanismo e a arquitetura franceses são elaborados com base nos esquemas haussmannianos tanto em Paris como nas principais cidades das províncias, até que a *Art Nouveau* criasse uma ruptura nesta situação.

Tal homogeneidade poderia nos fazer pensar que o urbanismo de Haussmann, subordinado a uma situação política determinada, apenas influenciou aquelas cidades com problemas similares. Isso suporia esquecer que os modelos espaciais transmitem outras informações e que na intervenção de Haussmann existe a aplicação de uma técnica que tanto se preocupava com a boa administração de uma cidade grande como com a solução dos problemas morfológicos, técnica que seria utilizada por outros para fins às vezes antagônicos.

Por meio de quais mediações são transmitidos os modelos haussmannianos? Em primeiro lugar, por meio da observação direta da capital; Paris é uma das cidades mais importantes da Europa, frequen-

---

[115] Haussmann, prefeito de Bordeaux em 1851 e familiarizado com a cidade desde seu casamento (1838), não tinha como não se impressionar com as reformas realizadas no século anterior com a iniciativa do prefeito Tourny (1690-1760). "É uma capital", disse o príncipe-presidente por ocasião de sua visita à cidade em outubro de 1852, impressionado com a amplidão das avenidas ornamentadas para a ocasião por Alphand. O próprio Haussmann, em seu discurso ao Senado em 6 de junho de 1861, estabeleceu um paralelo entre sua intervenção em Paris e a feita por Tourny em Bordeaux.

[116] Ainda que a iniciativa de Napoleão III seja importante – afinal ele mesmo decidiu o leiaute básico e as prioridades –, foi Haussmann quem conferiu o "caráter" à cidade. Napoleão III era antes de tudo um pragmático. Além de conhecer pouco Paris, havia ficado impressionado com a Inglaterra e criticou o prefeito por sua inclinação pela ordem e pelas perspectivas, enquanto Haussmann considerava que "os três princípios do urbanismo clássico – linhas retas, ordem e perspectiva – são sagrados". P. Lavedan, *Les villes françaises*, Paris, Vincent et Freal, 1960.

temente visitada por chefes de estado, políticos, delegações estrangeiras; as exposições universais se sucedem a partir de 1855 (1867, 1878, 1889, 1900); Berlage visitou a exposição de 1889.

O ensino e a publicação também desempenhavam importante papel. A doutrina oficial da École des Beaux-Arts se inscreve perfeitamente na perspectiva haussmanniana, enquanto Viollet-le-Duc, Choisy, Anatole de Baudot naquela época estavam à margem – sua influência somente seria sentida mais tarde. Já César Daly, Charles Garnier, Julien Guadet[117] seriam os codificadores da arquitetura oficial, transmitindo os princípios da composição clássica e o respeito pelas convenções.

A influência é exercida, por fim, diretamente de uma prefeitura a outra – a organização que Haussmann fez da secretaria de obras públicas da cidade de Paris constituiu um exemplo significativo para muitas cidades grandes que desejavam adquirir os meios técnicos para o controle de seus processos de urbanização.

A fim de mensurar de modo concreto a influência haussmanniana nos exemplos que analisamos nesta obra, vamos nos reportar a uma crítica feita por Raymond Unwin.[118]

O autor inicia fazendo uma revisão da história das cidades, mas estava menos preocupado com a reconstrução histórica do que em buscar referências. Haussmann se apresenta como o continuador do urbanismo barroco, oposto às teorias inglesas de tratamento da paisagem, bem como às ideias do pitoresco pangermânico (Camillo Sitte, Schultze-Naumburg). Unwin manteve os princípios de composição global, legível, monumental e hierárquica de Haussmann, baseados na presença de eixos, linhas retas e cruzamentos que favoreciam o funcionamento racional da cidade. Esta postura é bastante similar à dos teóricos e praticantes germânicos, que constituem o legado haussmanniano, como O. Wagner ou H. J. Stübben.[119] Para Unwin, a monotonia dos detalhes, o isolamento inadequado dos monumentos, a incapacidade dos traçados viários de gerar verdadeiros "espaços" – "não há praças fechadas com Haussmann" – seriam criticáveis. Unwin rejeita absolutamente a quadra haussmanniana ligada

---

[117] C. Daly, op. cit.; C. Garnier, L'habitation humaine, Paris, Amman Hachette, 1889; J. Guadet, op. cit.

[118] R. Unwin, Town Planning in Practice, op. cit.

[119] Unwin manteve contato com Stübben, que foi o autor dos planos de Colônia, Antuérpia, etc., cujas teorias haviam sido publicadas (Der Städtebau, 1890) e posteriormente foram divulgadas em um seminário de urbanismo no Politécnico de Berlim (1907).

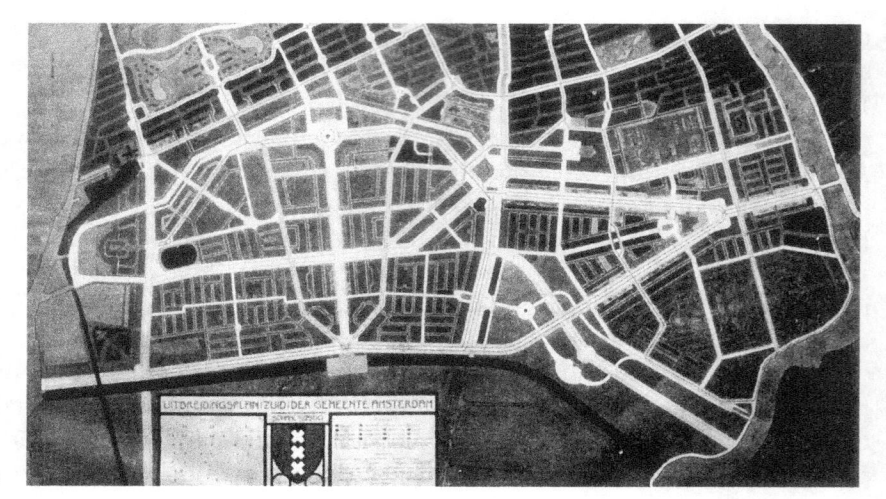

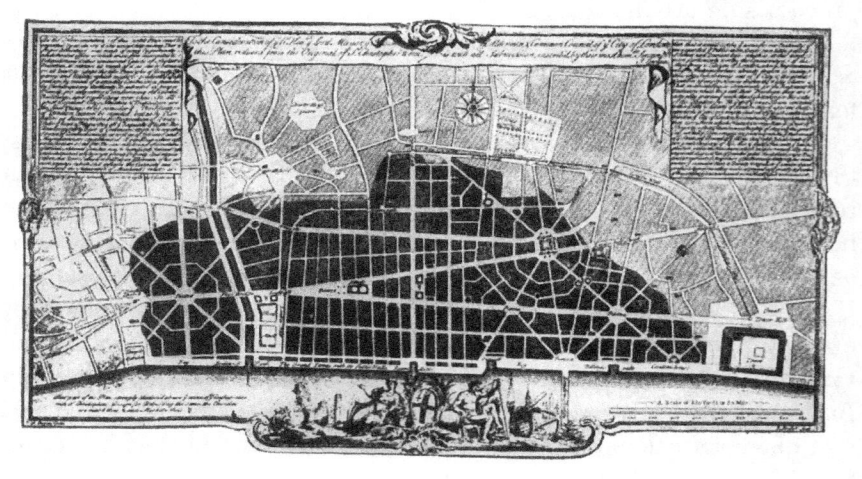

Figura 54 Berlage e Wren.
  a. H. P. Berlage: plano para a expansão da zona sul de Amsterdã (1916).
  b. Christopher Wren: plano para a reconstrução de Londres após o Grande Incêndio de 1666.

a uma cultura francesa muito distinta da tradição inglesa e tão distante do ideal da cidade-jardim.

A influência de Haussmann – uma análise de suas intervenções confirma seus escritos – se exerce em um nível preciso, o global, ainda que devamos observar a diferença considerável de escala entre os grandes traçados haussmannianos e as obras monumentais de Unwin, que alcançam as dimensões de uma cidade inteira.

Essa reorganização do território urbano não foi feita apenas por Haussmann. Sem remontar à Roma de Sixto V, Unwin atribui como precedentes de Haussmann Karlsruhe, Nancy e, sobretudo, o plano de Cristopher Wren para Londres. É impressionante que tanto para Haussmann como para Wren, a questão é propor uma resposta imediata a um problema que não poderia ser resolvido por intervenções parciais.

Assim, podemos observar como, desde as origens de um dos movimentos que mais marcou a fisionomia do urbanismo do século XX, a persistência de uma tradição clássica foi reconhecida e aceita por todos, inclusive por aqueles que, por buscarem os ideais do movimento Artes e Ofícios, em tese se afastariam desta tradição. Essa tradição clássica, que é moderada em Unwin, se acentua com Lutyens na praça central de Hampstead e se acentua em seus projetos posteriores, até atingir um academicismo francês inquestionável em Nova Délhi.

O meio-termo proposto por Unwin e disseminado em grande parte por meio de seus escritos e suas palestras posteriores chega a uma conclusão natural na cidade-jardim de Welwyn. O arquiteto Louis de Soissons, autor de um plano cujas grandes perspectivas evocavam diretamente o paisagismo francês, reunia em sua personalidade uma formação *"Beaux--Arts"* e a tradição inglesa. Mais do que Hampstead, Welwyn ilustra os princípios de Unwin: a composição clássica e monumental do conjunto e a disposição pitoresca dos detalhes.

Já a Holanda, muito vinculada culturalmente à Inglaterra, não tinha como deixar de adotar parte dessas teorias, ainda mais que o século XIX fora marcado pelas tentativas de composições urbanas monumentais de P. J. H. Cuypers, entre as quais o exemplo mais ilustre é o Rijksmuseum. Ao contrário do que havia ocorrido em Paris, onde Haussmann estava, de certa maneira, seguindo a mesma linha de urbanismo de Luís XIV, tais composições eram novidade na Holanda, onde as principais atividades comerciais do século XVII haviam levado a um urbanismo burguês e protestante (o plano dos três canais) desprovido de qualquer pompa.

Influenciado pela leitura dos livros de Ruskin e Viollet-le-Duc, Berlage foi seduzido pela cidade-jardim, como ainda hoje podemos ver em seu primeiro projeto para a zona sul de Amsterdã (1903) e pelo projeto do bairro Vreewijk, em Roterdã (1914). No segundo, realizado pelo arquiteto Granpré-Molière, os princípios de Unwin reaparecem claramente, e o padrão de radiais centralizadas se inscreve dentro da tradição clássica. Em Amsterdã, as condições eminentemente urbanas que haviam sido finalmente impostas não se adequavam às adaptações de Unwin, e Berlage recorreu aos princípios de Haussmann. Ele conhecia a Paris de Haussmann, que em 1883 chamou de "a mais bela cidade moderna" e cuja exposição de 1889 lhe conferiu a oportunidade de uma visita. Por fim, estava familiarizado com as teorias de Otto Wagner e de H. J. Stübben, que, em última análise, resgatavam os recursos técnicos testados em Paris. A zona sul de Amsterdã, com suas avenidas e seus prédios muito densos, pode parecer como o último exemplo diretamente inspirado em Haussmann, como sugere Giedion, embora ele lamentasse um pouco que sua intervenção não tivesse ficado "mais moderna".[120]

Entre os precedentes clássicos do plano de Berlage, temos, por fim, de reservar um espaço especial para o plano de Christopher Wren para a reconstrução de Londres após o Grande Incêndio de 1666. Tanto Rasmussen como Summerson insistem na importância deste plano,[121] que propunha intervenções de uma só vez em um enorme conjunto de zonas que até então haviam permanecido isoladas ou únicas, como a Praça do Povo, em Roma, a praça seca de Bernini em frente da Basílica de São Pedro, os projetos de entrada de Paris ou mesmo os projetos de paisagismo, como aqueles de Le Nôtre. Wren, assim como seu contemporâneo John Evelyn, autor de um projeto para a reconstrução de Londres, projetou um leiaute de vias baseado em duas grelhas sobrepostas, uma comum e retangular e a outra monumental e dependente de alguns recursos consagrados pela cultura urbana clássica-barroca: a simetria, os sistemas viários radiais, as perspectivas. Essas operações fazem parte das ferramentas empregadas por Berlage para os planos de expansão de Haia (1908) e da zona sul de Amsterdã. Porém, as semelhanças não se limitam aos princípios. Tanto em Amsterdã como em Londres, a "composição" começa, respectivamente, em uma ponte sobre o Amstel e em uma ponte sobre o rio Fleet, que desemboca no Tâmisa em Blackfriars. A parte localizada "por trás da ponte" é um

---

[120] S. Giedion, *Espace, temps, architecture*, op. cit.
[121] Steen Eilen Rasmussen, *London, the Unique City* [1934], Cambridge, MIT Press, 1967.

pouco mais autônoma em relação ao conjunto: o sistema que em Londres se origina de um octágono remete à cidade-jardim de Watergraafsmeer, em Amsterdã. Assim, tanto em Berlage como em Wren, encontramos uma sequência monumental principal: ponte/avenida/praça/monumento/duplicação da avenida. A torre de J. F. Staal desempenha o mesmo papel na Catedral de São Paulo, em Londres, como o ponto gerador do sistema de vistas em perspectiva. Esta sequência principal combina com uma sequência secundária, perpendicular à principal, cuja origem é outro ponto de acesso: a estação Minerva, a ponte sobre o Tâmisa. Por fim, alguns elementos, como os jardins clássicos, formam figuras geométricas autônomas.

Essas características do plano de Wren demonstram a existência de uma corrente urbanística clássica que difere da tradição francesa que Haussmann herdou. Menos pomposa, esta corrente tira partido de recursos mais complexos. As cidades-jardins mostram os sinais desta tendência e, ainda que o tratado de Unwin cite Haussmann, na prática, ele se referia a Wren.

Tanto em Unwin como em Berlage, a tradição clássica e a influência de Haussmann se manifestam no plano dos princípios – uma composição geral claramente ordenada obtida por meio de monumentalidade, simetria, convergência e axialidade. Porém, enquanto o projeto de Haussmann foi executado rapidamente, sob pressão da especulação imobiliária, usando o mesmo procedimento (e os mesmos recursos) em todos os níveis, Unwin e Berlage consideravam que a lógica da composição que rege os níveis inferiores obedece a diferentes leis. Deste ponto de vista, estes últimos urbanistas se relacionam com um classicismo menos acadêmico, o do século XVII, no qual a organização em conjunto não implicava a semelhança das partes e onde vários sistemas eram sobrepostos. Esse tipo de construção flexível, ausente nos projetos de Haussmann e presente em Versalhes como uma demonstração eloquente (a autonomia das formas geométricas dos pequenos bosques, que são conectadas ao leiaute monumental apenas por meio de sua localização e por algumas vistas perspectivas), é empregado em Amsterdã para as mudanças de escala e facilitou a divisão do trabalho entre vários arquitetos, permitindo na Inglaterra os detalhes pitorescos.

A influência dos modelos haussmannianos fica evidente no urbanismo do início do século XX. Em Le Corbusier, por exemplo, embora seja mais abstrata, encontramos uma preocupação com a ordem que lembra as preocupações estratégicas de Haussmann. Nas perspectivas que acompanham os primeiros planos grandiosos de urbanismo, como a Cidade para Três Milhões de Habitantes ou o Plan Voisin, havia uma reinterpretação da monumentalidade, que talvez não teria desagradado a Napoleão III, mas esta referência direta para por aqui. O Movimento Moderno foi influenciado apenas de maneira indireta, por meio das experiências que discutimos ou por meio de um processo de mudanças históricas.

A tentação do pitoresco

O século XIX é marcado pelas tentativas contrárias à busca da tradição clássica, por uma reinterpretação espacial da espontaneidade pitoresca dos arquitetos vernaculares ou das cidades medievais. Iniciando com a literatura e a crítica da arte e sendo apoiado pelos pintores, o movimento se estabeleceu solidamente na Inglaterra, baseando-se nas correntes naturalistas do século XVIII, nas experiências com as primeiras cidades-jardins de John Nash e nas cabanas para operários do início do século. Em 1859, a Casa Vermelha de William Morris e Philip Webb abriu o caminho para o movimento Artes e Ofícios; Godwin, Norman Shaw, Lethaby, Ashbee, Voysey, Baillie Scott e Lutyens divulgaram na arquitetura as ideias inovadoras e dominaram a arquitetura inglesa até o final do século XIX. Suas obras publicadas na Alemanha pelo arquiteto Muthesius[122] exerceram uma influência decisiva na Europa germânica, na Escandinávia e na Holanda e, com menos força, na França.

Esse movimento, caracterizado pela produção concreta (edificações, móveis, objetos de uso cotidiano) não abordou a cidade em um plano além do teórico. Sua influência na elaboração de modelos espaciais curiosamente pode ser associada à de Camillo Sitte.[123] Enquanto os arquitetos ingleses apenas costumavam ter como referência a arquitetura rural, Sitte, em seu livro publicado em 1889, deu como exemplo os "quadros urbanos" que têm como tema as cidades medievais e renascentistas. Tanto

---

[122] O papel do arquiteto Hermann Muthesius (1861–1927) é importante na elaboração dos modelos da arquitetura alemã. Após passar um período no Japão, ele foi enviado a Londres como adido técnico da embaixada da Alemanha (1896–1903) e encarregado pelo governo da Prússia de conduzir uma verdadeira espionagem industrial na área da construção, arquitetura e desenho de produtos. Esta missão se concretizou com a publicação, em Berlim, de três obras: *Die englische Baukunst der Gegenwart*, 1900–1902; *Die neuere kirchliche Baukunst in England*, 1902; *Das englische Haus*, 1904. Em 1907, Muthesius, junto com P. Behrens, Th. Fischer e outros, foi fundador da Deutscher Werkbund.

[123] Camillo Sitte (1843–1903), arquiteto e diretor da Escola Imperial de Artes Industriais de Viena, *Der Städtebau nach seinen Kunsterischen Grundsatzen* [A Construção das Cidades Segundo seus Princípios Artísticos], Viena, 1889.

Capítulo 7 Elaboração e transmissão de modelos de arquitetura **181**

a

b

c

Figura 55 O pitoresco e a paisagem urbana.
   a. Camillo Sitte: Ilustração de seu livro.
   b. Raymond Unwin: ilustração de *Town Planning in Practice*.
   c. Ernst May: rua principal do *Siedlung* Praunheim. A maneira de desenhar e os princípios ordenadores da paisagem urbana de Sitte são adotados fielmente por Unwin: perspectivas focadas em um monumento, ampliação e restrição do campo visual. Em Amsterdã, diretamente, mas também em Frankfurt, após uma reinterpretação, o tratamento dos espaços urbanos segue o mesmo espírito.

Camillo Sitte como os arquitetos ingleses rejeitavam a cidade do século XIX, a cidade da industrialização, mas enquanto os ingleses viam a solução fora da cidade, na simplicidade do campo – o que os levou à teoria da cidade-jardim –, Sitte defendia uma reinterpretação das cidades antigas, ainda que negasse, se posicionando fora da história. No entanto, isso não impediu que tivesse grande influência sobre Unwin e Berlage, embora ambos estivessem cientes dos problemas do urbanismo da época.

Esta influência foi sentida de duas maneiras. No plano da forma, foi sentida nos impactos dos croquis do livro de Sitte (quadros pictóricos, desenho de praças, distribuição dos monumentos); no plano da teoria, por meio da observação de arranjos pitorescos empregados sistematicamente, sugerindo a possibilidade de mesmo dentro do projeto realizar pesquisas metódicas.

De Camillo Sitte a Raymond Unwin

Vinte anos depois da obra de Camillo Sitte, Unwin fez um balanço de suas primeiras experiências. Sua dependência de Sitte se manifestava claramente em seus projetos – o arranjo das esquinas, o tratamento dos cruzamentos e a limitação das perspectivas seguiam ao pé da letra os princípios do teórico austríaco –, embora na baixa densidade das cidades-jardins esses princípios estivessem menos evidentes. Esta influência é notada até mesmo nas ilustrações, que às vezes reproduziam os mesmos recursos gráficos do livro de Sitte (embora devamos reconhecer que esta semelhança se deve em parte ao tipo de impressão). E, por fim, a influência se vê no discurso de Unwin, que mostrava claramente até que ponto Unwin pretendia tirar partido das propostas dos teóricos germânicos, os quais considerava incapazes de definir uma estrutura geral para as intervenções ("um estrangeiro se perderia em um labirinto como este"). Essas propostas, contudo, permitiam a variedade de soluções, a diversificação dos bairros, etc. As divergências ficavam bastante claras nas referências à cidade medieval. Camillo Sitte isolava praças, ruas e monumentos em um longo inventário, que, na verdade, formava um catálogo de soluções a serem adotadas e uma coleção de exemplos a serem reinterpretados. Unwin, ao estudar em Rothenburg, tentou encontrar uma estrutura e compreender os princípios: a diferenciação dos espaços principais e a hierarquia das partes, a fim de criar continuidades e contrastes.

É necessário avaliar cuidadosamente o papel de Unwin no desenvolvimento desta tendência ao pitoresco na arquitetura e no urbanismo. Ainda que tenha tomado para si os princípios formulados por outros, ele os reescreveu com um vocabulário de formas homogêneo e pessoal, aproveitado as contribuições do movimento Artes e Ofícios e adotando a tradição inglesa do paisagismo. Desde suas origens, seu papel esteve intimamente ligado ao movimento da cidade-jardim. Ele não se contentou em imaginar uma paisagem urbana – também tentou resolver um problema social: a habitação. Disto advém seu interesse pela arquitetura doméstica, para a qual codificou alguns elementos, apoiado na tradição especificamente inglesa de tipificação da habitação. Na Inglaterra, não somente os princípios, mas a própria forma das edificações praticamente ficou intocada durante mais de 40 anos. Unwin introduziu elementos que não são encontrados na obra de Camillo Sitte, como a vegetação, que – com a exceção das plantas "decorativas" – o austríaco apenas aceitava fora da vista. Porém, sua principal contribuição foi proporcionar um inventário das formas de reunião de casas, particularmente o agrupamento [*close*], aquele espaço de uso coletivo circundado por moradias e separado das vias de tráfego, reinterpretando o pátio da fazenda ou da mansão tradicionais.

Unwin reprovava o pitoresco dos teóricos alemães, que considerava uma "imitação muito artificial", e concluiu que "o caminho verdadeiro é não tentar plagiar o antigo". Este posicionamento é particularmente sensível às propostas de reinterpretação dos antigos limites das cidades tradicionais. Não seria o caso de reconstruir muralhas, como no exemplo do bulevar que "mantém a delimitação formada pela muralha antiga", e sim de "criar, por meio de qualquer recurso interessante, uma linha até a qual tanto a cidade como o campo poderiam chegar e parar de modo inequívoco". Os parques e jardins, bem como as construções, contribuem para a marcação das diferenças dentro do espaço. O limite entre os bairros habitacionais e a ampliação do parque de Hampstead, com seu simples muro de tijolo interrompido pelos terraços das casas, alargado por um passeio arborizado, que em sua entrada marcada por uma pequena esplanada levemente elevada mostra claramente a distância existente entre o movimento da cidade-jardim e o movimento pitoresco germânico. E é esta lição que será aprendida por Amsterdã e Frankfurt.

Berlage e a adaptação holandesa

Berlage conhecia as teorias de Camillo Sitte, pois seus estudos em Zurique o haviam posto em contato com os ambientes germânicos. Entre 1879 e 1881, visitou a Alemanha e a Itália, parando em Florença, onde adquiriu conhecimento em primeira mão sobre a Idade Média e o Renascimento. Também devemos somar a isto o caráter pitoresco das cidades flamengas, que faz parte da cultura holandesa, cuja herança Berlage reconheceu ao afirmar: "devemos conservar parte da tradição da arte da antiga Holanda". Enfim, ele estudou cuidadosamente a experiência das cidades-jardins e fez sua própria releitura de alguns de seus princípios. Por outro lado, podemos encontrar entre as referências do urbanismo de Berlage os mesmos nomes que Unwin: C. Sitte e Schultze-Naumburg, H. J. Stübben e C. Henrici.[124]

Deste ponto de vista, dois projetos são exemplares. O primeiro é o plano para a expansão de Purmerend (1911), que evidencia a relação com a cidade antiga, não apenas em uma relação teórica, intelectualizada, mas em uma clara relação morfológica entre as duas partes. Não sabemos se Berlage, ao estabelecer este plano, já havia lido a obra de Unwin, que publicada em 1909, mas encontramos os mesmos princípios. A conservação dos limites antigos é garantida, a ampliação é apresentada como um bairro cuja forma bem-definida (um quadrado) é consolidada por um recinto formado por um bulevar arborizado em três de seus lados (o quarto lado é a muralha fortificada da cidade velha, que é conservada). A entrada principal da cidade é formada pela estação, que se conectava com a cidade velha por meio de uma via diagonal marcada por um monumento, o qual, por sua vez, definia o centro do novo bairro. A praça central obedece aos princípios de Camillo Sitte, com o deslocamento da via diagonal, a fim de fechar as perspectivas, as quais são formadas por meio de um monumento (a perspectiva da entrada) e por uma pequena praça com vegetação (a perspectiva da saída).

O outro projeto, o plano para a expansão de Haia de 1908, era mais ambicioso. Seu traçado resgata as características essenciais do projeto realizado por De Bazel para o concurso da "Capital Mundial da Fundação do Internacionalismo", de 1905, e nos remete, em algumas partes, ao plano de Christopher Wren para Londres. Contudo, uma análise mais atenta

---

[124] P. Singelenberg, M. Bock, K. Broos, *H. P. Berlage, bouwmeester, 1856–1934*, catálogo de exposição, Haia, Museu Municipal, 1975.

Capítulo 7 Elaboração e transmissão de modelos de arquitetura **185**

a | b

c

d

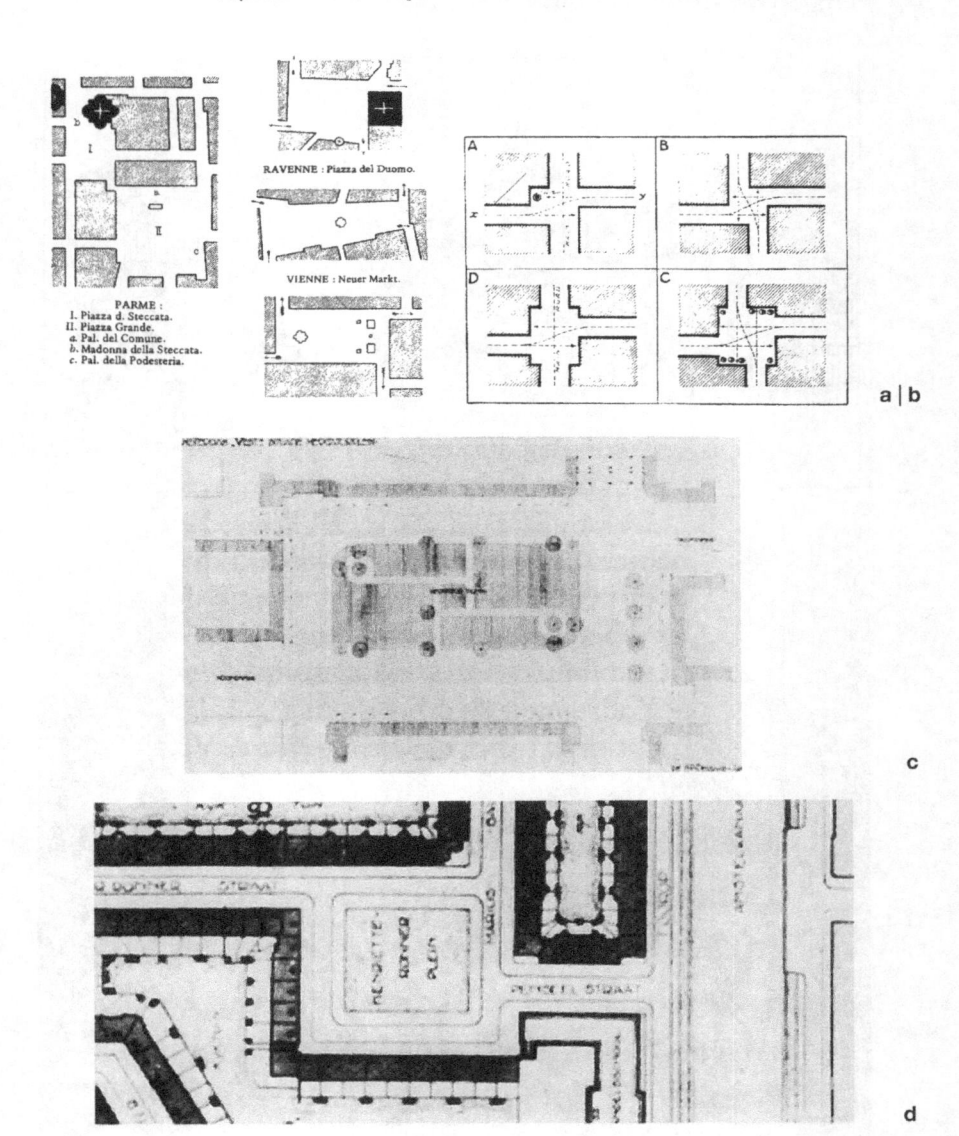

Figura 56 O papel da praça na composição urbana.
  a. Camillo Sitte: agrupamento de praças e esquema teórico de uma praça urbana (*Der Städtebau...*).
  b. Raymond Unwin: estudo de diferentes tipos de cruzamento e tratamento de uma praça de Hampstead (*Town-Planning in Practice*).
  c. H. P. Berlage: Mercator Plein (Praça Mercator), em Amsterdã.
  d. Michel de Klerk: Praça Henriette Ronner, em Amsterdã.

Figura 57
    a. Unwin e Parker: entrada do jardim-subúrbio Hampstead, em Londres (1909). O "portal" definido por duas edificações com arcada é o local onde se localizam as lojas.
    b. G. Rutgers: as pequenas lojas sobre as arcadas onde a Gerrit van der Veenstraat desemboca na Minervalaan, em Amsterdã (1926–1928).

mostra aqui o papel do parque como divisão da cidade e sua ampliação, a estação com a função de ser um novo polo de frente para a cidade velha (como em Purmerend e como Berlage desejava para Amsterdã) e as diferenças entre um centro densamente construído e uma periferia, como na cidade-jardim. A semelhança entre os teóricos ingleses e holandeses pode ser vista em vários aspectos: a estação de trem, como um novo portal da cidade, e o bulevar que separa o centro da periferia aqui retomam o traçado da muralha das antigas cidades holandesas fortificadas do século XVII e dos esquemas renascentistas para cidades ideais, e a própria ferrovia é utilizada para delimitar a cidade-jardim.

Em termos gerais, os modelos de arquitetura de Berlage são similares aos de Unwin; as diferenças aparecem apenas nos detalhes. Os condicionantes construtivos típicos da Holanda, especialmente a estabilização do solo, resultaram em uma densidade mais alta do que na Inglaterra. Além disso, a limitada área territorial do país implicava uma área de ocupação também menor, que não favorecia a aplicação das regras das cidades--jardins. Sabe-se, inclusive, que o primeiro projeto para a expansão de Amsterdã foi recusado em razão de sua densidade muito baixa. Contudo, ao intervir em um tecido urbano com características bem definidas, Berlage recorreu a muitos detalhes pitorescos, embora envolvesse importantes mudanças de escala.

Todos os arquitetos que trabalhavam com ele em Amsterdã pertenciam, mais ou menos, à Escola de Amsterdã, que entre 1915 e 1925 foi dominada por Michel de Klerk e P. L. Kramer. Todos compartilhavam uma preferência pelo romantismo pitoresco, o qual apresentava vestígios de influências escandinavas. Uma vez que abandonavam as grandes avenidas monumentais, fica evidente o desejo de dar um foco às vistas perspectivas e criar novas praças fechadas. O conjunto De Dageraad, uma das primeiras realizações do plano para a expansão sul de Amsterdã, claramente mostrava isso, embora a densidade e a tradição holandesa da quadra tenham lhe conferido um caráter urbano que não é encontrado nas cidades-jardins.

Nos exemplos citados anteriormente, o papel dos arquitetos da Escola de Amsterdã que projetaram os prédios foi tão importante quanto o de Berlage, mas o tratamento da praça Mercatorplein (na qual Berlage interveio) ilustra claramente a influência de Camillo Sitte (o deslocamento do eixo da rua principal, deixando algumas zonas disponíveis para uso fora das rotas de circulação principal). Ao mesmo tempo, a associação de arcadas e áreas comerciais que pode ser vista em vários locais do plano para a expansão sul de Amsterdã (como na esquina das ruas Minervalaan com Gerrit van der Veenstraat ou no cruzamento da Rijnstraat com a Victorieplein) toma emprestadas as propostas feitas por Unwin para a entrada da área de comércio de Hampstead.

Por fim, ainda que estivesse extremamente dependente de uma lógica de quadra que seria explorada na Holanda até 1934 (veja as primeiras realizações de J. J. Oud em Roterdã), Berlage e os arquitetos da Escola de Amsterdã tentaram variações do *hof*, um tipo de agrupamento de edificações similar ao inglês, mais uma vez resgatando a tradição flamenga do *béguinage*, e reintroduziram, para a criação de um espaço comum resguardado da rua, as profundas modificações que em seguida seriam aplicadas ao tecido urbano.

O problema da cidade industrial: Ernst May e a nova Frankfurt

Na elaboração dos modelos de arquitetura do Movimento Moderno, um aspecto fundamental muitas vezes negligenciado é a intervenção de Ernst May em Frankfurt. A formação de May ocorreu na Alemanha em um período no qual a crítica da arte no meio acadêmico era dominada por Wölffin, que seguia os ensinamentos de Theodor Fischer, na linha clássica dos teóricos da arquitetura, e um grande número dos colaboradores de May compartilhava esta formação. Ao mesmo tempo, antes da Primeira Guerra Mundial, ele se sentia próximo aos arquitetos do Modernismo vinculados à Deutscher Werkbund e mantinha contato com Peter Behrens e Bruno Paul, defensores da industrialização. Além disso, havia passado dois períodos na Inglaterra, onde fez cursos e, sobretudo, trabalhou por dois anos com Raymond Unwin em Hampstead. May conhecia e apreciava Londres.

Mais que Berlage, May estava consciente da inevitável explosão dos centros urbanos. A industrialização forçada da Alemanha no início do século XX levou-o a conceber os planos de expansão que adotavam os princípios de Howard: crescimento urbano descontínuo, cinturões agrícolas, etc. Em 1925, quando assumiu a secretaria de urbanismo de Frankfurt, já tinha a experiência de Breslau, bem como seu conhecimento de Londres e das cidades-jardins. Ele também havia participado do congresso internacional para a construção de cidades que ocorreu em Amsterdã em 1924, e do congresso internacional de urbanismo de Nova York, de 1925, duas ocasiões para reencontrar os principais teóricos e projetistas de então.

Suas convicções socialistas e a situação da Alemanha ao término da primeira crise monetária da República de Weimar levaram-no a considerar o urbanismo sob um ângulo diverso da visão pitoresca de Camillo Sitte e seus discípulos. No entanto, se examinamos os *Siedlungen* de Frankfurt, pelo menos até 1928, notaremos que os modelos de arquitetura empregados não eram meras reduções de princípios "racionalistas" que podem ser vistos aplicados a outras intervenções da época, como o *Siedlung* Dammerstock, projetado por Gropius para Karlsruhe, ou o *Siedlung* Hellerhof, de Mart Stam, também em Frankfurt. May, acima de tudo, se preocupava com a questão da forma urbana, da cidade como um todo.

Giorgio Grassi[125] destacou este diálogo entre a nova Frankfurt e "a cidade europeia histórica, [...] uma cidade onde em nenhuma das fases de seu desenvolvimento são ignoradas aquelas experiências particulares que contribuíram para sua definição". Ele também associou o tecido dos parques e o tratamento de seus limites "à ideia de embelezamento da cidade clássica" e citou o projeto de May para as encostas do rio Main. Ele comparou este projeto ao de Robert de Cotte para a praça Bellecour em Lyon e ao projeto de J. Gabriel para a praça Royale de Bordeaux e ao projeto de desenvolvimento do vale do rio Nidda, o qual, por sua vez, comparou aos palácios e às vilas da cidade clássica (o Belvedere de Viena, os palácios Borghese ou Farnese de Roma). São muitas as comparações feitas por Grassi:

— Frankfurt em 1925, Bordeaux e Lyon no século XVIII – para Grassi, May tentou estabelecer mais uma vez uma relação morfológica entre a cidade e o rio, seguindo a tradição clássica. Frankfurt, no século XX, é "a cidade histórica europeia", como era Bordeaux no século XVIII;
— Römerstadt, Praunheim / Belvédère, Palácio Farnese, etc. – o espaço verde do século XX estrutura a relação com a cidade da mesma maneira que outrora fez o jardim clássico;
— Main / Nidda – o vale, em ambos os casos, cria uma relação possível entre os bairros de uma parte e os da outra, a qual é uma relação de arquitetura, uma vez que "a beira de um rio é um elemento de arquitetura da mesma maneira que um prédio ou uma praça pública".

---

[125] G. Grassi, "*Das neue Frankfurt* et l'architecture du nouveau Francfort", em *Neues Bauen in Deutschland*, Zurique, ETH, 1973.

Sem dúvida concordamos com a ideia de que os traçados urbanos para Frankfurt lembram os do urbanismo da cidade clássica,[126] que a reorganização da cidade do século XX estabeleceu um problema similar em relação à cidade do século XIX, como o dos planos para a expansão e o planejamento da cidade clássica para a cidade medieval. Também podemos aceitar que a definição obscura de "cidade histórica europeia" possa ajudar na abordagem da evolução da forma urbana. Contudo, entusiasmado com sua demonstração, Grassi elimina um pouco rápido demais a questão da influência inglesa ao dizer imediatamente "que o problema dos espaços verdes, no caso da nova Frankfurt, não tem qualquer relação com a questão da cidade-jardim".

Com Ernst May, a ideia geral da cidade, baseada em uma consciência de sua explosão inevitável (*Trabantenprinzip*) denota uma filiação entre a cidade-jardim e o urbanismo de Frankfurt. Propomos a hipótese de que esta filiação, além do conhecimento de primeira mão e da experiência que May teve ao trabalhar no escritório de Unwin,[127] envolve etapas específicas que ilustram a influência da Inglaterra sobre a Alemanha no início do século.

A influência direta: durante o período entre 1890 e 1910, os arquitetos ingleses vinculados ao movimento Artes e Ofícios foram convidados a prestar consultorias na Alemanha e na Áustria. Lá, projetaram edificações, trabalharam como urbanistas e projetaram móveis e objetos para grupos de artesões que estavam organizados como as corporações de ofício inglesas (Deutsche Werkstätte, Wiener Werkstätte). C. R. Ashbee também mantinha relações frequentes com a Alemanha, onde, em 1911, apresentou as obras de Frank Lloyd Wright na segunda edição Wasmuth. Ernst Ludwig, de Hesse, o havia convidado, depois de Baillie Scott, como conselheiro para o estabelecimento da colônia de artistas de Darmstadt, construída por J. M. Olbrich e que tanto surpreendeu May

---

[126] Ao comentar o projeto de May para a expansão de Breslau (1921), o vereador Behrendt observou a perfeita concordância entre o pensamento do urbanista e a proposta anterior, que lembrava as cidades ideais do Renascimento.

[127] Quando fala de sua experiência na Inglaterra, May o faz com total clareza: "Em 1910 retornei à Inglaterra, e esta vez fui para aprofundar meu conhecimento superficial da arquitetura inglesa, trabalhando em um grande escritório de arquitetura. Fui aceito por Sir Raymond Unwin, em Hampstead [...], que na época trabalhava com a cidade-jardim Hampstead. Familiarizei-me com o planejamento e a execução de um projeto que, a partir de então, teve uma influência decisiva na arquitetura europeia e que ainda hoje devemos considerar como um marco na evolução da cidade contemporânea" (relato de Justus Buekschimitt), *Ernst May*, prefácio de Walter Gropius, Stuttgart, Alexander Koch, 1963).

Capítulo 7 Elaboração e transmissão de modelos de arquitetura **191**

a | b

c | d

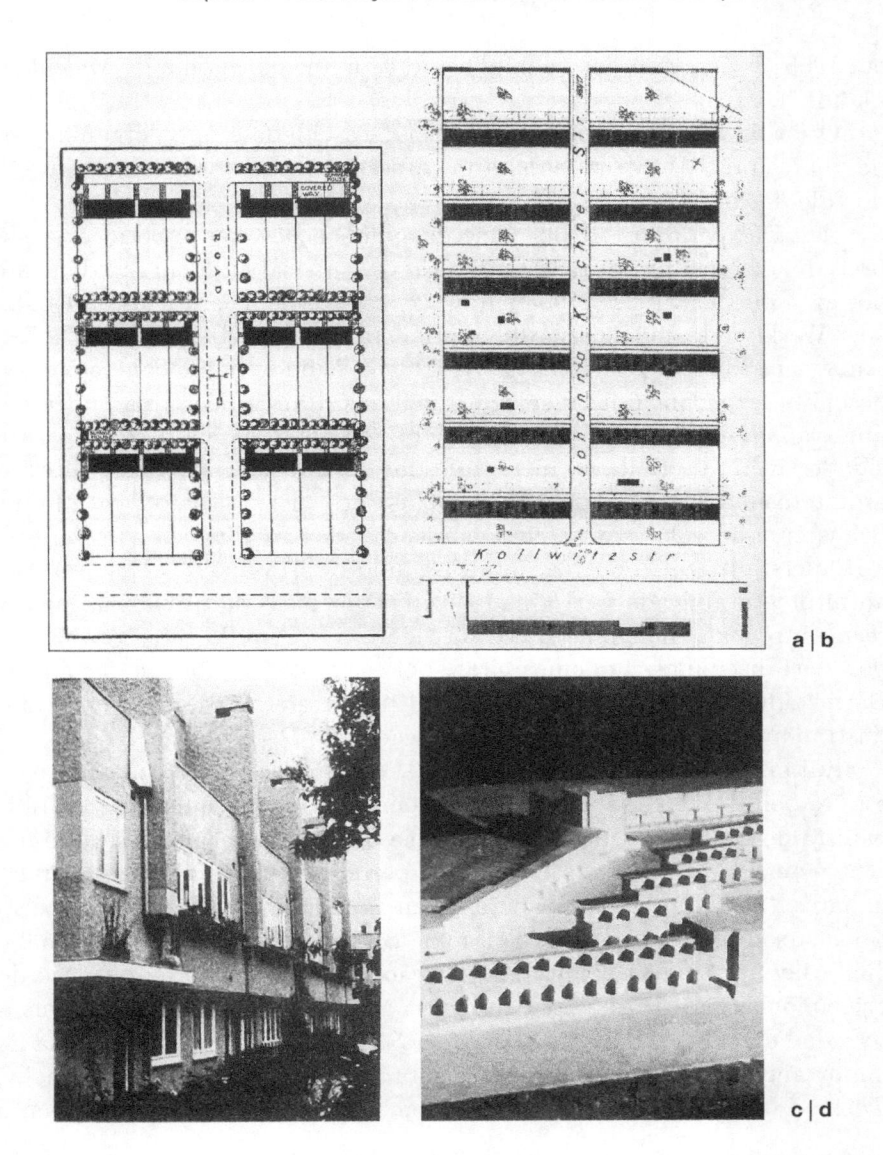

Figura 58 Os empréstimos do "racionalismo".
    a. Raymond Unwin: esquema teórico de distribuição das moradias em fita (*Town-Planning in Practice*, 1909)
    b. Ernst May: organização das moradias em fita do *Siedlung* Westhausen (1929).
    c. Greiner: praça central da cidade-jardim Watergraafsmeer, em Amsterdã (1922–1924).
    d. Ernst May: *Siedlung* Praunheim, em Frankfurt (1926–1930).

em 1908 ("passava todas as minhas horas livres na colônia de Mathildenhöme").

O jardim e o terraço com vistas para a cidade e que "organiza" os diferentes prédios talvez tenham inspirado certas disposições no projeto do vale do rio Nidda.

A influência indireta: por meio das publicações, das exposições e, sobretudo, dos relatos de Hermann Muthesius, que se sucedem rapidamente nos anos de 1900, 1902 e 1904 e nos quais se baseiam as teorias da Deutscher Werkbund. A cidade-jardim de Hellerau construída por Henrich Tessenov em 1908, por iniciativa da Werkbund, é um exemplo concreto desse desejo de experimentar as soluções inglesas. Baillie Scott, na época em que trabalhou em Hampstead, projetou em 1909 alguns prédios para a cidade-jardim de Hellerau que eram uma referência importante entre os arquitetos modernistas (pouco depois Le Corbusier visitou o local). Franz Schüster, que colaborou com a edificação dos *Siedlungen* Westhausen e Römerstadt, entre outros, fora discípulo de Tessenov.[128] Esse retorno ao pitoresco aplicado pela cidade-jardim por meio da influência inglesa reencontrou na Alemanha o eco das ideias de Camillo Sitte traduzidas por seus discípulos. Podemos citar, por exemplo, o subúrbio-jardim de Darmstadt, construído a partir de 1904 pelo arquiteto F. Pützer, um dos ilustradores de Sitte na época da publicação de *Der Städtebau*.

Enfim, o período de Breslau (1919–1925) é rico em ensinamentos a este respeito. Após se submeter à influência de Fritz Schumacher, um urbanista de Hamburgo partidário da ideia de passagem progressiva de um centro de cidade administrativo a uma periferia composta de casas unifamiliares, May restabelece o contato com as teorias da cidade-jardim com o concurso para o plano de expansão de Breslau (1921). Este concurso, no qual May apenas conseguiu uma menção honrosa, marca a aplicação do princípio das cidades-satélites e a recusa à continuação do desenvolvimento radial da cidade. Em seus artigos na *Schlesische Heim*, May insistia na importância da publicação de 1921 sobre as obras de Unwin e Lethaby, *Theorie und Praxis im Städtebau*.[129] Com o plano para o desenvolvimento

---

[128] Henrich Tessenov (1876–1950), após estudar em Munique, foi assistente do professor Schultze--Naumburg, um dos teóricos do estilo pitoresco pangermânico que influenciou Unwin e Berlage.

[129] A estreita relação entre May e Unwin, que reaparece após a Primeira Guerra Mundial, pode ser facilmente percebida com o seguinte fato: ao longo de uma série de palestras dadas em Berlim em 1922 sobre o tema da "construção da cidade moderna", Unwin escolheu, para ilustrar suas teorias, o exemplo do projeto de May para o desenvolvimento de Breslau. Também devemos recordar que, durante sua segunda estadia em Hampstead, May traduziu para o idioma alemão a obra de Unwin, *Town-Planning in Practice*, pensando em editá-la em seu país.

Capítulo 7   Elaboração e transmissão de modelos de arquitetura   **193**

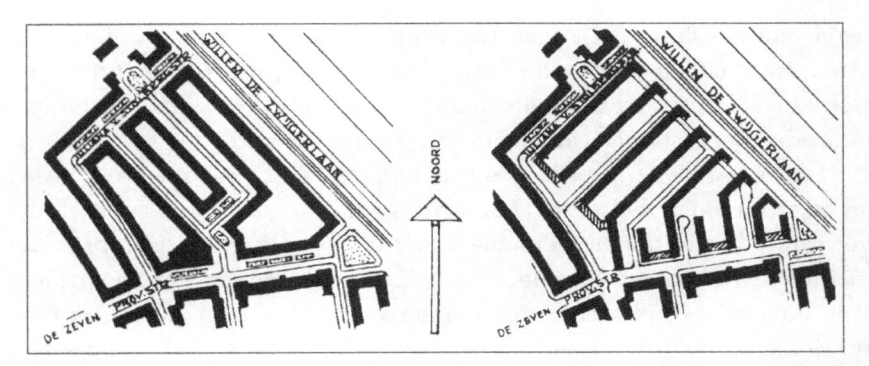

a | b

c

Figura 59   Bairro Landlust, Bos en Lommer, Amsterdã.
  a. Projeto de Berlage (detalhe do plano geral para a expansão oeste, 1925–1926).
  b. Projeto executado pelos arquitetos Karsten e Merkelbach (1932–1936). Giedion, um incansável apologista dos CIAM, considera este projeto como o ponto de passagem ao "progresso" do urbanismo de Amsterdã.
  c. O espaço interno: o início dos grandes conjuntos habitacionais.

da região de Breslau (1924), ele ressaltou ainda mais a necessidade de conceber o crescimento urbano dentro de uma estrutura regional que ultrapassasse os limites tradicionais da cidade, por meio de cidades-satélite comunicadas por sistemas rápidos de transporte urbano.

Portanto, a relação de May com a Inglaterra não é somente com a natureza teórica e global da cidade-jardim como modelo de crescimento, mas é inspirada diretamente em sua experiência prática em Hampstead. Os *Siedlungen* não eram considerados cidades independentes, mas projetos com uma relação precisa com a cidade antiga. Assim como nos projetos de Berlage, o parque urbano tanto conectava como separava, ou seja, seu papel deve ser comparado ao dos parques de Londres, e o exemplo de Hampstead evidentemente nos vem à mente, em vez do "cinturão agrícola de Howard". Como vimos anteriormente, o plano de desenvolvimento do vale do rio Nidda, a oeste, ou o projeto de Bornheimerhang, a leste, mostra claramente o diálogo entre as novas áreas e a cidade antiga.

Em Römerstadt, a muralha que domina o Nidda responde à linha de fortificações do centro da cidade, e os jardins privados em sua base são uma releitura dos jardins externos das cidades medievais, também em Rothenburg junto à muralha, um dos exemplos favoritos de Unwin. Mais do que os terraços da Vila Médicis, Römerstadt lembra o muro de tijolo que delimita as limitações da expansão de Hampstead Heath.

A concepção do parque como uma junção entre a cidade e sua ampliação tem suas consequências. Para May, a explosão da cidade não significa a perda da forma urbana. Ao contrário, em seus projetos, ele busca suprimir a proliferação incontrolável dos subúrbios característicos do século XIX, substituindo uma estrutura mononuclear que já não respondia às condições de urbanização do século XX por uma estrutura polinuclear organizada em torno dos parques, como em Londres. Para isso, May conferiu à cidade um limite claro com respeito aos novos núcleos. Isso significa que, quando os grandes *Siedlungen*, junto com os antigos vilarejos incluídos no projeto de urbanização, criaram as unidades periféricas, uma nova intervenção no século XIX criou pequenos *Siedlungen* inseridos no tecido urbano, de modo a conferir um limite definido na cidade antiga.

Este tipo de intervenção, que não pode ir avante em função de sua atividade em Frankfurt, é comparável à de Berlage em Amsterdã. Neste caso, o Velho Sul (Oud-Zuid), ao norte do canal Noorder Amstelkanaal foi terminado antes da construção das novas áreas (Niew-Zuid), embora em Amsterdã a separação entre as novas ampliações e o centro antigo estivesse limitada às dimensões do Amstelkanaal, em função das condições particulares de estabilização do solo.

Enfim, a ideia de uma cidade industrial muito grande e com vários polos – que se sujeita a um grau de zoneamento e que supera seus limites naturais, anteriormente transformados em parques urbanos – lembra Berlim (Frankfurt, a antiga capital imperial, tinha de aceitar um lugar secundário), mas também aquela Londres que May descobriu aos 20 anos de idade, em sua primeira estadia: "A metrópole inglesa primeiro te atordoa com sua imensidão, seu tráfego gigantesco. [...] Pela primeira vez em minha vida me senti arrebatado pelo pulso de uma cidade gigantesca."[130]

Este conceito de cidade moderna, estruturada por parques, onde os diferentes pontos estratégicos são expressos de maneira espacial, tinha a marca de Unwin, que também se via no tratamento dos detalhes, sobretudo nas primeiras realizações de May. Os princípios testados em Hampstead e reunidos em *Town-Planning in Practice* são reencontrados nos projetos do Nidda e em Niederrad. Entre esses princípios, incluíam-se a diferenciação das áreas por meio do uso de malhas distintas, a afirmação morfológica dos centros com edifícios mais altos (Römerstadt), praças (Praunheim) ou com a combinação de ambos (Niederrad), a criação de "pequenos bosques" que remetem ao tema do pomar, ao agrupar jardins individuais (Römerstadt) e o uso do centro das quadras como áreas de lazer ou para a inserção de equipamentos públicos (Niederrad, Praunheim). Todo este arsenal de recursos mostra como May tomou para si todas as soluções propostas por Unwin, assim com a muralha e as fortificações de Römerstadt mencionadas anteriormente, as esplanadas com vegetação que articulam as vias secundárias e a hierarquia das vias.

May também herdou da Inglaterra a ideia de agrupamento no qual a unidade já não é uma casa isolada, mas um casario em fita, tema merecedor de investigações sistemáticas. Devido à situação econômica da Alemanha em meados da década de 1920, ele desenvolveu o jardim privado, sempre que possível diretamente conectado às unidades de habitação, com um espírito similar ao das casas em fita (*terraces*) e casas isoladas de inspiração rural (*cottages*) inglesas, mas também em muitos aspectos relacionado com as moradias dos operários alemães do início do século XX.

Todavia, as semelhanças param aqui. Enquanto em Breslau a forma das edificações e o traçado viário estão muito vinculados ao pitoresco rústico da cidade-jardim, em Frankfurt a ruptura é clara. As causas dessa

---

[130] Segundo J. Buekschmitt, *op. cit.*

ruptura podem ser encontradas na história da economia da República de Weimar. A referência a uma arquitetura rústica é frequentemente encontrada em um período de crise monetária. Esta é a época na qual Gropius construiu Sommerfeldhaus com madeira, onde qualquer técnica industrializada é impossível, onde a arquitetura alemã pareceu regressar em relação à década de 1910, quando não se fugia à utopia. Com a prosperidade, renasceu a esperança de uma arquitetura moderna, científica, racional, ao mesmo tempo em que aumentaram as exigências por uma arquitetura de massas.

Comentaremos mais adiante esta "racionalização" – agora vamos nos limitar ao plano das referências formais. A mudança de postura de May não é um fato isolado. Na Alemanha, essa mudança corresponde a uma modificação nas posições teóricas e ideológicas dos arquitetos modernistas, consequência da recuperação da economia e política e do avanço do Movimento Moderno no exterior, especialmente na Holanda e na Suíça, que não haviam sido diretamente afetadas pela Primeira Guerra Mundial.[131]

O urbanismo de Frankfurt se inscreve neste movimento. Ele foi concebido com a transformação global de uma aglomeração segundo os novos princípios de urbanismo, de modo a adaptar Frankfurt às condições de uma grande cidade industrial e de colocar todo o vocabulário da arquitetura moderna ao serviço deste projeto. A análise da revista *Das neue Frankfurt* mostra que May não ignorava as experiências que estavam acontecendo no período, e a presença em Frankfurt de personagens como Adolf Meyer, F. Roeckle, Mart Stam, E. Kaufmann marca a conexão dos grupos importantes em termos teóricos (Bauhaus, ABC, etc.). As condições particulares da atividade de May em Frankfurt lhe permitiram buscar a unidade entre a arquitetura e o urbanismo de maneira melhor do que em qualquer outro lugar. Ele era praticamente o único arquiteto de então que poderia realizar em grande escala esta síntese, que represen-

---

[131] A evolução dos temas dos CIAM nos dá uma boa ideia da consciência coletiva da relação entre arquitetura e urbanismo entre os arquitetos do Movimento Moderno. O primeiro CIAM, em La Sarraz (1928), é uma reunião de arquitetos modernos em reação ao julgamento do concurso da Sociedade das Nações; esta coalizão ocorre com base em uma postura ética/estética em relação às questões da forma. A partir do segundo congresso (Frankfurt, 1929), dedicado à moradia popular (*Das Wohnung für das Existenzminimum*), os CIAM abordam progressivamente o urbanismo: o CIAM 3 foi sobre o agrupamento de moradias (Bruxelas, 1930); o CIAM 4, sobre princípios de urbanismo (Atenas, 1933). May e Frankfurt não estão à margem desta evolução.

tava, como mostram os escritos de Le Corbusier, o principal objetivo dos arquitetos da década de 1920.

A dependência de May em relação à cidade-jardim inglesa fica evidente em um artigo escrito para a revista *Das neue Frankfurt* publicado em 1928, com o falecimento de Howard.[132] Esta foi não somente a oportunidade para fazer uma homenagem ao fundador das cidades-jardins, mas também para inserir sua contribuição dentro do contexto da evolução do Movimento Moderno. Para May e os redatores da *Das neue Frankfurt*, Adolf Loos, Camillo Sitte e Ebenezer Howard são as personalidades mais importantes do período entre 1890 e 1900, aqueles que "haviam lançado as bases do urbanismo na construção racional". Três pontos sintetizam os objetivos de May: combinar arquitetura, distribuir espaços livres e controlar o desenvolvimento urbano.

A racionalização da quadra e a arquitetura racionalista

O redescobrimento da arquitetura nas décadas de 1920 e 1930 é acompanhado de uma palavra que novamente entra em voga: racionalismo. De repente, toda arquitetura que não se submete aos cânones dos CIAM é implicitamente taxada de irracional. Atualmente, toda arquitetura que retoma o repertório formal anterior – ainda que as condições teóricas, econômicas e técnicas já não sejam as mesmas – é protegida por fazer referências à época heroica. Isto pode levar a algumas confusões. Quem analisar as casas de Le Corbusier em Pessac, especialmente a série chamada "os arranha-céus", dificilmente poderá afirmar que foram dadas as respostas racionais e lógicas aos problemas da habitação dos operários de Bordeaux em 1925 ou à questão da produção em série das habitações, apesar de o projeto ser charmoso e interessante.

Quando questionarmos a racionalização da quadra, nossa primeira abordagem não será sobre a "arquitetura racionalista".

O surgimento do racionalismo na ordem urbana geralmente aparece quando dois fatores convergem: a necessidade ou oportunidade de construir rapidamente um grande número de edificações e uma autoridade que é capaz de assumir esta responsabilidade. Sem remontarmos às vilas

---

[132] *Das neue Frankfurt*, 7-8 de julho/agosto de 1928.

romanas ou às *bastides* de Guyenne, o problema já existia e geralmente era resolvido desde o século XVII na França e desde o século XVII na Inglaterra, para citarmos apenas dois exemplos Na França, o problema foi especificamente resolvido no caso de empreendimentos imobiliários para especulação, como a Place des Vosges e, posteriormente, o loteamento do Palais Royal, que raramente conseguiram a racionalização do tecido urbano, como no caso da intervenção de Richelieu. Na Inglaterra, foi o caso de uma intervenção urbana de grande escala: a reconstrução de Londres após o Grande Incêndio e o loteamento sistemático dos *estates*, onde se observa uma evidente consciência da quadra como unidade básica de composição urbana.

Uma vez que começamos com a Paris de Haussmann, nosso estudo não buscou a origem da racionalização da quadra. É paradoxal observar que o exemplo inglês não foi seguido por Haussmann, apesar da atração que Napoleão III tinha por Londres. Salvo raras exceções, a quadra parisiense permanece sendo um conjunto de partes independentes construídas por diferentes empreendedores. Sua racionalização, consequência da busca de rentabilidade máxima da área de construção autorizada por lei, se manifesta na perda de autonomia do lote – os pátios internos são associados para ocupar a menor área possível – e na homogeneização dos tipos empregados e na uniformidade das fachadas.

Já na cidade-jardim, que ignorava a cidade, o agrupamento de moradias abriu caminho para a inversão do espaço, de dentro para fora. Os holandeses, especialmente em Amsterdã e Roterdã, renovaram a tradição da quadra e nos deram uma última demonstração espetacular de suas possibilidades. Durante os 20 anos que separam 1913 de 1934, a Holanda alcançou o mais bem-sucedido exemplo de racionalização da quadra. Com uma hierarquia viária estrita e bem legível – que não interferia na monumentalidade, nas manifestações pitorescas, na composição global das fachadas, no tratamento das esquinas ou no arranjo dos espaços internos –, a quadra de Amsterdã demonstrou uma inteligência particular na relação da arquitetura com a cidade.

A arquitetura racionalista que é elaborada na Alemanha partiu de uma análise completamente diversa e estabeleceu outro tipo de relação com a cidade antiga, mais abstrato e mais frágil; a quadra era apenas um elemento acidental e que em breve seria abandonado, ainda que permanecesse uma relação entre a edificação e o terreno típica das casas em fita que herdaram o tecido urbano tradicional.

A atividade dos CIAM a partir de 1928 eliminou estes últimos vínculos, com a teorização, na escala da cidade, das experiências da vanguarda. A quadra acaba se dissolvendo, e o vocabulário de formas continua a ser simplificado. A abolição das diferenças entre as faces de uma edificação e entre seus pavimentos, consequência da homogeneização do espaço, levou à similitude no tratamento das fachadas, à repetição modular de uma célula ou unidade de habitação, cujas aberturas são escolhidas e repetidas *ad infinitum* e já não expressam um diálogo com o espaço urbano. A edificação se torna um objeto, levando à total explosão do tecido urbano da qual a Unidade de Habitação de Corbusier é o manifesto.

Capítulo **8**

Construir a cidade: 1975-1995

Em função de sucessivas crises, a questão urbana continua no primeiro plano e regularmente oferece motivo para os arquitetos explorarem novos territórios de projeto. Os empreiteiros ou as agências públicas já não se mostram preocupadas com o ambiente urbano, mas esta passagem a uma sociedade urbana não acontece sem dor. Ainda que, entre as dificuldades atuais das cidades contemporâneas e seus subúrbios, algumas sem dúvida sejam consequência direta de uma crise econômica que em grande parte foge ao domínio da arquitetura e desestabiliza profundamente a sociedade, outras são atribuíveis a erros da urbanização que temos dificuldade de identificar. Muitas vezes esses erros evidenciaram e aumentaram os efeitos da crise e contribuíram para criar situações locais insuportáveis. Para entender esta situação atual, temos de nos lembrar regularmente de Brixton, Venissieux ou Mantes. Construir a cidade contemporânea permanece um desafio, e acreditamos que é útil identificar algumas pistas de como fazê-lo para concluir nosso estudo.

A questão do tecido urbano

Este trabalho abordou pouco os traçados urbanos de escala maior. Sem negar sua importância, preferimos nos concentrar em uma escala intermediária, cuja compreensão nos parece indispensável para tratar o projeto urbano e o que chamamos de tecido urbano. De fato, o conceito de tecido, com sua dupla metáfora biológica e têxtil, evoca ideias de trama, uma solidariedade entre as partes e sua capacidade de adaptação. Ela se opõe à ideia de uma obra acabada ou um objeto fixo e, em vez disso, supõe uma transformação possível. Ela responde de maneira crítica aos problemas impostos pelas urbanizações recentes que herdamos.

O tecido urbano, que é a sobreposição de várias estruturas agindo em diferentes níveis, mas que parece ser um sistema articulado com cada parte da cidade, pode ser definido como o ponto culminante de três lógicas:
— a lógica das vias, dentro de seu papel duplo de movimento e distribuição;
— a lógica do parcelamento do solo, que define as questões fundiárias e onde as iniciativas privadas e públicas se manifestam;
— a lógica das edificações que acomodam diferentes atividades.

As cidades antigas, de sua própria maneira e com diferentes modalidades, garantem a coesão do tecido urbano. A rua não existe sem as edificações que a configuram, e as edificações implantadas nos terrenos formam a estrutura da evolução das ruas. Os espaços têm um *status* que determina as responsabilidades legais, bem como os possíveis usos. Os sistemas de referência – a orientação – são geralmente legíveis, as atividades são mistas, e as modificações são fáceis.

É preciso que retomemos esta lição esquecida sobre as cidades antigas e a facilidade que elas fornecem à vida cotidiana. Isso pode assumir a natureza de um jogo de palavras. Assim:

— lembre-se de que, em geral, no sistema antigo, o número 7 de uma rua se situa entre o 5 e o 9 (evidentemente com a exceção dos números bis), mas o que há ao lado do prédio no. 56 na Rue Salvador Allende em Nanterre? Ou então tente encontrar em um mapa de Brasília onde fica a Colina D-26!
— observe que a porta de entrada de um edifício se abre para a calçada e observe como é fácil estacionar seu carro ou mesmo caminhar na calçada até chegar à campainha de alguém;
— veja como os tipos comuns de lojas ocupam os pavimentos térreos das ruas movimentadas e que, retornando à casa, na saída de uma estação do metrô ou junto a uma parada de ônibus, é fácil comprar uma refeição congelada, um pão fresco, a pilha para um relógio, papel de carta, uma camisa de criança ou mesmo um buquê de flores;
— observe que uma loja de consertos de computadores foi substituída, sem qualquer problema, por uma loja de guarda-chuvas, ou que a antiga marcenaria no fundo de um pátio de quadra se transformou em uma movimentada fotocopiadora ou um posto de telefonia;
— leia de novo o romance Au bonheur des Dames e retorne ao subsolo da loja BHV;

— assista mais ao filme Janela Indiscreta;
— sente-se na calçada de um café e observe os transeuntes.

Ou seja, a questão do tecido urbano não pode ser dissociada da vida cotidiana e banal da cidade, pois, mesmo que você prefira uma cidade à outra, aqui a estética é secundária e é com base no conforto para o usuário que nos interessamos pela cidade antiga e pela análise de seus tecidos urbanos. Construir a cidade hoje poderia significar a afirmação de uma vontade de reencontrar, talvez com formas diferentes, estas qualidades: proximidade, variedade de usos e imprevisibilidade, ou seja, um espaço público acessível a todos, uma variedade de atividades mistas, uma área construída que se adapta e se transforma, vizinhanças não planejadas.

A questão do tecido urbano nos remete à nossa incapacidade de pensar a cidade com categorias funcionais diferentes daquelas que herdamos. A aplicação dessas categorias, apesar dos discursos, indubitavelmente resultou na produção de nossas cidades. Dois exemplos tirados de nossas vidas cotidianas são ilustrativos: nossa relação com o automóvel e a programação das atividades.

A relação que temos com o automóvel é esquizofrênica. Os carros estão onipresentes e somos incapazes de ajustar este fato aos novos bairros, ou melhor, fingimos que estamos levando isso em consideração. Paradoxalmente, isso parece mais fácil nas cidades antigas, onde, uma vez tomadas certas medidas de moderação do tráfego e controle do estacionamento, a presença do automóvel deixa de ser conflitiva com as atividades urbanas naturais. Porém, na urbanização recente, qualquer tentativa de fazer com que os automóveis coexistam com os pedestres se torna impossível. É impossível conjugar as vias de trânsito rápido com a circulação local, imaginar um cruzamento simples ou o abastecimento das lojas pela via pública. E quanto mais aumenta a densidade, mais complicadas ficam as coisas. O espaço urbano se dilui em vias principais ao longo de barrancos, unindo um cruzamento a outro, e você não tem tempo para saber onde está antes de repentinamente acabar em um *cul de sac* ou um estacionamento com caráter ambíguo. Repetir uma rota se torna uma corrida com obstáculos, ir a qualquer lugar diferente é uma aventura. Nossa própria experiência urbana, que nos faz apreciar os cafés junto à calçada de ruas como o bulevar Saint-German, as *ramblas* de Barcelona ou a escadaria da Praça da Espanha em Roma, parece irrelevante para a questão das vias perimetrais, e, nas cidades novas, uma solução como a da Place de la République é impensável.

As categorias funcionais que aplicamos às atividades também parecem arcaicas e inadequadas, pois descrevem um mundo estável e uma organização do trabalho que já não corresponde à realidade da cidade. Assim, colocar na mesma categoria de "comércio" hipermercados e lojas de 50 m² não nos permite sequer imaginar, no início de um projeto, as consequências e as possíveis transformações. Um mesmo local entre 100 e 200 m² pode acomodar sucessivamente uma loja, um pequeno equipamento público, um escritório, o ateliê de um artista ou moradias – escultores (na categoria "artistas") trabalham com as mesmas ferramentas que trabalhadores em cobre (na categoria "artesões" ou "indústria"). A academia de ginástica (na categoria "esporte e lazer") não é muito diferente do centro de reabilitação (na categoria "equipamentos médicos"), mas pode facilmente se mudar para um *loft* (na categoria "habitação"). Qualquer casa espaçosa pode se transformar em uma biblioteca de bairro, um centro comunitário ou uma delegacia de polícia. Um importante jornal se instala em uma garagem, as galerias comerciais se tornam teatros, os abatedores viram museus.

Em vez de nos preocuparmos excessivamente com as mudanças de função, que exigem modificações drásticas, o projeto urbano deveria se esforçar para definir um estatuto para o uso do solo, dos parcelamentos, das regras morfológicas simples que constituem uma base sólida sobre a qual o tecido urbano possa ser progressivamente construído.

Quadras abertas e quadras fechadas

A análise dos cinco estudos de caso, de Haussmann a Le Corbusier, marcam a destruição do tecido urbano, que deu lugar a diferentes interpretações, sendo que a mais frequente tem sido associar um desejo de urbanizar ao resgate de uma estrutura de quadra chamada de quadra tradicional. Neste sentido, há certa confusão, e precisamos rever alguns pontos.

A palavra francesa para quadra, *îlot*, conforme a etimologia, significa ilhota, uma pequena ilha e, portanto, seria parte do território urbano "isolado" da vizinhança pelas ruas. Assim, a quadra não seria uma forma arquitetônica, mas um conjunto de lotes solidários que apenas fazem sentido de acordo com uma relação dialética com a rede viária. Se deixarmos de lado os casos particulares das quadras-equipamentos ou das quadras-monumentos que se reduzem a um único lote, como se fossem apenas uma edificação, a quadra da cidade tradicional raramente é homogênea,

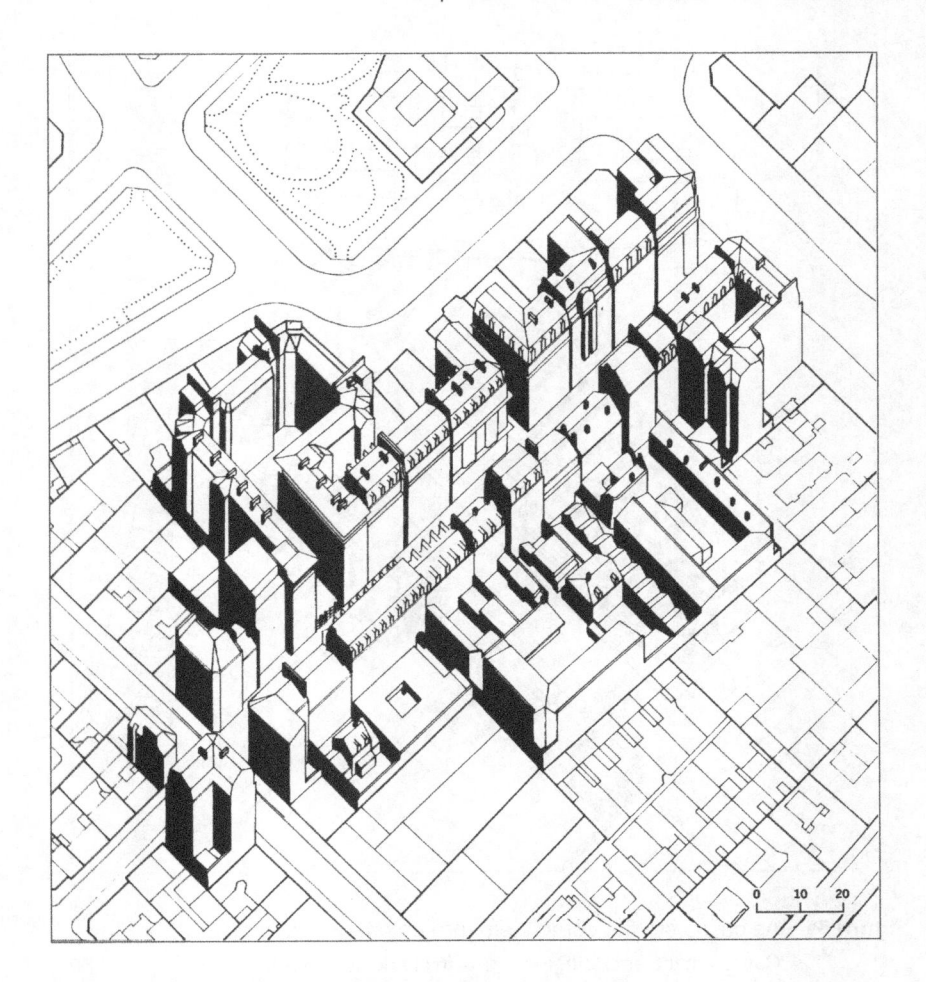

Figura 60 A rua como elemento constituinte do tecido urbano.
Rue Daguerre, Paris, início do século XIX.

e os prédios de sua periferia obedecem a algumas lógicas – especialmente econômicas – que configuraram as ruas do entorno. Interdependentes, mas distintos, os lotes fornecem à edificação uma estrutura imobiliária e jurídica fixa que condiciona a evolução das edificações e a vida cotidiana dos usuários. Esta definição não influencia absolutamente a continuidade do fechamento da quadra e a homogeneidade dos prédios periféricos. De fato, os tecidos urbanos antigos demonstram um grande número de des-

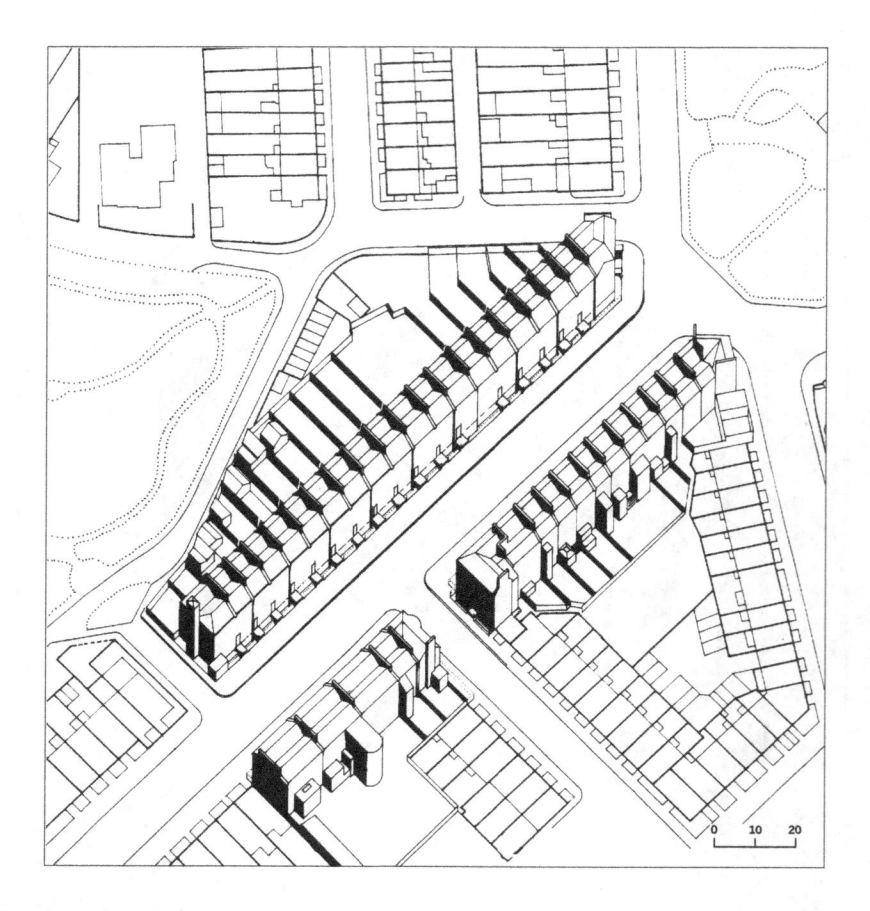

Figura 61 As casas em fita como elemento de criação do tecido urbano.
Casas em fita em Bath, Inglaterra, início do século XIX.

continuidade nos alinhamentos e fachadas heterogêneas, onde podemos ver um grande número de prédios com diferentes alturas ao longo das ruas – alguns inclusive recuados –, vãos e muros que protegem pátios internos ou jardins ou permitem a visualização de jardins. Muitas vezes é apenas nas áreas centrais, como o resultado da densificação ao longo de vários séculos, que conseguimos encontrar quadras compactas e um fechamento contínuo.

Pensar a quadra como um todo isolado seria algo excepcional, a reduziria a uma área construída homogênea em torno de um centro vazio que seria uma caricatura da realidade, onde a complexidade e a profundidade do tecido urbano seriam ignoradas em prol de uma área central com *status* ou função incerta. Neste sentido, os exemplos discutidos mostram como a adoção geral desta maneira global de pensar tem levado à explosão do tecido urbano. Adotar hoje essa generalização sem questionar o tecido dos lotes internos traz o risco de mostrar a aparência externa de urbanidade sem garantir as condições para que possa acontecer. Isso confere ao urbanismo uma postura comparável àquela do pós-modernismo na arquitetura que substitui a história por referências e pelo uso de símbolos. O urbanismo pós-moderno, que se desenvolveu como resposta a uma crise da cidade, acaba se tornando uma proliferação de signos, como se estes fossem suficientes para esconder a realidade.

Não será acrescentando frontões aos condomínios habitacionais populares que resolveremos o problema dos grandes condomínios nem redesenhando os pisos das pequenas praças que criaremos os centros. A quadra fechada *a priori* não garante a urbanidade, e a "cidade europeia" pós-neoclássica parece uma Disneylândia.

Ruas e parcelamentos

Falar da quadra é uma simplificação. A quadra pode ser lida na planta da cidade como o negativo do traçado viário, o próprio desenho a isola. Todavia, isso leva à confusão, e o reforço da imagem traz o risco, como vimos, de uma leitura redutiva. Desta maneira, surge uma imagem caricaturesca, onde a quadra se torna uma espécie de *hof* vienense ou habitação popular parisiense cujo interior é reduzido a um pátio interno mais ou menos controlado, uma memória longínqua dos palácios renascentistas de Florença.

Entender a quadra, não como uma forma *a priori*, mas como uma resultante, uma estrutura que organiza uma parcela do território urbano, requer que esqueçamos por alguns momentos as grandes composições regulares que do tabuleiro de xadrez de Hipódamo de Mileto às superquadras de Brasília marcaram a história do urbanismo voluntário, que deixemos de lado a imagem assustadora da cidade romana, as *bastides* francesas e as cidades coloniais espanholas, que abandonemos a quadrícula de Jefferson e o plano de Cerdá. Ou então considerar pelo menos que esses projetos marcaram o retorno periódico na história de um pensamento global onde a lógica da quadra e da malha viária se fundem em uma

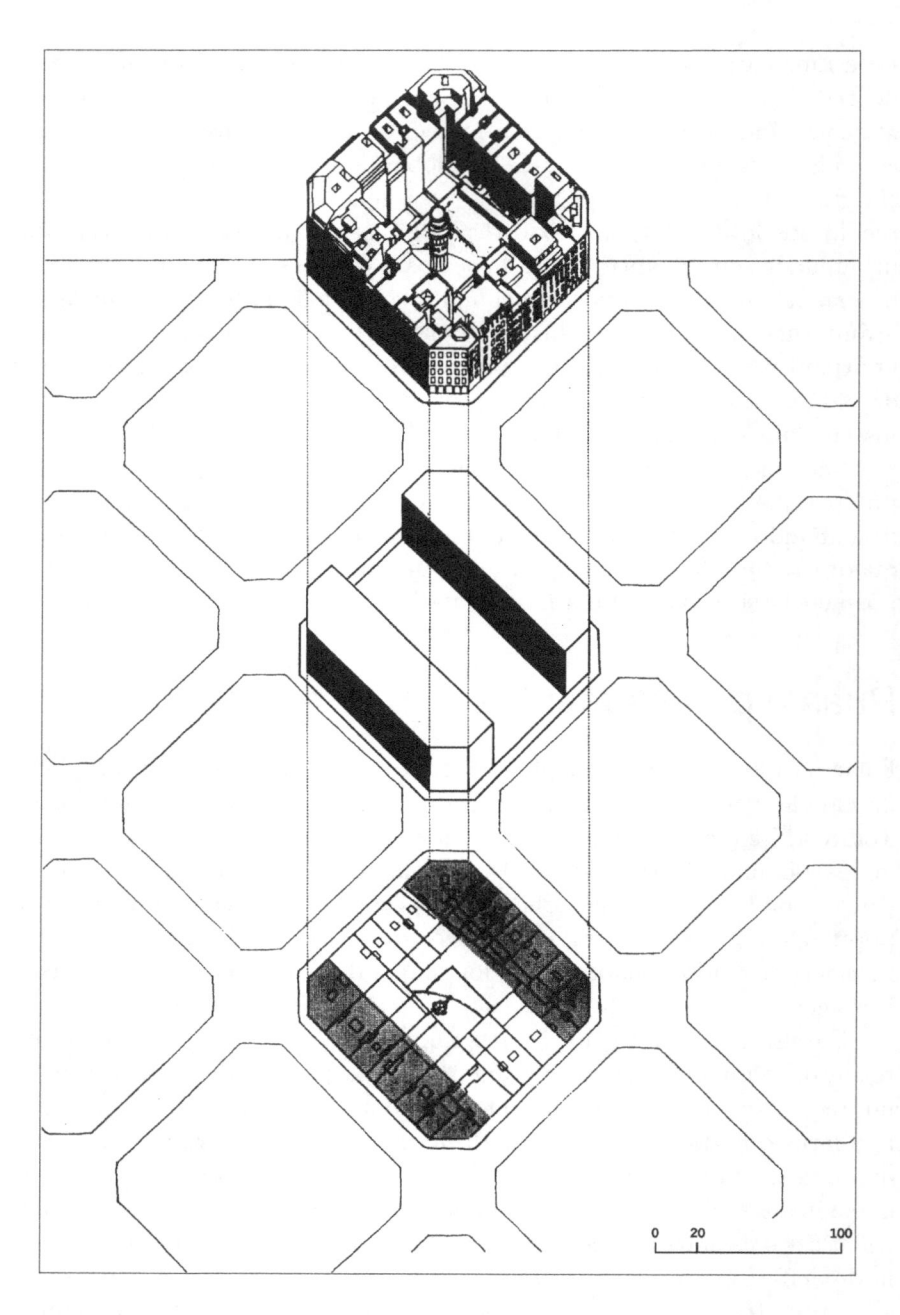

Figura 62 A quadra como elemento estruturador de grande porte.
Barcelona, o plano de Cerdá.

racionalização de experiências prévias. Basta olhar para os planos das primeiras *bastides* ou as primeiras criações espanholas na América Latina para observar as tentativas e os erros necessários antes de avançarmos aos planos codificados que consideramos cânones.

Sem querer negar que estas propostas sejam interessantes ou sua atualidade para o debate sobre a construção da cidade contemporânea, é preciso recomeçar com um ponto de vista distinto para redescobrir a lógica elementar do tecido urbano. Seja preexistente (um caminho não pavimentado) ou proveniente de um traçado novo, é a rua que distribui, alimenta e ordena a edificação. A relação dialética entre rua e lote edificado cria o tecido urbano, e é na permanência desta relação – que permite modificações, ampliações e substituições de prédios – que reside a capacidade de uma cidade em se adaptar às mudanças demográficas, econômicas e culturais que marcam sua evolução. O traçado viário determina a relação com o terreno, o centro da cidade e a possibilidade de expansão urbana. A largura dos lotes (sua testada) e sua profundidade condicionam os tipos de edificações que podem ser implantados e são condicionados por elas. O lote estreito corresponde a uma casa em fita ou a um edifício de pequena altura (o lote gótico), os lotes maiores permitem as vilas e os pavilhões, as casas com pátio interno e os edifícios de apartamentos. O remembramento de pequenos lotes ou o desmembramento de grandes, quando as condições históricas o exigem, permite a inclusão de novos tipos de edificação. Uma quadra pode acomodar diferentes tipos de prédio e densidades. Pátios internos e jardins podem coexistir com lojas e pequenas indústrias, e várias funções podem estar lado a lado.

A arquitetura urbana moderna

Questionando a cidade, o tecido urbano e o parcelamento do solo sempre afetarão o projeto de arquitetura.

A primeira dessas consequências é que todos os programas de necessidades e projetos deverão ser implantados nos locais certos, dentro das escalas relacionadas entre si típicas de cada cidade, adotando os valores urbanos (muitas vezes pouco ou mal especificados nos programas) que se relacionam com o terreno e a situação. "Fazer urbanismo" já não pode se limitar a projetar soluções estereotipadas – é preciso envolver o projeto de novas edificações em uma preocupação geral com o território e suas futuras transformações. Isso também significa assumir a herança do Mo-

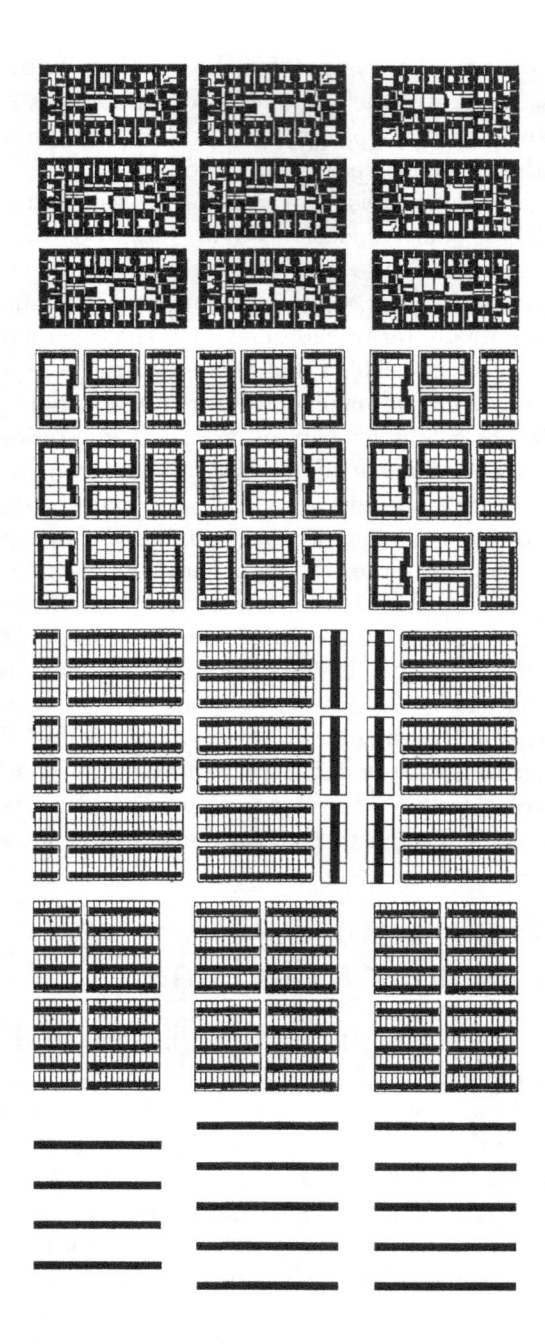

Figura 63 Uma homenagem a Ernst May.

vimento Moderno, mesmo que signifique corrigir seus efeitos em termos urbanos.

A segunda consequência é a relativização da questão de um "estilo" e ir além das tendências contraditórias que encontramos no debate profissional. A arquitetura urbana se envolve principalmente com a solução de problemas da cidade, com respeito a sua lógica, seja qual for sua tradução formal. Isso deveria nos levar a uma releitura dupla. Em primeiro lugar, daquelas obras do Movimento Moderno que conseguiram relacionar o aspecto urbano com a modernidade e, em segundo, daquela arquitetura mais antiga que mostrou soluções ou disposições que talvez possam responder aos questionamentos atuais.

O bairro Mazarin d'Aix-en-Provence (1643) nos parece próximo a um *Siedlung*, e o edifício Clarté, em Genebra (1927), um pequeno primo de um grupo georgiano de casas em fita.

Biografias, bibliografias e documentos

Sem o intuito de ser exaustivo, reunimos algumas biografias e bibliografias, bem como indicações relativas à localização precisa das obras. A Paris de Haussmann e a obra de Le Corbusier são suficientemente conhecidas e não precisam destas informações. Por outro lado, um espaço importante foi dedicado a Amsterdã e Frankfurt, considerando a ausência de documentos existentes em língua francesa.[1]

Raymond Unwin, 1863-1940

Biografia

1863, 2 de novembro: nasce em Whiston, perto de Rotherham (Yorkshire, Inglaterra); passa parte de sua juventude em Oxford.

1882-1883: engenheiro da Staveley Coal & Iron Company. Em Chesterfield, chama a atenção por suas obras nos vestiários e banheiros das minas e por seus projetos para casas de campo para os operários. Pouco a pouco se volta para a arquitetura.

1893: casa-se com Ethel Parker, irmã do arquiteto Barry Parker (1867-1947).

1896: associa-se a Barry Parker, instalando-se em Buxton (Derbyshire), onde este exerce a profissão desde 1895. Aos poucos se interessa pelo socialismo; associa-se à Sociedade Fabiana.

1901: projeta a cidade de New Earswick, para Rowntree.

1903: projeta a cidade-jardim de Letchworth (após participar de um concurso com Halsey Ricardo & Lethaby e com base no programa de necessidades elaborado para a família Rowntree).

1905: subúrbio-jardim de Hampstead para Henrietta Barnett, fundadora do Hampstead Garden Suburb Trust. Instala-se em Wyldes, no subúrbio-jardim.

1907: projeta o Ealing Tenants Estate e o Leicester Anchor Tenants Estate.

---

[1] Gostaríamos de agradecer aos estudandes dos seminários de análise da arquitetura da Escola de Arquitetura de Versalhes, que colaboraram coletando informações, especialmente da Inglaterra: A. Blosseville, M. Sene; da Holanda: P. Delahoutre, P. Dubois, J.-P. Navarron, O. Prestat; da Alemanha: D. Boudier, D. Joseph-François, M. Marchand-Minier. Também somos gratos a Hans Willmott Hagenbeek, arquiteto em Amsterdã, Thierry Roze, arquiteto em Paris; ao Serviço de Relações Exteriores do Ministério da Cultura dos Países Baixos e à Prefeitura da Cidade de Frankfurt.

1909: publica sua obra *Town-Planning in Practice* pouco antes da Lei da Habitação e do Planejamento Urbano ser aprovada.
1910: organiza a conferência geral sobre o urbanismo sob o patrocínio do RIBA (Royal Institute of British Architects); paralelamente ocorre a exposição internacional de planos para cidades, organizada por Sir John Simpson.
1911–1914: trabalha como professor palestrante na Universidade de Birmingham (curso de urbanismo).
1913: funda o Town Planning Institute.
1914: termina sua sociedade com Barry Parker; abandona a supervisão de arquitetura de Hampstead; viaja a Portugal e ao Brasil; é nomeado para o cargo de inspetor-chefe de planejamento urbano do comitê da administração municipal.
1915: participa do projeto da Sociedade das Nações.
1915–1916: exerce o cargo de presidente do Town Planning Institute.
1916–1918: é diretor do Serviço de Habitação do Ministério da Guerra; realiza três cidades para o realojamento: Gretna, Mancol Village e Queensferry.
1918: é nomeado arquiteto-chefe do Ministério da Saúde; entra em contato com Lewis Mumford. Apresenta ao RIBA um relatório sobre o problema dos arranha-céus.
1920: funda a cidade-jardim Welwyn, sob os princípios de Unwin.
1922: viaja à Alemanha; dá uma palestra em Berlin sobre "a construção das cidades modernas", onde ilustra suas ideias com o exemplo da planta de Ernst May para Breslau.
1923: entra em contato com a Regional Planning Association of America (Henry Wright).
1925: congresso internacional sobre o planejamento urbano e regional e sobre as cidades-jardins (Nova York).
1927: com Barry Parker, projeta a cidade-satélite Wythenshave, perto de Manchester.
1928–1931: sucede Ebenezer Howard na presidência da Federação Internacional da Habitação e do Planejamento Urbano.
1929–1933: exerce o cargo de chefe do Comitê Técnico de Planejamento Regional da Grande Londres (Greater London Regional Planning Committee), presidido por Sir Banister Fletcher.
1931–1933: assume a presidência do RIBA.
1932: recebe o título de Cavaleiro (Sir).
1932–1935: assume a presidência do Building Industries National Council.
1933–1934: administra o British Building Research Board.
1934: faz uma viagem de estudos organizada pelo National Association of Housing Officials (NAHO), a fim de analisar a habitação econômica nos Estados

Unidos. Apresenta em Baltimore seu relatório sobre a NAHO com suficiente antecedência para que possa exercer alguma influência no New Deal (1935).
1936-1940: é professor de Urbanismo e Habitação na Universidade de Columbia, Estados Unidos.
1937: recebe uma medalha de ouro do RIBA.
1938: recebe uma medalha de ouro da Associação "Memorial Howard" (sobre cidades-jardins e planejamento urbano).
1939: é nomeado chefe da delegação inglesa do Congresso Internacional de Arquitetos em Washington.
1940: falece no dia 28 de junho na casa de sua filha, em Old Lyme, Connecticut, Estados Unidos.

Bibliografia

Escritos de Raymond Unwin

1886: *The Dawn of a Happier Day.*
1897: *Gladdening v. Shortening the Hours of Labour.*
1901: (com Barry Parker) *The Art of Building a Home*, Longman, Londres.
1902: *Cottage Plans and Common Sense.*
1909: *Town Planning in Practice, An Introduction to the Art of Designing Cities and Suburbs*, Londres, Fisher Unwin. Publicada na França em 1922 sob o título *L'étude pratique des plans de villes, Introduction à l'art de dessiner les plans d'aménagement et d'extension*, apresentação de Léon Jaussely, Librairie centrale des Beaux-Arts.
1912: *Nothing Gained by Overcrowding: How the Garden-City Type of Development may Benefit both Owner and Occupier.*
1924: *Higher Building in Relation to Town Planning*, parcialmente traduzido e publicado na revista *L'Architecture d'Aujourd'hui* (Paris), no. 178, março-abril de 1975.
1930: *Regional Planning with Special Reference to the Greater London Regional Plan.*
1936-1937 / 1938-1939: *Housing and Town Planning Lectures at Columbia University.*
1940: *Land Values in Relation to Planning and Housing in the United States.*

Escritos sobre Raymond Unwin

Walter Creese, *The Legacy of Raymond Unwin*, Cambridge, MIT Press, 1967.

Bibliografia sobre as cidades-jardins

J. Aymard, "Le logement populaire en Angleterre", in *Le Musée social*, fevereiro de 1936.

Benoît-Levy, "Les cites-jardins de Letchworth et de Welwyn près de Londres", in *Le Génie civil* (Paris), 10 de novembro de 1923.
Benoît-Levy, *La cité-jardin*, Paris, Éditions des Cités-Jardins, 1904.
C. Chaline, *Londres*, Paris, Armand Colin, 1968.
C. Chaline, *L'urbanisme en Grande-Bretagne*, Paris, Armand Colin, 1968.
E. Howard, *Les cités-jardins de demain* [1902], Paris, Dunod, 1969.
J. D. Kornwolf, *M. H. Baillie Scott and the Arts and Crafts Movement, Pioneer of Modern Design*, Londres, The John Hopkins Press, 1972.
L. Mumford, *The Culture of Cities*, Nova York, Jecker & Warburg, 1938.
F. J. Osborn, *New Towns after the War*, Londres, Dent, 1918 e 1942.
M. Pawley, *Architecture versus Housing*, Londres, Studio Vista, 1971.
G. Purdom, *The Building of a Satellite Town, A Contribution to the Studio of Town Development and Regional Planning*, Londres, Dent & Sons Ltd., 1925.
S. E. Rasmussen, *London, the Unique City* [1934], Cambridge, MIT Press, 1967.
J. N. Tarn, *Working-Class Housing in 19th Century Britain*, Londres, ensaio da Architectural Association, Lund and Humphries, 1971.
G. Teyssot, "Cottages et pittoresque: les origins du logement ouvrier en Angleterre 1781–1818", in *Architecture Mouvement Continuité* (Paris), no. 34.P. Willmot e M. Young, *The Evolution of a Community, A Study of Dagenham After Forty Years*, Londres, Routledge and Kegan Paul, 1963.
London County Council, *Housing, with Particular References to Post-War Housing Schemes*, Londres, King & Son, 1928.

Três arquitetos envolvidos com a criação do jardim-subúrbio Hampstead:

— Richard Barry Parker: arquiteto (1867–1947), sócio de Unwin entre 1896 e 1914. Concluiu a cidade-jardim Hampstead e participou da elaboração da cidade-jardim Welwyn. A partir de 1916 trabalhou no Brasil, onde realizou uma cidade-jardim em São Paulo.

— Sir Edwin Landsee Lutyens: arquiteto (1869–1944), a princípio continuou a tradição do movimento Artes e Ofícios (Fulbrooke House, Surrey, 1897), para depois, associado com o paisagista G. Jekyll, passar para composições maiores (Deanery Gardens, Lonning, Berkshire, 1901). A partir de 1908 participou em Hampstead, onde foi encarregado da realização da praça central, a Central Square, configurada por igrejas, o instituto e outras edificações, que seria finalizada em 1933. Em 1911, se encarregou de estudar o plano de Nova Délhi, onde realizaria um grande número de monumentos. Escritos sobre Lutyens: A. S. G. Butler, George Stewart e Christopher Hussey, *The Architecture of Sir Edwin Lutyens*, Londres, Country Life, 1950.

— Hugh Mackay Baillie Scott: arquiteto (1865–1945), vinculado ao movimento Artes e Ofícios; junto com Voysey e Ashbee, publicou em 1906 *Houses and*

Gardens, Londres, George Hewnes. Após estudar no Royal Agricultural College (1883–1885), decidiu ser arquiteto. Entre 1886 e 1889, trabalhou em Bath com o arquiteto da cidade. Em 1890, passou a exercer a profissão de modo independente, continuando até 1939. Realizou em Darmstadt (1897–1898) a decoração e o projeto de arquitetura de interiores do Grande Palácio Ducal, onde desenhou o mobiliário como uma vertente alemã do estilo Artes e Ofícios. A partir de 1904, construiu em Letchworth: Elmwood Cottage, Stringwood, String Road, Tanglewood, Corrie Wood, Hitchen Road. A partir de 1908, projetou, mas nem sempre executou, várias obras em Hampstead: Casas Múltiplas (lote 400) na Meadway (não construídas); Casa na Esquina em Meadway (não construída); Casas Múltiplas na Meadway e na Hampstead Way (apenas uma foi construída); Casas Geminadas na Meadway (não construídas); Pátio Waterlow, na Hampstead Way (construída). Em 1909, fez um projeto para a cidade-jardim de Hellerau, na Alemanha, e, entre 1911 e 1914, fez um projeto para uma cidade-jardim na Rússia e vários outros projetos na Suíça e em diversos países do Ocidente. Várias de suas realizações foram publicadas por *Muthesius*.

Hendrik Petrus Berlage, 1856–1934

Biografia

(São mencionados, no que concerne à arquitetura, apenas aqueles pontos de referência considerados essenciais. Para uma lista mais completa de suas realizações, consulte a obra de P. Singelenberg, M. Bock, K. Broos, *H. P. Berlage, bouwmeester, 1856–1934*, catálogo de exposição, Haia, Museu Municipal, 1975.)

1856, 21 de fevereiro: nasce em Amsterdã, onde estuda até concluir o ensino médio.
1874: estuda pintura na Academia Nacional de Belas Artes.
1875–1878: estuda arquitetura na Escola Politécnica de Zurique, onde é influenciado pelas teorias de Gottfried Semper.
1879–1881: viaja pela Alemanha, Áustria e Itália (especialmente a Florença e Roma).
1882: trabalha como arquiteto em Amsterdã, associado a Théodore Sanders; é influenciado por ViOllet-le-Duc.
1883: primeiro projeto para a Bolsa de Amsterdã (concurso internacional organizado pela prefeitura).
1885: segundo projeto para a Bolsa de Amsterdã (obtEm o 4° prêmio), a prefeitura não concorda com sua proposta; imóvel comercial na Kalverstraat, em Amsterdã, para a firma Focke & Meltzer.

1887: construção para a firma Lucas Bols, em Berlim; projeto para a fachada da catedral de Milão (concurso internacional).
1889: viaja à França; visita a Exposição Universal de Paris, para a qual havia enviado um projeto de mausoléu; é influenciado pelo urbanismo de Haussmann; término de sua colaboração com Théodore Sanders e abertura de um escritório de arquitetura.
1898: nomeação como arquiteto para a construção da Bolsa de Amsterdã. Seu prédio, terminado em 1903, será um importante marco para o desenvolvimento da arquitetura moderna nos Países Baixos.
1902: contratado para o estudo do plano de expansão de Amsterdã, de acordo com a Lei da Habitação (*woningwet*).
1903: primeiro projeto para a zona sul de Amsterdã, influenciado pelas teorias inglesas da cidade-jardim e pelas de William Morris.
1904: edifícios de apartamentos na Hobbemastraat, em Amsterdã.
1905: edifícios de apartamentos na Linnaenstraat, em Amsterdã.
1906: prédios para a cooperativa de trabalhadores Voorwaarts, em Roterdã.
1907: projeto para o Palácio da Paz, em Haia (concurso internacional).
1908: plano para a expansão de Haia, com base no projeto de K. P. C. de Bazel (1869-1923) para uma capital do mundo; estudo do grupo de prédios na Sarphatistraat, em Amsterdã.
1911: viagem aos Estados Unidos (novembro e dezembro), onde visita as obras de H. H. Richardson, L. Sullivan e F. L. Wright; ciclo de palestras na Holanda, Bélgica, Suíça e nos Estados Unidos; plano para a expansão da cidade de Purmerend; habitação popular Tolstraat, em Amsterdã.
1912–1919: início da urbanização dos bairros Transwaal e Insulinde (Java Straat, Balistraat, etc.) – as obras terminam em 1919.
1913: se estabelece em Haia.
1914: Casa da Holanda, em Londres (escritórios da Companhia de Navegação Müller and Co.); plano para a expansão de Roterdã (Vreewijk), em colaboração com o arquiteto Granpré-Molière.
1915–1917: segundo projeto para a expansão de Amsterdã, incluindo o plano de ordenação global do conjunto urbano. O projeto como um todo é inviável por questões jurídicas, mas será aprovado em 1917 para a zona sul de Amsterdã. A execução, de 1920 a 1935, constitui-se uma das principais manifestações da Escola de Amsterdã.
1918: estudo para um bairro da expansão de Utrecht.
1919: primeiro projeto para o Museu Municipal de Haia.
1920–1924: projeto para a expansão da cidade de Utrecht, com o engenheiro L. N. Holsboer.
1922: projeto da Hofplein, em Roterdã.
1923: viagem às Índias Holandesas (Indonésia).

1924: Congresso Internacional para a Construção de Cidades (Amsterdã).
1925: início da urbanização da zona oeste de Amsterdã (edifícios Mercator Klein); estudos para a ordenação de Haia.
1926: ponte sobre o Amstel (Berlage *brug*).
1927: viagem à Alemanha, visita à Bauhaus de Dessau, onde se encontra com Walter Gropius; segundo projeto para o Museu Municipal de Haia (terminado em 1935).
1929: viagem à União Soviética.
1934: falece em Haia, 12 de agosto.

Bibliografia

Escritos de Berlage

Over stijl in bouw en meublekunst, Amsterdã, 1904, Roterdã, 1921.

Voordrachten over Bouwkunst (conferências organizadas pelo círculo teosófico Architectura et Amicitia), Amsterdã, 1908.

Grundlagen und Entwicklung der Architektur, Roterdã/Berlim, 1908.

Het mit breidings plan van's Gravenhage, Haia, 1909.

Studies over Bouwkunst en hare ontwikkeling, Roterdã, 1911.

Een drietal lezingen in Amerika gehouden, Roterdã, 1912.

Bouwkunst in Holland, Amsterdã, 1913.

Ontwikkeling der modern bouwkunst in Holland, Amsterdã, 1925.

Mijn Indische reis, Gedachten over kunsten cultur, Roterdã, 1931.

Het Wezen der Bouwkunst en haar geschiedenis, Haarlem, 1934.

Obras sobre Berlage

Dr. H. P. Berlage en zijn werk, Roterdã, 1916.

K. P. C. de Bazel, Jan Gratama, Jan Kalf, J. E. van der Peck, R. N. Roland Holst, J. F. Staal, A. Verwey, W. Vogelsang, *Dr. H. P. Berlage, bouwmeester*, Roterdã, 1925.

P. Singelenberg, *H. P. Berlage*, tradução francesa de André Rombout, Amsterdã, Meulenhoff, 1969.

P. Singelenberg, *H. P. Berlage, Idea and Style, The Question for Modern Architecture*, Utrecht, Haentjens Grembert, 1975.

P. Singelenberg, M. Bock, K. Broos, *H. P. Berlage, bouwmeester, 1856-1934*, catálogo de exposição, Haia, Museu Municipal, 1975.

P. Singelenberg, M. Boot, H. Searing, F. F. Fraenkel, G. Hoogewwod, *H. P. Berlage, 1856-1934, Een bouwmeester en zijn tijd*, Bussum, Fibula-Van Dishoeck, 1976 (resumo em inglês).

Polano (ed.), *Hendrik Petrus Berlage, opera complete*, Milão, Electa, 1987.

Arquitetos que colaboraram na implementação do plano para o sul de Amsterdã

Escola de Amsterdã

— J. Boterenbrood (1886–1932), antigo colaborador de Van Epen; moradias na Ijsselstraat, Rijnstraat, Appololaan, Roelofhartplein. Também trabalhou na cidade-jardim de Nieuwendam e foi redator da revista *Wendingen*.

— J. C. van Epen (1881–1960): conjunto de habitações operárias Lastmankade, Samaragd, Harmoniehof. Também trabalhou nos bairros do leste da cidade (Indischebuurt) e nas cidades-jardins da área norte de Amsterdã.

— Jan Gratama (1877–1947), arquiteto diplomado pelo Politécnico de Delft; tinha grande afinidade com Berlage, com quem trabalhou nos bairros ao leste de Amsterdã (Indischebuurt) durante o período entre 1918 e 1920. Desempenhou um papel importante na realização do plano para o sul de Amsterdã. Entre muitos contratos, a ele competiu a responsabilidade dos planos de ordenação, de escolha dos arquitetos, bem como o controle de seus projetos, especialmente o desenho de fachadas, a solução de pontos de conflito e garantia das continuidades, etc. No plano para o sul de Amsterdã, realizou as moradias na Smaragdstraat (1920) e na Olympiakade (1925). Também participou nas cidades-jardins Norte e Watergraafsmeer.

— Dick Greiner (1891–1964): diplomado no Curso Superior de Construção da Universidade de Amsterdã, colaborador de E. Cuypers, J. Gratama, G. J. Rutgers; moradias na Rijnstraat, Ijsselstraat e cidade-jardim de Watergraafsmeer.

— Michel de Klerk (1884–1923): nasceu e faleceu em Amsterdã. Líder da Escola de Amsterdã. Aprendizado no escritório de Eduard Cuypers, de 1898 a 1910, e nos cursos noturnos de Wierinck na Industrieschool.

1911: viagem à Suécia e à Dinamarca, edifício Hillehuis, na Vermeerplein; participa na decoração da Scheepvaarthuis.

1913–1919: conjunto habitacional popular em Spaarndammerbuurt.

1919–1921: conjunto De Dageraad, na expansão sul de Amsterdã (com P. L. Kramer).

1921–1923: moradias Vrijheidslaan, na expansão sul de Amsterdã; faz parte do grupo teosófico Architectura et Amiticia.

— Pieter Lodewijk Kramer (1881–1961), assim como Klerk e Van der Mey, aprendeu a profissão no escritório de Eduard Cuypers e no curso noturno da Industrieschool de B. W. Wierinck. Também trabalhou com De Bazel e, em Bruxelas, com Robbé.

1911–1916: participou do projeto da Scheepvaarthuis.

1913: casa para o pessoal da Marinha, em Helder (destruída em 1940).

1915–1916: moradias Helstplein, em Amsterdã.

1919–1923: conjunto De Dageraad, na Takstraat, na expansão sul de Amsterdã.
1921: edifício Heinzstraat, na expansão sul de Amsterdã.
1921–1926: moradias Vrijheidslaan, na expansão sul de Amsterdã.
1924–1925: moradias Hoofweg, na expansão sul de Amsterdã; loja De Bijenkorf, em Haia.
1918–1937: projetou para a prefeitura a maioria das novas pontes de Amsterdã.
— C. Kruiswijk: moradias e lojas na Rijnstraat e na Victorienplein.
— Joan Melchior van der Mey (1878–1949): aprendeu a profissão no escritório de Eduard Cuypers e no curso noturno de Wierinck; ganhou o Prêmio de Roma em arquitetura (1906) e trabalhou na prefeitura, no projeto de equipamentos urbanos. Projetou o edifício Scheepvaarthuis, algumas moradias na expansão sul de Amsterdã e nos bairros a oeste.
— J. Roodenburg (1885–?): edifícios na Minervalaan, Minervaplein, Olympiaplein, etc.
— G. J. Rutgers (1877–1962): um dos mais prolíficos da Escola de Amsterdã; destacou-se pelos edifícios na Minervalaan/Genit van der Veenstraat e Churchillaan/Amstel Kade; também participou nas cidades-jardins.
— J. F. Staal (1879–1940): sócio de A. J. Kropholler de 1902 a 1910; inicialmente foi influenciado pela Escola de Amsterdã, posteriormente foi um dos líderes da passagem ao expressionismo internacional, como D. Greiner e W. M. Dudok. O edifício-torre Victorieplein (1929–1932) e o prédio De Telegraaf (1930) marcam esta transição. Fez parte da redação da *Wendingen* e foi membro do Comitê de Arquitetura.
— Margaret Staal-Kropholler (1891–1966): moradias na Holendrechstraat (1921–1922), colaborou com a *Wendingen*.
— F. A. Warners (1888–1952): construiu, no plano para a expansão para o sul de Amsterdã, um grande número de edifícios privados, como os da De Lairessestraat e Olympiaplein Leonardestraat, e algumas casas unifamiliares na Appololaan.
— H. T. Wijdeveld (1885–1987): trabalhou com P. H. J. Cuypers no Rijksmuseum de 1899 a 1905, criou a revista *Wendingen* em 1918, da qual foi diretor de 1918 a 1925, difundiu muito as ideias de F. L. Wright (que hospedou-o em 1925) na Holanda e as ideias da Escola de Amsterdã no exterior. Edifícios na Amstel Kade e no oeste de Amsterdã, Hoofweg (1925).
— *Secretaria municipal de arquitetura e urbanismo*:
Além da fiscalização, intervém diretamente nos equipamentos públicos: escolas, banhos públicos, bibliotecas, etc., bem como nas pontes. Nela trabalharam os arquitetos A. Boeker (1891–1951); W. M. Dudok (1884–?), que arquiteto-chefe de Hilversum (câmara municipal, escolas, cidades-jardins) e projetou o pavilhão dos Países Baixos na Cidade Universitária de Paris,

P. L. Kramer (as pontes), N. Landsdorp e P. L. Marnette (escolas), J. M. van der Mey.

Racionalistas – Funcionalistas

— J. A. Brinkman (1902–1949) e L. C. van der Vlugt (1894–1936), conhecidos por sua atuação em Roterdã (fábrica Vannelle); autores da sede da Sociedade Teosófica de Amsterdã.
— J. Duiker (1890–1935): inicia o movimento racionalista sucessor do De Stijl, com o sanatório de Hilversum (1928), a escola ao ar livre na Cliostraat, em Amsterdã (1930), o edifício Nirvana, em Haia (1930), o *Cineac* de Amsterdã (1934).
— H. J. Giesen, P. Zanstra e K. L. Sijmons: moradias para artistas na Zomerdijkstraat.
— Mart Stam (1899–1987), Lotte Beese-Stam, W. van Tijen (1894–1974): escola Montessori e casas em fita na Dürerstraat (1934); veja a lista de arquitetos que trabalharam em Frankfurt.
— Jan Wils (1891–1972): influenciado por F. L. Wright (De Dubble Stentel à Woerden, 1918), construiu o Estado Olímpico.

Referências bibliográficas

Guide d'Amsterdam, Amsterdã, J. Covens et fils, 1793.

Amsterdam: développement de la ville, habitations populaires, Prefeitura de Amsterdã, julho de 1924.

J. P. Mieras e F. R. Yerburg, *Hollandische architektur des 20 Jahrhundderts*, Berlim, Wasmuth, 1926.

J. G. Wattjes, *Nieuw Nederlandsch Bouwkunst*, Amsterdã, Kosmos, 1929.

H. J. F. de Roy van Zuydewijn, *Amsterdam Bouwkunst 1815–1940*, Amsterdã. De Bussy, c. 1970.

Amsterdam: Town Planning and Housing, Prefeitura de Amsterdã, c. 1950.

A. W. Reinink, *K. P. C. de Bazel, architect*, Amsterdã, Meulenhoff, 1965.

Giovanni Fanelli, *Architettura Moderna in Olanda, 1900–1940*, Florença, Marchi et Bertolli, 1968.

J. J. Vriend, *L'École d'Amsterdam*, Amsterdã, Meulenhoff, 1970.

Amsterdam: abrégé du développement urbain, Prefeitura de Amsterdã, c. 1971.

Amsterdam – Wohnen 1900–1970, Prefeitura de Amsterdã, catálogo de exposição (c. 1972).

Aldo Rossi, *Hollandische Architektur von 1900 bis 1939, Wohnungs und Siedlungbau in Amsterdam, Rotterdam, Den Haag un Hilversum*, Zurique, ETH, 1974 (várias tiragens).

Bauen 20–40. Der niederländische Beitrag zum neuen Bauen, Amsterdã, c. 1974.

Biografias, bibliografias e documentos 223

Nederlandse architectuur 1910-1930: Amsterdamse School, catálogo de exibição, Amsterdã, Stedelijk Museum, 1975.
Nederlandse architectuur 1893-1918: Architectura, catálogo de exibição, Amsterdã, Museu da Arquitetura, 1975.
Zo groeide Amsterdam, 1275-1975, Amsterdã, Cloeck en Moedigh, 1975.
Revista *La Construction Moderne* (Paris), de 1928 a 1939.
Revista *Wendingen* (Amsterdã), de 1918 a 1932.
Revista *L'Architecture* (Paris), de 1924 a 1932.

Ernst May: 1886–1970

Biografia

1886, 27 de julho: nasce em Frankfurt no Main, em uma família de industrialistas dominada pela personalidade do avô paterno, fundador da companhia, um dos líderes do Partido Democrata na Câmara de Vereadores de Frankfurt. Termina o estudo médio em Frankfurt e decide se dedicar à pintura.
1906–1907: primeira estadia na inglaterra; estuda arquitetura na London University College.
1908: presta o serviço militar em Darmstadt; se matricula na Technische Hochschule; é influenciado por Friedrich Pützer (arquiteto da estação central) e, sobretudo, por Joseph Maria Olbrich (colônia de artistas de Mathildenhöe).
1910–1912: segundo período na Inglaterra – May trabalha como projetista no escritório de Raymond Unwin em Hampstead; torna-se muito amigo de Unwin, compartilhando suas ideias socialistas. Traduziu para o alemão o livro de Unwin, *Town-Planning in Practice*.
1912: estuda arquitetura na Technische Hochschule München (professores: Théodore Fischer, Friedrich von Thiersch e o barão von Berlepesh, divulgador apaixonado das ideias do urbanismo inglês).
1913: trabalha como arquiteto em Frankfurt; mantém contatos com Hoffman, Messel e Behrens.
1914: convocado pelo exército alemão e enviado ao fronte ocidental (França); estuda a arquitetura das cidades e faz inúmeros croquis.
1917: trabalha no serviço de arquitetura do exército, realiza vários cemitérios na Romênia e na França, viaja para a Polônia e se relaciona com Bruno Paul.
1919–1924: diretor técnico da Schlesische Landsellschaft em Breslau; constrói vários *Siedlungen* (Haynau, Klettendorf, Ohlau); é influenciado por Fritz Schumacher.
1921: funda e dirige a revista *Schlesische Heim*; participa do concurso para o plano de expansão da cidade de Breslau com base no princípio da cida-

de-satélite, recebe um prêmio de consolação, mas este projeto marcará o início de sua fama como especialista em problemas urbanos. Retoma seu relacionamento com Unwin.

1924: participa do Congresso Internacional Sobre a Construção de Cidades, em Amsterdã; elabora um plano regional para o desenvolvimento de Breslau.

1925-1930: é diretor dos serviços de urbanismo e arquitetura de Frankfurt (*Städtebaurat*); encarregado do plano de expansão da cidade (Adolf Meyer é encarregado do centro da cidade); constrói 20 *Siedlungen*; executa indústrias de pré-fabricação pesada; reorganiza a Secretaria de Arquitetura e Urbanismo do município. Funda e dirige a revista de arquitetura *Das neue Frankfurt*.

1925: participa do Congresso de Urbanismo de Nova York, aproveitando para visitar o país, especialmente Chicago e a intervenção de F. L. Wright em Oak Park.

1927: participa da exposição da Deutscher Werkbund em Stuttgart (Weissenhof), organizada por L. Mies van der Rohe.

1928: participa do primeiro CIAM, em La Sarraz.

1929: participa do segundo CIAM, em Frankfurt, onde monta uma exibição comparativa dos tipos de moradia concebidos e realizados pelos arquitetos do Movimento Moderno. Faz um ciclo de quatro conferências sobre o urbanismo na União Soviética.

1930, 1º de dezembro: com a ascensão do nazismo, Ernst May parte para a União Soviética com 21 colaboradores da Secretaria de Obras de Frankfurt. A "brigada Ernst May" faz projetos para Magnitogorsk, Stalinsk, Nischni--Tagil, Antostroj e para o plano de expansão da Grande Moscou.

1934, dezembro: ao término de seu contrato, depois do retorno do academicismo à União Soviética e devido às dificuldades técnicas que enfrenta com seu trabalho como arquiteto, May emigra para a África.

1934-1937: torna-se fazendeiro em Tanganyka.

1937-1944: faz alguns trabalhos de arquitetura. É preso pelos ingleses na África do Sul durante dois anos, devido à sua nacionalidade alemã.

1944-1954: trabalha como arquiteto em Nairobi; faz planos de renovação urbana para Kampala, Uganda; projeta escolas, museus, etc.

1954, 1º de janeiro: retorna à Alemanha Ocidental; trabalha como arquiteto em Hamburgo, onde projeta moradias, planos para a expansão urbana de Hambourg-Altona, Bremerhauen, Wiesbaden, etc.

1957: é professor da Technische Hochschule Darmstadt.

1970: falece em Hamburgo.

Doutor *honoris causa* pela Technische Hochschule Hannover e pela Universidade de Friburgo.

Membro da Academia de Belas Artes de Berlim.

Membro da Academia de Urbanismo e Planejamento Urbano (Städtebau und Landes Planung).

Presidente da Associação Alemã para a Habitação e o Urbanismo (Deutschen Verbandes für Wohnungswesen, Städtebau und Raumplanung).
Membro do Instituto Britânico de Planejamento Urbano (British Town Planning Institute).
Membro do Instituto Real de Arquitetos Britânicos (Royal Institute of British Architects).

Bibliografia

Escritos de Ernst May

Suas principais teorias e realizações durante o período de 1920 a 1930 foram publicadas na forma de artigos em revistas:
Schlesische Heim (Breslau), 1920-1924.
Das neue Frankfurt (Frankfurt), editada por Ernst May e Fritz Wichert, 1925-1930.

Obras sobre Ernst May

Justus Buekschmitt, *Ernst May*, Stuttgart, Alexander Koch, 1963.
R. Höpfner, V. Fischer, *Ernst May und Das Neue Frankfurt, 1925-1930*, Berlim, 1986.

Frankfurt e o movimento racionalista na Alemanha, referências bibliográficas

Hermann Muthesius, *Landhäuser*, Munique, Bruckmann, 1912.
Fritz Hoeber, *Peter Behrens*, Munique, Müller & Rentsch, 1913.
Paul Wolf, *Wohnung und Siedlung*, Berlim, Wasmuth, 1926.
Walter Müller-Wulckow, *Architektur der Zwanziger Jahre in Deutschland*, Königstein, Langewiesche, 1975 (reedição de artigos de 1929 a 1932).
Walter Gropius, *Dammerstock Siedlung*, prefeitura de Karlsruhe, 1929 (reeditado em 1969).
Giuseppe Samona, *Le case populare degli anni 30*, Pádua, Marsilio, 1972 (reedição do livro de 1935).
Siegfried Giedion, *Walter Gropius, l'homme et l'oeuvre*, Paris, A. Morancé, 1954.
Claude Schnaidt, *Hannes Meyer, Bauten, Projekt e und Schriften*, A. Niggli AG. Teufen AR., 1965.
Barbara Miller Lane, *Architecture and Politics in Germany 1918-1945*, Cambridge, Harvard University Press, 1968.
"Bauhaus", revista *Controspazio* (Milão), número especial, 1970.
Carlo Aymonino, *L'Abitazione razionale: atti dei congressi: CIAM 1929-1930*, Pádua, Marsilio, 1971.

Aldo Rossi, *Neues Bauen in Deutschland, Wohnungen und Siedlungen der 20er und 3er Jahre in Stuttgart, Frankfurt, Karlsruhe*, Zurique, ETH, 1972 (várias edições).
J. Gantner, G. Grassi, M. Steinman, *Neues Bauen in Deutschland*, Zurique, ETH, 1972 (várias edições).
M. Tafuri, V. de Feo, G. Ciucci, et al., "L'Architecture et l'avant-garde artistique en URSS de 1917 à 1922", em *VH 101* (Paris), no. 7–8, 1972.
Thierry Roze, *Ernst May, Frankfurter Siedlungen*, Zurich, ETH, 1973 (várias edições).
Aldo Rossi, *Architettura razionale*, Milão, Angeli, 1973.
Revista *Das neue Frankfurt* (Frankfurt), 1926–1930.
Revista *L'Architecture d'Aujourd'hui* (Paris), 1930–1940.